84 [COLECCIÓN TRÓPICOS]

Edición exclusiva impresa bajo demanda por CreateSpace, Charleston SC.

© **Editorial Alfa, 2009**
© **alfadigital.es, 2016**

Editorial Alfa
Apartado 50304, Caracas 1050, Venezuela
Telf.: [+58-2] 762.30.36 / Fax: [+58-2] 762.02.10
e-mail: contacto@editorial-alfa.com
www.editorial-alfa.com

ISBN: 978-980-354-274-0

Diseño de colección
Ulises Milla Lacurcia

Diagramación
Rocío Jaimes

Corrección
Henry Arrayago

Fotografías del autor
Lisbeth Salas

Imagen de portada
Expedición de Los Cayos, de Tito Salas (1927-1928)
Colección Casa Natal del Libertador
Reproducción: Nelson Garrido

Printed by CreateSpace, An Amazon.com Company

LA ÉPICA
DEL DESENCANTO

Bolivarianismo, Historiografía
y Política en Venezuela

Tomás Straka

EDITORIAL
ALFA

ÍNDICE

Introducción 9

**Primera parte. Bolívar en el debate por la libertad
(Crítica de un discurso épico)**

Capítulo I. ¿Hartos de Bolívar? La rebelión de los historiadores
contra el culto fundacional. 21
    Una rebelión política e historiográfica. 21
    Los contornos de la «rebelión»: historiografía, modernidad
        y democracia 24
    Los «rebeldes» 34
        Elías Pino Iturrieta y la «patología bolivariana» 34
        Germán Carrera Damas y la tesis del «Bolivarianismo-
        militarismo» como «ideología de reemplazo» 41
        Guillermo Morón y la «desbolivarización»
        de la sociedad. 47
        De porqué Manuel Caballero no es bolivariano 52
    ¿Hartos de Bolívar?, a modo de conclusión 57
Capítulo II. Bolivarianismo, socialismo y democracia.
Del antipositivismo a la «ideología de reemplazo» 61
    El Libertador, a la izquierda y a la derecha 61
    ¿Bolívar cesarista o Bolívar contra los cesarismos? 65
    ¿Marxistas-vallenillistas? El problema de la Independencia
        como revolución. 73

La tentación bolivariana: hacia una «ideología
de reemplazo». 84
«Ideología de reemplazo» y democracia, a modo
de conclusión 93

**Segunda parte. Una épica contra el despecho
(Sobre la creación del discurso a través de dos
de sus rapsodas)**

Capítulo III. La épica del desencanto. Eduardo Blanco
ante su historia. 101
La República de los rapsodas. 101
La naturaleza del problema, o sobre la química
del desencanto 105
Una historiografía contra el desencanto. 108
De los primeros y últimos venezolanos 115
El último Centauro. 122
El final de la apoteosis, a modo de conclusión 131
Capítulo IV. La efigie del Padre. Tito Salas, la imagen
del Libertador y su culto como política de Estado
en Venezuela 135
Sobre imagen e historia. 135
Imágenes para la veneración 140
La «vera efigie» y su creador, Tito Salas. 146
El «Glorioso pincel» 154
La iconografía del Padre y sus advocaciones,
a guisa de conclusión 163

**Tercera parte. Las tradiciones inventadas (El nacimiento
de una república bolivariana)**

Capítulo V. Guiados por Bolívar. López Contreras,
Bolivarianismo y pretorianismo en Venezuela. 173

Hipótesis iniciales 173
Inventando al ejército 176
Inventando la tradición 183
Del ejército de la patria a la patria del ejército. 191
Capítulo VI. Bolívar y la historiografía eclesiástica, o cómo
un discurso histórico se convierte en un discurso pastoral. . . . 203
La Iglesia bolivariana. 203
Planteamiento, o de cómo el Libertador cayó
en los conflictos Iglesia-Estado 205
De cómo el Libertador terminó en romanista 212
De cómo reconocer a un Magistrado Católico 222
De cómo las conclusiones nos llevan a Vaticano II 238

Fuentes 243

INTRODUCCIÓN

Así, como quien sale a la calle con el uniforme de mariscal del abuelo, para ocultarse bajo sus galas, de ese modo Venezuela ha hecho del historicismo la base ideológica de su proyecto como nación. Sin importar cuán raídas estén, en ellas, como recuerdo de tiempos mejores, encontramos inspiración y consuelo. La inspiración para transformar a la sociedad, al mundo entero si es posible, según el dictamen de nuestros sueños. El consuelo, cuando no lo logramos, de ver nuestras llagas cubiertas por las charreteras de las viejas victorias.

No es la primera vez que lo hacemos, ni somos el único país que lo ha hecho. Pero sí constituimos uno de los ejemplos más acabados del fenómeno. Un caso clínico –casi podríamos decir con uno de los autores que acá vamos a estudiar– de ese uso de la historia como pábulo de regímenes políticos de esa casi promiscuidad entre la historiografía (es decir, de determinadas versiones de la historia) con los proyectos políticos que se basan en una visión determinada de la misma, así como en la idea de destino que quienes la leyeron aseguraron encontrar. El problema de la relación entre historia y política, de la relación entre las lecturas políticas de la historia y las justificaciones historiográficas de lo político, es el que ocupará las siguientes páginas.

Pero no se trata de una aproximación al historicismo político sin más. Dos circunstancias fueron el detonante de los trabajos que acá se reúnen: primero, la explosión de Bolivarianismo que sacude al país desde 1999, cuando, entre otras cosas, pasó a titularse «República Bolivariana»; y, segundo, la «rebelión» en su contra de muchas de las voces más atendidas de la historiografía venezolana, que se expresó en polémicos, muy documentados –y aún más vendidos– libros que se editaron entre el 2003 y el 2007.

Lo primero, para bien o para mal, explica un marco de trastornos que no han dejado nada igual, o por lo menos no *exactamente* igual, en ninguna de las instancias de la vida venezolana. Es un marco en el que los ciudadanos de a pie, esos que normalmente no reparaban en la reflexión histórica, se han visto obligados a afrontarla, a indagar en una experiencia colectiva que trascienda la suya y en la que esperan encontrar alguna clave capaz de explicarle la situación que los rodea, bien sea para celebrarla o para combatirla. La necesidad de entender cómo fue que llegamos a donde estamos, qué es en concreto lo que encierra el Libertador, cuyo nombre al parecer es un ensalmo que sirve para todo; cómo es posible que con base en su gesta de hace dos siglos se pretenda construir un futuro, ha hecho que más de uno repase lecciones olvidadas de sus días escolares o se ponga, cosa impensable hace años, a leer libros de historia. Naturalmente, la invocación sistemática de la figura y de las ideas de Simón Bolívar como respaldo para las más variadas decisiones, muchas con un impacto inmediato en la cotidianidad de los ciudadanos, no es una novedad desconocida en los anales de nuestros discursos políticos. En su esencia se practica desde, por lo menos, el último tercio del siglo XIX, pero ni eso estaba claro en la mayoría de los venezolanos, que sumergidos en el Bolivarianismo lo aceptaban como algo dado de cuyas raíces no tenían memoria; ni era, salvo en los círculos académicos, un problema que los inquietara. Hubo de esperarse hasta que en su nombre se planteara la transformación de sus vidas, indistintamente de que eso les entusiasmase o les generara espanto, para que comprendieran que no se puede vivir en el historicismo de una forma impune, que la carencia de una conciencia histórica meridianamente amoblada suele pagarse con un precio muy alto.

En otras palabras: estudiar el historicismo bolivariano, adentrarnos en algunos de los caminos y fases que se nos insinúan, es estudiar algo que en Venezuela va bastante más allá de lo ideológico, lo político e incluso lo historiográfico. El país que busca lustre con el uniforme apolillado del abuelo, tiene una relación mucho más honda, sociocultural, psíquica, vivencial con él, que cualquier otro que simplemente evoca a un héroe o a un pasado primordial para un fin político determinado.

Lo cual nos lleva al segundo punto: a la rebelión de los historiadores. Es decir, la rebelión del gremio que tradicionalmente más
había hecho por crear el Bolivarianismo y que ahora, escarmenta-
do, ha querido conjurar a su propia criatura (aunque en cuanto tal,
hay que admitir, la criatura es responsabilidad de bastantes más
sectores, como veremos). Esto en sí es un hecho trascendental, tanto para la historiografía como para el conjunto de la cultura de la
sociedad venezolana, porque marca el inicio, al menos en un sector
de la misma, de una relación distinta con su pasado, es decir, con
ella misma, y en consecuencia de la forma cómo se concibe en el
presente y para el porvenir. El historiador Germán Carrera Damas
fue, probablemente, el primero en plantearse las cosas de este modo.
Con su fundamental *Culto a Bolívar. Esbozo para un estudio de la
historia de las ideas en Venezuela*, aparecido en 1970, marcó un hito,
un antes y un después, no sólo en la historiografía venezolana, sino
en general en nuestra historia de las ideas. Carrera Damas analizó
la manera en la que el Bolivarianismo se había vuelto a lo largo de
una centuria el culto fundacional de la República; un expediente
creado en el siglo XIX por las elites venezolanas para darle cohesión
a un Estado-Nación entonces desternillado por jalonamientos raciales y regionales. Como Bolívar era un punto de encuentro, como
su amor era una coincidencia entre todos los venezolanos, ese culto
del pueblo se hizo ideología en cuanto culto para el pueblo y, por
extensión, una ideología para dominarlo, un sacramento para legitimarse políticamente.

De ese modo Carrera Damas volteó el problema, ajustándolo
al visor que hoy le vamos a dar: el problema no es si Bolívar está o
no de acuerdo con algo, el problema es: ¿por qué debe estarlo? ¿Por
qué hacerle tanto caso a lo pensado por un hombre, cuyas virtudes
por demás no negamos, de dos siglos atrás? ¿Por qué un venezolano
no puede simplemente disentir de Bolívar, como en efecto lo hemos
hecho tantas veces, como lo hicimos entre 1826 y 1830, y por eso
no convertirse en una especie de traidor a la patria? ¿Por qué toda
propuesta debe buscar coincidencias con el Libertador para que sea
legítima? Tal vez, mientras la República y la nacionalidad cuajaban,
como en efecto lo hicieron (porque en esto el expediente fue muy,
pero muy exitoso), era comprensible la postura: cuestionar la capacidad

absoluta del Libertador para determinar todo lo bueno y todo lo malo, era discutir la base última de legitimación del Estado (indistintamente de que éste haya nacido, precisamente, contraviniendo su última voluntad). Pero una vez logrado esto, a mediados del siglo XX, las cosas cambian. Es el paso, por decirlo también en términos de Carrera Damas, del proyecto nacional al proyecto democrático: ahora Bolívar, en vez de una solución, podía llegar a ser un obstáculo para alcanzar la libertad.

Nos explicamos: en una república basada en la gesta heroica de los militares de la Independencia, el Libertador por sobre todos, y gobernada durante más de un siglo por otros caudillos y militares que se declaraban sus herederos y ejercían sus gobiernos autoritarios alegando seguir su camino, era difícil reconducir el culto bolivariano, ya esencial para su identidad, en la consolidación de una propuesta civilista, liberal y republicana, como se intentó desde 1930 y, con algún éxito, se logró con la democracia a partir de 1958. Para los historiadores que vamos a estudiar, cuando en 1999 otro militar, aunque éste socialista, Hugo Chávez, inicia la llamada Revolución Bolivariana, lo que ocurre es la simple vuelta al Bolivarianismo-militarismo (en rigor pretorianismo) de un Juan Vicente Gómez o un Antonio Guzmán Blanco, a lo sumo revestido por una tenue capa de socialismo. Declarar a la República Bolivariana la «V República», en el entendido de que entre 1819 –cuando acaba la Tercera– y 1999, todo, o casi todo había sido en vano; de que era indispensable amputar ese lapso purulento, para reconectarnos con la Gesta Heroica, que en su sentido más amplio apuntaba a un remoto futuro socialista, avivó sus temores. El Bolivarianismo, concluyeron algunos, había llegado demasiado lejos, es algo así como una *patología* que no nos permite caminar solos, sin tutelajes militares, como corresponde a los demócratas. Cuando Carrera Damas, que volvió al ruedo con su tesis de la «ideología de reemplazo», que identifica en el Bolivarianismo de Chávez un fenómeno similar al de los nacionalismos de Europa Oriental y de la ex Unión Soviética, que buscaron en sus pasados heroicos un discurso que sustituyera al socialista, cuya quiebra los dejó huérfanos; o cuando Elías Pino Iturrieta, Manuel Caballero y hasta Guillermo Morón, cuatro de los más célebres y leídos historiadores venezolanos, en consecuencia declararon que hay que hacer algo al respecto, que ya es llegado el momento de liberarnos del tutelaje del Libertador, crearon una circunstancia inédita en la historia y la historiografía venezolanas, llena de posibilidades para comprender las transformaciones más importantes en la segunda mitad del siglo XX: ya los historiadores, que tradicionalmente habían sido los custodios por excelencia del buen nombre y la mejor memoria del gran hombre, empezaron a pedir que se le relegue a un lugar menos estruendoso en el panteón de los héroes nacionales.

Que se le respete, porque ninguno le regatea un lugar prominente; que en conjunto se mantengan los héroes, los «Padres de la Patria», porque no hay pueblo que no los tenga (ni menos que no los necesite), pero que dejen de ser un fardo que nos impida caminar hacia el porvenir. Lo notable es que llegan a esa conclusión no –o no sólo– por un arbitrio ideológico –aunque, claro, como veremos, hay de eso– ni por el imperativo moral de zafarse de un culto al que consideran atentatorio contra la libertad, sino como consecuencia de algo más amplio. Llegan por la revisión crítica del conjunto de la historia y la historiografía venezolanas que emprenden dentro del marco de uno de los procesos más importantes, como poco estudiados, de nuestro devenir: el de la «revolución historiográfica» que se desarrolla con los procesos de profesionalización del oficio de historiador y de democratización política iniciados en 1936, y que adquieren su despliegue pleno en 1958. Es decir, no llegaron a estas conclusiones por "demócratas" o «antichavistas» –pese a que, ostensiblemente, lo son– sino porque el análisis de lo que se había escrito de nuestra historia, así como las nuevas investigaciones realizadas con métodos científicos, les hizo ver que el rey estaba desnudo; que el culto tenía más de dispositivo ideológico que de narración apegada a la verdad; que a la corneta de Clío se le había puesto una sordina llena de intereses políticos. Tal es, en resumen, la *rebelión* de estos historiadores.

Son dos, entonces, los objetivos de los trabajos que acá se presentan: primero, demostrar cómo el debate en torno a la memoria de Bolívar ha sido, pero sobre todo sigue siendo, fundamental en el diseño de la república venezolana, con todo lo que pueda decirse de esto; cómo la «rebelión» en contra suya nos dice bastante más de nuestra sociedad, de nuestra identidad y de nuestro proyecto político como colectivo de lo que pueda parecer por la polémica y la coyuntura política en que se produjo. Para eso recorreremos algunos itinerarios, a veces anunciados, otras veces apenas esbozados, por los clásicos –Carrera Damas, Napoleón Franceschi, Castro Leiva– y por otros más recientes –Pino Iturrieta, Caballero– sobre el tema. También se convocaron a los historiadores a quienes éstos adversan, sobre todo en la hora actual del *chavismo*, aunque debemos admitir que uno de los aspectos en los que el alcance del trabajo se restringe, es en que no se les dedica un capítulo entero para sí solos, lo que es una tarea que queda pendiente. El problema del Libertador dentro del marco del debate por la libertad como modo esencial de vivir, es decir, de la democracia tal como la entendemos hoy, que se da desde 1930 y se replantea hoy; el forjamiento de un culto por el Estado, a través de narrativas o de obras pictóricas; y la manera en la que, cuando el culto ya está forjado, las nuevas instituciones se «inventan» una tradición –en este caso lo veremos con el Ejército y la Iglesia modernos– para legitimarse con él, nos demuestra que ya antes de titularse oficialmente así, Venezuela había sido, desde hacía años, una «República Bolivariana».

El segundo objetivo, en el que no nos detuvimos en específico, pero que tratamos transversalmente, es más, digamos, teórico: el de la historia como forma de *representación social*, y la historiografía como parte de la historia cultural, es decir, no sólo como «historia de la historia», sino como la de toda la cultura que la produjo.

Las primeras dos partes del libro: «Bolívar en el debate por la libertad (Crítica de un discurso épico)» y «Una épica contra el despecho (Sobre la creación del discurso a través de dos de sus rapsodas)», esperan responder al objetivo inicial, ser una especie de anverso y reverso del Bolivarianismo viéndolo en ambas caras de su curva: cuando empezó a cuestionársele, al menos por unos sectores, a mediados del siglo XX, y cuando se erigió como gran lenitivo para nuestros males en el XIX. La tercera parte, «Las tradiciones inventadas (El nacimiento de una república bolivariana)», se aproxima un poco más a lo segundo; aunque el capítulo IV, sobre la obra de Tito Salas y sus grandes implicaciones políticas, puede ubicarse un poco entre las dos.

Con el rumor de los sobresaltos políticos en el fondo, los textos que conforman el presente trabajo se escribieron y, en algunos casos, sus avances fueron publicados, entre el 2003 y el 2008. Tal vez sorprenda la variedad de enfoques y disciplinas convocados: desde el problema del pretorianismo, venido de la sociología de lo militar, hasta el de la historia eclesiástica; de la historia del arte y hasta la de la literatura. Comoquiera que eso, cuando menos, podría generar sospechas en el lector, es necesario darle algunas explicaciones sobre los pormenores de sus redacciones.

La mayor parte de los capítulos fueron producto de los cursos del doctorado que cursamos en la Universidad Católica Andrés Bello durante ese período, bajo la dirección de los profesores Napoleón Franceschi, Miguel Hurtado Leña y Domingo Irwin. Con el primero, en un seminario sobre el culto al héroe en Venezuela, desarrollamos lo que, sin cambios fundamentales, constituye el capítulo IV. Fue publicado posteriormente en el Nº 28 de la revista *Montalbán*, que edita el Instituto de Investigaciones Históricas «Hermann González Oropeza, sj», de la Universidad Católica Andrés Bello en su *campus* de Caracas, donde laboramos, con fecha de junio de 2005. Otro tanto puede decirse del capítulo VI, que es producto del seminario sobre pensamiento bolivariano que dictó Hurtado Leña. Fue publicado, en una versión muy parecida a la que acá aparece, en el Nº 11 del *Anuario de Estudios Bolivarianos* (año X, 2004), que edita el Instituto de Investigaciones Históricas Bolivarium, de la Universidad Simón Bolívar, de Caracas.

El capítulo V se redactó para el seminario sobre relaciones civiles y militares en Venezuela, que coordinó Domingo Irwin. Es un texto que ha corrido con la generosidad de los lectores. Publicado en el Nº 40 (julio-diciembre 2003) de la revista *Tiempo y Espacio*, que edita el Centro de Investigaciones Históricas «Mario Briceño Iragorry», del Instituto Pedagógico de Caracas; el profesor Irwin lo recogió para el volumen colectivo que editó con Frédérique Langue bajo el título de *Militares y poder en Venezuela. Ensayos históricos vinculados con las relaciones civiles y militares venezolanas* (Caracas, Universidad Pedagógica Experimental Libertador/Universidad Católica Andrés Bello, 2005). Fue un libro muy exitoso, que ya agotó su primera edición. Esto, así como el hecho de que fue concebido dentro del conjunto de los demás trabajos y del interés que despertó, nos movieron a incorporarlo nuevamente a este volumen.

El primer capítulo fue una recensión que en la medida en que iba siendo escrita, fue adquiriendo cada vez más volumen, hasta convertirse en un ensayo: nada menos que el que plantea la tesis fundamental que estructura el resto de la obra. Constituye, con el capítulo II, los únicos textos escritos con la intención inicial de ser acá recogidos. No obstante, en el segundo capítulo se retoman, en un todo mayor, muchas ideas que ya fueron publicadas en 1999 en un trabajo titulado «Los marxistas y la guerra de Independencia. Historia y política en Venezuela, 1939-1989», que apareció en un número monográfico de *Tierra Firme* (Nº 65, enero-marzo 1999), sobre historiografía. Aunque es la obra de un veintiañero que apenas comienza su maestría (fue escrito un par de años antes) y ya algunos de sus conceptos, cierta radicalidad juvenil y en general la redacción, nos sonrojan, en su momento gustó lo suficiente como para haber sido citado varias veces. Lo que acá se presenta en realidad es otra cosa; diez años de lecturas y un poco más (el tiempo nos dirá qué tanto) de madurez, generaron un texto nuevo. Finalmente, el capítulo III se redactó para una obra colectiva sobre Eduardo Blanco, que actualmente está navegando por los Sargazos, en búsqueda de una edición.

En su versión original, el capítulo VI fue dedicado a la memoria del padre Pedro Leturia, sj (1891-1955), renovador y modernizador de la historia eclesiástica en América Latina, así como maestro de esa escuela de jesuitas-historiadores en la que se formó Hermann González Oropeza, sj (1922-1998). Sirvan estas líneas para renovar los votos de admiración por sus obras y, también, para humildemente pedirles que nos envíen su bendición, desde allá, en donde están. También para agradecerle a Domingo Irwin, Napoleón Franceschi y Miguel Hurtado Leña, nuestros maestros en el Pedagógico de Caracas con los que felizmente nos reencontramos en la Universidad Católica: ellos, lo saben, son responsables de todo lo que de bueno tengan estos trabajos; mientras –también lo saben– que por lo que haya de malo, sólo podemos pedir disculpas por no haber aprendido bien su lección. Otro tanto le debemos a Elías Pino Iturrieta y Manuel Donís, cuyo trato cotidiano en el Instituto de Investigaciones es una cátedra cuyas trazas en este libro se encontrarán por todas partes; así como al gran amigo y colega Agustín Moreno, nuestro iniciador en las lides de la historia eclesiástica y la teología, que tanto ayudó en nuestra formación y que queda a las claras en el capítulo VI; y a Marianne Perret-Gentil, mi compañera, cuyo amor siempre me ha dado inspiración para luchar. A todos ellos, muchas gracias.

Caracas, a día de San Fidel, 2008,
Y a Santa Calíopa, Mártir, 2009.

Primera parte.

Bolívar en el debate por la libertad

(Crítica de un discurso épico)

Capítulo I
¿HARTOS DE BOLÍVAR?
La rebelión de los historiadores contra el culto fundacional

UNA REBELIÓN POLÍTICA E HISTORIOGRÁFICA

Entre 2003 y 2007 pasó un hecho sin precedentes en la historia republicana de Venezuela. Mejor dicho: sin precedentes en la *historiografía* que los venezolanos hemos escrito, enseñado y aprendido desde que nos constituimos como república independiente, de forma definitiva, en 1830. Los cuatro historiadores vivos más importantes de la hora publicaron sendos ensayos para denunciar y sobre todo deslindarse de lo que, hasta entonces, mayoritariamente había entendido la sociedad venezolana como la más preciosa de las herencias del Libertador. Es decir, se deslindaron de ese almácigo de ideas, que desde hace siglo y medio se han mostrado susceptibles de las más variadas y hasta contrapuestas interpretaciones, a las que de forma general hemos llamado Bolivarianismo; ideas, ahora más que nunca, cuando la república hasta se apellida en su título oficial de «bolivariana», proclamadas como las fuentes nutricias de nuestro ser como nación.

No se trata de poca cosa. Se trata de una «rebelión» intelectual que puede llegar a traer importantes consecuencias, comoquiera que expresa cambios fundamentales en la sociedad venezolana. No tanto por el acto en sí de que cuatro historiadores, por famosos e influyentes que sean, se hayan *rebelado* ante lo que llegó a constituirse en el verdadero mito fundacional de los venezolanos: ya, como veremos, desde mediados del siglo pasado (escribimos en 2008), con la profesionalización y el disciplinamiento del oficio de historiador en escuelas universitarias, así como por el clima de razonable libertad democrática que se vivió (y que se hizo patente en aspectos tan importantes como la autonomía de las universidades, la libertad de cátedra y una libertad de expresión que en términos generales fueron respetados), pudo desarrollarse una nueva historiografía, muy apartada de los cantos épicos y del culto a los héroes sobre los que se había fundado la nacionalidad entre 1840 y 1930, poco más o menos; sino porque la circunstancia política del momento, definida por la Revolución Bolivariana, que toma muchas de las imágenes y de sus argumentos de esa visión heroica que prácticamente había desaparecido de los círculos académicos, pero que evidentemente siguió teniendo mucha fuerza en las mayorías, incluso en las opositoras, ha hecho que la revisión crítica que hasta el momento ocupaba a un reducido grupo de investigadores y docentes, ahora sea atendida por un espectro social bastante más amplio. O lo que es lo mismo: por primera vez desde la década de 1840, un grupo significativo de venezolanos se ha preguntado, seriamente, sobre las bondades del culto al Libertador y su Gesta Heroica, así como sobre su conveniencia para la construcción de un modelo de vida colectivo.

Obviamente, con esto no negamos la posibilidad de que, al menos en muchos casos, se trate de cierto tipo de oposición al régimen de Hugo Chávez que sistemáticamente contradice todos sus planteamientos, cualesquiera que sean. Tampoco vamos a caer en el extremo de negar, sin siquiera un examen preliminar, la validez de todo lo que plantea el discurso épico-revolucionario (a partes iguales, con ingredientes de la vieja Historia Patria y de la resemantización hecha por los marxistas, para adecuarlo a los objetivos de su programa revolucionario[1]) que propugna el *chavismo*. O en el de presentar a la democracia de 1958 a 1998 como un dechado de virtudes que harían del todo incomprensibles a la *revolución* chavista y al tremendo eco que consiguió en vastos sectores de la sociedad. Mucho menos vamos a eludir las acusaciones que desde la acera de enfrente se les hacen a los autores en cuestión –Germán Carrera Damas, Elías Pino Iturrieta, Manuel Caballero y Guillermo Morón– como simples portavoces de la oposición, militancia que, por demás, en modo alguno ocultan; como parte de una conspiración de derechas, a la que, los acusan, sirven con

---

1   Véase el Capítulo II de esta obra.

espíritu de mercenarios[2]; o como dolidos representantes del régimen caído, en el que desempeñaron cargos públicos, incluso de importancia, por mucho que las mismas sean, básicamente, acusaciones *ad hominem* y callen que también fueron muy críticos entonces, así como el hecho de que en los regímenes constitucionales y pluripartidistas el desempeño de un cargo público no implica, necesariamente (aunque, la verdad, muchas veces fue así en Venezuela), el compromiso sin cortapisas que suele exigírsele en las dictaduras y en los Estados totalitarios a sus funcionarios.

Nada de eso será escamoteado. Sin embargo, es el fenómeno sociocultural que se trasluce detrás de estos debates historiográficos y políticos (¿políticos-historiográficos, podríamos decir?), el que nos interesa sondear, como expresión de un problema mayor. En efecto, pocas veces se ha puesto tan de manifiesto, en textos de tan amplia audiencia como los que se analizarán en las siguientes páginas, la importancia de la conciencia histórica en el rumbo que una colectividad le da a su destino; la estrecha relación entre la versión que de su devenir tenga en la misma y la escogencia de sus opciones políticas.

La aparición, en el muy agitado 2003, de *El divino Bolívar, ensayo sobre una religión republicana*, de Elías Pino Iturrieta, que rápidamente agotó dos tirajes y requirió de una segunda edición; junto a la quinta edición –¡la quinta edición!, cosa muy poco común en un estudio historiográfico– de *El culto a Bolívar, esbozo para un estudio de la historia de las ideas en Venezuela*, trabajo precursor de Germán Carrera Damas, inicialmente publicado treinta y tres años atrás, siendo el primero en señalar el fenómeno y denunciarlo; a los que siguieron, en 2005, *El Bolivarianismo-militarismo, una ideología de reemplazo*, también de Carrera Damas, y las muy

---

2   Un caso prototípico de esta línea argumental es el que sigue: «La derecha venezolana, y los intelectuales y publicistas que le sirven, ahora enemigos declarados de Bolívar, hablan de un nuevo culto al Libertador, que Chávez estaría estimulando y promoviendo en beneficio propio. No entienden nada, o no quieren entender. Movidos por un rechazo apriorístico a menudo irracional, o por intereses distintos a los del país, parecen haber perdido por completo no sólo la perspectiva histórica sino la capacidad misma de entender el presente en que se mueven. Más allá de detalles menores, de árboles que impiden ver el bosque, lo que se desarrolla hoy en Venezuela bajo la dirección de Chávez en torno a Bolívar no es otra cosa que un intento serio y sostenido, el primero que se hace en el país, de rescatar a Bolívar para las luchas del pueblo, para animar y fortalecer un proceso de cambios revolucionarios continuos en los que sigue vivo el pensamiento y las luchas del gran Libertador venezolano...», Vladimir Acosta, «El 'Bolívar' de Marx», en *El Bolívar de Marx*, 2ª ed., Caracas, Alfa, 2007, p. 88.

polémicas memorias de Guillermo Morón, *Memorial de agravios*, donde llama a «desbolivarizar» el país; y un año después, en el 2006, *Por qué no soy bolivariano, una reflexión antipatriótica*, de Manuel Caballero, que en un mes requirió de una segunda edición; la aparición (y el éxito) de todos estos libros, en una sociedad (y en una historiografía) que tradicionalmente se han proclamado bolivarianos, significa algo importante. La hipótesis que esperamos delinear –pero que, por el momento en que escribimos, no podemos redondear del todo, porque aún, sospechamos, queda mucho por ver– es que se trata de un problema de envergadura: el de la redefinición de nuestro proyecto como país, el del modelo de democracia que en cuanto tal queremos y el del rol que la memoria del Libertador puede tener en la misma. Una memoria que si bien en 1842, en 1883 o en 1910 sirvió como una especie de tabla de salvación para darle cierta cohesión a una república que hacía aguas, y que ahora, cuando ya la nacionalidad y la república –o al menos determinada idea de ellas– están al margen de toda duda, algunos sectores, sobre todo los más vinculados con lo que representó el ensayo democrático, civil y en términos generales liberal que se vivió de 1958 a 1998, ven como una amenaza para la libertad.

A esta guisa, dividiremos el trabajo en dos partes. En la primera ensayaremos una visión del nudo historiográfico y político que permitió rebelarse contra el culto fundacional de la República. Las variables de la profesionalización universitaria del oficio de historiador y de la democratización de la sociedad, serán analizadas en ella. En la segunda nos detendremos brevemente en la obra de los «rebeldes», como representantes de este proceso, y en sus tesis fundamentales sobre el Bolivarianismo y sobre las razones por las que, alegan, puede ser un peligro para la libertad.

LOS CONTORNOS DE LA «REBELIÓN»: HISTORIOGRAFÍA, MODERNIDAD Y DEMOCRACIA

En efecto, hemos dicho que se trata de una «rebelión historiográfica», cuando menos, contra lo que ellos mismos y algunos otros han definido en los trabajos que analizarán y en otros anteriores, como la «única filosofía política» creada por el Estado venezolano[3]; es decir,

---

3 Véase Luis Castro Leiva, *De la patria boba a la teología bolivariana*, Caracas, Monte Ávila Editores, 1984.

contra la base en la que ha buscado (y hallado) legitimidad para ese modelo de vida que esperamos construir desde la Independencia y que solamente en la República, tal es nuestra convicción, podemos alcanzar[4]; en fin: lo que el que más ha reflexionado sobre el punto del grupo que acá traemos a colación, Germán Carrera Damas, llamó el *proyecto nacional*[5]. Rebelarse, pues, contra esta *filosofía*, algo indica de la situación de ese Estado, de esa nación, de ese proyecto y de esos ciudadanos a casi dos siglos de existencia.

Pero hay más: esta rebelión es producto de una «revolución historiográfica» más amplia; la que se generó en nuestra visión de la historia producto de la profesionalización y modernización del oficio de historiador que se da a mediados del siglo XX, y que fue de la mano, retroalimentándose, con la democracia como nuevo sentido de la vida nacional. Véase bien: quienes se rebelan son historiadores y forman parte de una de las instituciones que por más largo tiempo y de manera más enérgica defendió y promovió al Bolivarianismo, se batió en batalla contra todo aquello que pudiera mancillar el *sagrado* nombre del *semidiós*, como lo llamó la retórica guzmancista, el Libertador –recuérdese nomás la cruzada emprendida contra Salvador de Madariaga en 1951– y acuñó a muchos de los más intensos representantes del Bolivarianismo venezolano, como Rufino Blanco Fombona, Mons. Eugenio Nicolás Navarro, el cardenal José Humberto Quintero, J.A. Cova, José Luis Salcedo Bastardo, ¡y hasta estuvo a punto de hacerlo con el general Eleazar López Contreras, al que eligió entre sus miembros, pero quien finalmente declinó el honor y no se incorporó a ella![6]... la Academia Nacional de la Historia. O lo que es lo mismo: que estos «rebeldes» parecían llamados a ser oficiantes de una congregación que tuvo no poco que ver con el fomento de aquello de lo que, espantados por los más recientes y estruendosos resultados de la prédica, marcan distancia. ¿Se trata, entonces, de una simple disidencia, de un cisma en el que los teólogos y predicadores más notables, pero que se han hecho

---

4   Véase Luis Castro Leiva, *Sed buenos ciudadanos*, Caracas, IUSI/Alfadil, 1999.

5   Véase G. Carrera Damas, *Una nación llamada Venezuela*, 4ª ed., Caracas, Monte Ávila Editores, 1991; «La larga marcha de la sociedad venezolana hacia la democracia: doscientos años de esfuerzo y un balance alentador», en: *Búsqueda: nuevas rutas para la historia de Venezuela (ponencias y conferencias)*, Caracas, Contraloría General de la República, 2000, pp. 33-119; y *Venezuela, proyecto nacional y poder social*, 2ª ed., Mérida (Venezuela), ULA, 2006.

6   Véase el capítulo V de esta obra.

más moderados porque sus lecturas así los han vuelto, se marchan, indignados por los excesos del resto de la feligresía embebida en las manifestaciones exteriores del culto? ¿O se trata de algo más hondo?

Se trata de algo más hondo. Como dijimos, tal es nuestra hipótesis. El Bolivarianismo se va amasando a lo largo del siglo XIX como la herramienta de un Estado y de una elite urgidos de una fuerza capaz de cohesionar a un colectivo disperso; así como de un lenitivo susceptible de calmar las heridas que un balance más bien desalentador de lo que la República demostró ser cuando finalmente se consolida la Independencia, generó entre los venezolanos ya a mediados de la década de 1830. La llamada Historia Patria, cuya función fundamental fue justificar la emancipación y que tuvo en su fase romántica (*circa* 1840-1890, inclusive, si somos muy amplios, aunque sigue habiendo discursos esencialmente románticos hasta hoy) su momento de mayor despliegue, cumplió plenamente esta labor[7]. Bolívar es entonces, y lo siguió siendo por más de un siglo, una salvación. Un asidero para que una sociedad extremadamente insatisfecha con los resultados del proyecto en el que se embarcó, no se sintiera aventada a la desesperación. Como veremos en el próximo capítulo, frente al «discurso del desencanto» que rápidamente se expande entre las elites ante la distancia, que no pocas veces parecieron insalvables, entre lo soñado y lo obtenido[8], la gesta heroica, la Edad de Oro de los Padres de la Patria tuvo el poder de un antídoto milagroso: «seremos porque hemos sido», la solución del «optimismo lírico» frente al «pesimismo sistemático»[9]. Por eso fue que la Historia Patria y su Bolivarianismo pudieron convertirse en la «filosofía» del Estado venezolano.

El punto es que dio resultado. En esto, como en muchas otras cosas, el por demás justificado pesimismo a veces no nos deja ver lo que nos sale bien, que es más de lo que suele pensarse. Es, por ejemplo, un éxito que la nación haya sobrevivido razonablemente independiente y

7   Cfr. Carrera Damas, «Para una caracterización general de la historiografía venezolana actual» en *Historia de la historiografía venezolana (textos para su estudio)*, 2ª reimpresión de la segunda edición, Caracas, 1996, Tomo I, pp. 9-18; y *El culto a Bolívar. Esbozo para un estudio de la historia de las ideas en Venezuela*, 5ª ed., Caracas, Alfadil Ediciones, 2003.

8   Véase Jorge Bracho, *El discurso de la inconformidad. Expectativas y experiencias en la modernidad hispanoamericana*, Caracas, Fundación CELARG, 1997. En el capítulo III se desarrolla este punto extensamente.

9   Carrera Damas, *El culto a Bolívar...*, pp. 142 y 218.

que la República se haya consolidado como ideal entre sus miembros. El problema está en que lo que sirve para una cosa no puede ser de automático usado para la otra, y el Bolivarianismo que en 1860, en 1880 o incluso en 1910, era una salvación, para 1970, por poner la fecha en la que se edita por primera vez el demoledor *El culto a Bolívar* de Germán Carrera Damas, que pone un antes y un después en nuestra historiografía y sobre todo en nuestra manera de relacionarnos con la memoria del Libertador, ya no lo resulta tanto. Más aún: ahora puede ser una amenaza para que esa nación ya consolidada se atreva a caminar sin el tutelaje de su Padre Fundador… y en rigor sin ningún tutelaje más. Es decir, para la construcción del nuevo proyecto: el democrático.

Bolívar había sido fundamentalmente usado por regímenes autoritarios y militares, que es como decir todos los que tuvo Venezuela en su primer siglo de vida independiente (bolivarianos fueron Guzmán Blanco, Gómez, López Contreras y, en un grado algo menor, Pérez Jiménez) como pábulo para el orden y la unidad, acaso las necesidades más urgentes de aquella república tan joven como tambaleante; sus glorias guerreras eran presentadas como los antecedentes de las de los generales de turno al mando, que se presentaban a sí mismos como sus herederos en la construcción de la patria grande; su vida castrense se enseñaba en la pedagogía cívica (mejor: cívico-militar) como el muestrario de los valores de la nación; su épica como la cartilla del nacionalismo frente a las ideologías «disolventes», bien sea el comunismo en el siglo XX o, como antes de que éste apareciera en escena, simplemente para que «cesaran los partidos», frase que hábilmente manipulada siempre le vino bien a cualquier dictador. Pues bien, aunque los regímenes civiles que se suceden en el poder entre 1958 y 1998 no abandonaron el culto bolivariano, ya esencial en la identidad de los venezolanos, ciertamente que lo mesuraron, entre otras razones, por la ya dicha: porque lo que sirve para apuntalar a unos regímenes autoritarios, no puede servir igual para uno que puso a la libertad entre sus valores fundamentales. Y, también, porque los grandes retos del Bolivarianismo inicial ya estaban superados: la unidad de la nación y un orden meridianamente estable como para encaminarla en una dirección determinada, eran ya una realidad que no requería de la epopeya para legitimarse, o eso al menos pensó la elite. En parte la resurrección del Bolivarianismo, ahora vuelto, como ya veremos, «ideología de reemplazo», la sorprendió tanto como su gran eficacia para seguir concitando voluntades. Evidentemente, por lo menos vistas las cosas desde esta perspectiva, la mayor parte de los venezolanos mantenía una especie de desfase entre su conciencia histórica, que seguía funcionando en la clave de la Historia Patria tradicional, y su realidad histórica, que ya requería de otras herramientas conceptuales y valorativas para ser interpretada y transformada.

En todo caso, es acá donde damos con la historiografía, con la «revolución historiográfica», que se produce en los centros académicos durante el período y de la cual, vista bien, esta «rebelión» es una secuela. Ella fue la que se atrevió –no en vano Carrera Damas fue de sus líderes fundamentales– a revisar críticamente ese bolivarismo; y la que trazó nuevos derroteros, altamente innovadores, para las investigaciones históricas venezolanas que a partir de la década de 1960 se apartaron de la Gesta Heroica para encontrar problemas, períodos y temas hasta entonces prácticamente inexplorados: la contemporaneidad, la historia económica, lo regional, la Colonia. Es decir, la libertad recién inaugurada en 1958, pronto refrendada por la autonomía universitaria y por las libertades de cátedra y de expresión, fue tal que se pudo pensar sin restricciones; tanto, que se pudo romper con la «filosofía política» del Estado y, en muchas ocasiones, hasta alzarse francamente contra él, promoviendo la revolución socialista de corte marxista-leninista, sin grandes temores a ser encarcelado (sobre todo después de la pacificación de la guerrilla en 1968) y sin ninguno a ser removido del cargo o censurado en sus publicaciones. Esta historiografía no sólo esperó dar respuestas a los nuevos retos de la democracia –y en muchos casos, para la construcción del socialismo, comoquiera que muchos de sus portavoces eran marxistas– sino que era hija de dos aspectos directamente atribuibles al proceso de modernización y democratización que se inicia en 1936 y que hace plena eclosión entre 1945 y 1958: el de la profesionalización y disciplinamiento del oficio de historiador.

Sí, en ese 1936, y como parte del vasto programa de transformaciones a los que se lanza entonces la sociedad venezolana, se funda el Instituto Pedagógico Nacional (hoy de Caracas). Fue uno de los primeros esfuerzos del Estado moderno venezolano por promover una investigación científica alineada con los grandes problemas del país y con la formación de profesionales específicamente abocados a resolverlos; es, de hecho, uno de los primeros centros de investigación autónomos fundados como tal y el primero en dictar una de las «nuevas profesiones» de Venezuela: la de profesor, título que otorga desde entonces[10]. Dentro de ese marco, es en el Pedagógico donde por primera vez se abre una carrera superior en el área de historia: el profesorado en Geografía e Historia, que inicialmente se dictaba en tres años, destinado a bachilleres y a maestros normalistas[11]. Diez años después, y esta vez de la mano de otro hito en el proceso de democratización, indistintamente de la polémica que aún suscita, la «Revolución» del 18 de octubre de 1945, se abre la Facultad de Filosofía y Letras (hoy de Humanidades y Educación) de la Universidad Central de Venezuela, en 1946. La experiencia del Pedagógico, donde además de historia se estudiaba castellano y literatura, como carrera, y psicología y filosofía como parte de todos los programas (y a partir del 46 también como una carrera), es muy tomada en cuenta para el ensayo. Por si fuera poco, el fundador de la Facultad fue el mismo del Pedagógico: Mariano Picón Salas (1901-1965). Trayéndose, entonces, a muchos de los profesores y egresados del segundo para crear la nómina inicial de la primera, el esfuerzo de una década se proyecta a nuevos niveles. En 1947 se abre en la Facultad el Departamento de Historia, que es elevado a Escuela en 1958. Otro tanto pasa en la Universidad de Los Andes, donde en 1955 se abre una sección de historia de la Escuela de Humanidades, entonces dependiente de la Facultad de Derecho. Esta sección en 1965 es también elevada a Escuela[12].

10 Véase T. Straka, «Setenta años del Pedagógico de Caracas: notas para una historia de la cultura venezolana», *Tierra Firme*, Nº 95, julio-septiembre 2006, pp. 335-351.

11 José Hernán Albornoz, *El Instituto Pedagógico: una visión retrospectiva*, Caracas, Ediciones del Congreso de la República, 1986, p. 17. Esta sección fue elevada a Departamento de Geografía e Historia en 1947, véase AAVV, *60 aniversario del Departamento de Geografía e Historia del Instituto Pedagógico de Caracas*, Caracas, UPEL, 2007.

12 Cfr. Inés Quintero, «La historiografía» en: E. Pino Iturrieta, *La cultura en Venezuela. Historia mínima*, Caracas, Fundación de los trabajadores de Lagoven, 1996; Robinson Meza y Yuleida Artigas Dugarte, *Los estudios históricos en la Universidad de Los Andes (1832-1955)*, Grupo de Investigación sobre Historiografía de Venezuela/Cuadernos de Historiografía Nº 1, Mérida (Venezuela), 1998; y María Elena González Deluca, *Historia e historiadores de Venezuela en la segunda mitad del siglo XX*, Caracas, Academia Nacional de la Historia, 2007.

Desde entonces y hasta la fecha en que se escribe, la fundación de pedagógicos, así como de centros de investigación[13], de postgrados en Historia y de Escuelas de Educación en las que se ofrece a sus cursantes la opción de especializarse en *ciencias sociales* (Geografía e Historia), adscritos a universidades públicas y privadas, ha sido muy grande. En conjunto, aunque, claro, acusando importantes desniveles, a lo largo de cuarenta años el esfuerzo ya ha producido un amplio espectro profesional, en el que se cuentan varias generaciones de egresados, que incluye desde docentes de secundaria hasta investigadores de alto nivel, todos formados dentro de una historiografía renovada. Como parte de todo esto, la llegada de experiencias foráneas, tanto por la vía de los venezolanos que se formaron en el exilio durante la última dictadura (1948-1958), sobre todo en México, donde estudiaron hombres como Germán Carrera Damas, Miguel Acosta Saignes, Eduardo Arcila Farías y Federico Brito Figueroa; o que, a partir de la década de 1960, aprovechando las oportunidades de becas que ofrecieron la democracia y la renta petrolera, se formaron en los más variados rincones del planeta; o por la llegada de profesores a su vez exiliados en Venezuela, que fue un bolsón de democracia por mucho tiempo en la región: primero, en la década de 1940, los *transterrados* de la malhadada República Española, y después, en los setenta, los del Cono Sur, por sólo nombrar dos grupos muy notables por la cantidad de sus miembros y por la influencia de su obra; junto a la especie de «terremoto teórico» que representó el marxismo a mediados del siglo XX; a la estrecha relación con las otras ciencias sociales; a la institucionalización de la investigación en centros y grupos; al fomento de ediciones; se propulsó un cambio fundamental en el modo de hacer y de entender la historia en el país. Una «revolución historiográfica», pues. Como señala la historiadora Inés Quintero:

> En las Escuelas de Historia de la Universidad Central y de la Universidad de los Andes se comenzaron a impartir un conjunto de conocimientos tendientes a dotar de un instrumental técnico y metodológico relativamente uniforme a los profesionales del oficio. A partir de allí, el estudio de la historia se convierte en una disciplina

---

13 Véase Gladys Páez, «Institutos y centros de investigación histórica en Venezuela», *Tiempo y Espacio*, Caracas, Instituto Pedagógico de Caracas, Vol. XII, Nᵒˢ 23/24, pp. 101-114.

sistemática, rigurosa y reflexiva cuya orientación no es narrativa ni descriptiva sino comprensiva y explicativa. Se pretende que el análisis trascienda el acopio de información y narración causal, supere determinismos y se oriente al estudio más allá de los hechos.

En un primer momento, hubo un marcado ascendiente de las tendencias interpretativas inspiradas en el marxismo y de la búsqueda de respuestas a los fenómenos históricos con el auxilio de otras disciplinas sociales. El impacto de los estudios multidisciplinarios e interdisciplinarios, así como la marcada influencia de esquemas generalizadores provenientes de una aplicación mecánica del materialismo histórico, marcaron de manera sustancial los estudios históricos desfigurando la especificidad del análisis propiamente histórico y dando como resultado un conjunto de obras donde el peso de las generalizaciones sociológicas y de los determinismos económicos desvirtuaban o al menos dificultaban la comprensión de nuestras peculiaridades.

No obstante, a partir de los años ochenta, puede decirse que ha habido una tendencia continua hacia la especialización. En virtud de ello, las investigaciones se han ido orientando hacia temas, problemas y períodos cuyo estudio había sido desestimado con anterioridad: la historia regional, la historia de las mentalidades, la historia social, la historia de las ideas, la historia económica e incluso nuevas perspectivas de análisis en la historia política y, mucho más recientemente, los estudios sobre la vida cotidiana...[14].

En el resto de las Escuelas de Educación, pedagógicos y postgrados se participó en este proceso, a veces atendiendo lo que hacían las Escuelas de Historia, que gozaban de un liderazgo indiscutible, y de forma paulatina, generando sus propios aportes. Veamos sólo dos casos. Otra «revolución historiográfica» que, indistintamente de aquellas observaciones que con justicia puedan hacérsele, en amplitud antecede a la rebelión que acá planteamos, tuvo como protagonistas fundamentales a los pedagógicos y a las universidades del interior, que tienen Escuelas de Educación: la de la historia regional. Hija, en realidad, de la misma «revolución» de la democratización y la profesionalización,

14 Inés Quintero, *op. cit.*, p. 78.

en una década (si los tomamos desde 1977, cuando Germán Cardo-
zo Galué, de la Universidad del Zulia, planteó el tema de la región
histórica, hasta la monumental *Geografía del poblamiento venezolano
en el siglo XIX* que, en 1987, y en tres buenos tomos, publicó Pedro
Cunill-Grau; destaquemos entrambos la fundación de la revista *Tierra
Firme*, por Arístides Medina Rubio, como portavoz del movimiento,
en 1983) ya pudo reescribir la historia venezolana «desde abajo», desde
las regiones y los pueblos.

Otro tanto podemos decir del debate que ya en 1948 tienen
en la prensa dos estudiantes del Pedagógico, Federico Brito Figueroa y Guillermo Morón, que con los años forjarán sendas obras muy
importantes, en torno al marxismo y su utilidad para la comprensión
de la historia. Tal debate resulta un hito en la discusión historiográfica venezolana, aunque aún aguarda por un estudio detenido[15]. De un
modo u otro, lo que nos interesa es lo que este debate nos dice más
allá de sus argumentos: el momento y el lugar en que fue hecho. Sólo
el clima democrático del gobierno de Rómulo Gallegos podía hacerlo posible; ni diez años antes, bajo el régimen de López Contreras,
que había proscrito el marxismo; ni cinco después, bajo el de Pérez
Jiménez, algo así hubiera tenido lugar. Democracia, modernización e
historiografía profesional son, entonces, una tríada que han logrado
configurar, al menos en ciertos sectores de la sociedad venezolana, una
nueva conciencia de sí mismos en el tiempo.

La reaparición, por lo tanto, del Bolivarianismo, de la mano de
un movimiento de origen militar, que después de llegado al poder a
penas ha matizado un poco esta condición combinándose con otros
actores políticos, por lo general oriundos de la izquierda marxista-leninista; y que además, junto al Bolivarianismo, sostiene entre sus argumentos más notables una visión a más que crítica, de franca censura,
del período democrático y civil de 1958 a 1998, exaltando por el contrario al régimen militar de Marcos Pérez Jiménez (1948-1958), como

---

15 Véase Reinaldo Rojas, *Federico Brito Figueroa, maestro historiador*, Barquisimeto, Fundación Buría/
Centro de Investigaciones Históricas y Sociales «Federico Brito Figueroa» UPEL-IPB, 2007. Hemos
estudiado ambos casos, el primero con algún detenimiento, y el segundo tangencialmente, en: T.
Straka, «Federico Brito Figueroa: política y pensamiento historiográfico en Venezuela (1936-2000)»,
Tiempo y Espacio, Caracas, Instituto Pedagógico de Caracas, Vol. XVIII, N° 36, 2001, pp. 21-50; y
«Geohistoria y microhistoria en Venezuela. Reflexiones en homenaje de Luis González y González»,
Tiempo y Espacio, Caracas, Instituto Pedagógico de Caracas, Vol. XXIII, N° 46, 2006, pp. 205-234.

hizo en un principio (pero que pronto hubo de dejar de hacerlo, ante el aprovechamiento que de la fecha emblemática del 23 de enero, que conmemora su caída, hizo la oposición); o al gobierno de Cipriano Castro (1899-1908), del cual sólo destaca su altivez frente a las potencias imperialistas, imposible de analizar sin algo de admiración, pero del que calla todo lo demás; le ha dado pie a muchos de los historiadores formados dentro de la tríada señalada más arriba, para temer el simple renacer de un pensamiento antidemocrático y militarista que, como otros, de antaño, ha echado mano de la figura del Libertador para sus fines.

Naturalmente, al menos a los que acá nos ocupan, siempre se les puede acusar, como en efecto se ha hecho, de que tan sólo son representantes del *establishment* caído reaccionando ante cambios políticos que los han alejado de los circuitos del poder; es decir, de que simplemente son unos reaccionarios, en el sentido más literal, dolidos por su desplazamiento, ya que todos de alguna manera tuvieron figuración en el régimen caído, desempeñando importantes cargos administrativos, universitarios o diplomáticos, cuando no es que participaron activamente en la política. Por eso es importante detenerse muy bien en sus argumentos; pasarlos por el tamiz de la crítica –como se empeñaron en enseñarlo a sus alumnos– para atajar cualquier duda al respecto. Negar un componente político en sus planteamientos es imposible: ellos mismos se han encargado de admitirlo desde la primera página de sus trabajos; pero no por eso dejan de tener valor histórico-historiográfico. El punto es que esa «rebelión» no es, o no es *sólo*, contra el régimen de Hugo Chávez, sino, como se dijo al principio, contra la «filosofía política» del Estado venezolano y sus abusos, que ellos aprecian de forma especialmente intensa y amenazante para la democracia; como una especie de muleta que usó un colectivo desguarnecido y que funcionó en un momento, pero que ya más bien estorba. Es decir: se trata de un episodio más en la batalla de la nueva historiografía, hija de la democracia y la profesionalización, por liberar a la conciencia histórica de los venezolanos de ciertas ataduras que, consideran sus portavoces, les impiden andar con libertad; pero es un episodio que, al contrario de lo que pasaba antes, por las circunstancias del debate político actual, goza ahora de una gran audiencia, trascendiendo los claustros universitarios a los que antes estaba restringido. Veamos, entonces, de qué se trata.

LOS «REBELDES»

Elías Pino Iturrieta y la «patología bolivariana»

Si alguna voz empezó a oírse con verdadera fuerza en la historiografía venezolana, hasta desempeñar un rol de liderazgo, desde finales de la década de 1980, esa ha sido la de Elías Pino Iturrieta (Maracaibo, 1944). Autor de obras que abrieron caminos novedosos en la disciplina y que despertaron (y aún despiertan) verdadero entusiasmo, la agilidad de su pluma –que en sí misma generó una renovación: forma parte de esos historiadores que salieron entonces y que consideran que los libros de historia son, también, libros para ser leídos, incluso con placer– , sus colaboraciones en la prensa, sus apariciones televisivas, la elocuencia con que se desempeña en la cátedra, lograron crearle una audiencia de discípulos en la universidad –toda una generación de egresados de la Escuela de Historia fue influida en mayor o menor grado por él– y, lo más notable, de lectores en el resto de la sociedad.

Pero hay más: Pino Iturrieta es uno de los productos más acabados de la democratización y profesionalización del quehacer historiográfico que se desarrolla desde mediados del siglo XX. Egresado de la Escuela de Historia de la UCV, donde recibió formación e influencia de las principales figuras del momento, en especial de Eduardo Arcila Farías, con quien colaboró siendo estudiante, forma parte de aquella cohorte de venezolanos que se educaron en el exterior: pudo cursar su doctorado en el Colegio de México, con profesores de la estatura de José Gaos y de Leopoldo Zea, quienes le dejaron una huella fundamental, encaminándolo hacia el área de la historia de las ideas. Producto de aquello es su clásico *La mentalidad venezolana de la Emancipación* (1971), que abrió toda una vertiente de estudios en el país; tesis que le dirigió nada menos que Gaos y que le prologó, en su edición, Zea.

Ya reincorporado a la universidad, ahora profesor, en las siguientes tres décadas desarrolló una muy exitosa carrera académica, que le permite anotar en su currículo cargos como el de Decano de la Facultad de Humanidades y Educación de la UCV, el de Presidente del Centro de Estudios Latinoamericanos Rómulo Gallegos (CELARG), institución que entre otras cosas promueve el importante Premio Internacional de Novela Rómulo Gallegos, plataforma de lanzamiento de muchos de los autores fundamentales del *boom*: Mario Vargas Llosa, Gabriel García Márquez, Fernando del Paso, entre otros; o el de director del Instituto de Investigaciones Históricas «Hermann González Oropeza, sj», de la Universidad Católica Andrés Bello y de la Academia Nacional de la Historia. Sin embargo lo que está en la base de todo esto y lo que, como dijimos, desde finales de la década de los ochenta empezó a hacerlo conocido en un público más amplio que el universitario, son sus libros. Por sólo nombrar algunos de los más favorecidos por las ediciones y por el público, tenemos: *Venezuela metida en cintura* (1988), *Contra lujuria, castidad. Historias de pecado en el siglo XVIII venezolano* (1992), *Las ideas de los primeros venezolanos* (1993), *País archipiélago. Venezuela 1830-1858* (2001), o la varias veces agotada *Historia mínima de Venezuela* (1992), que coordinó. En ellos ha radiografiado el espíritu venezolano en el período de su gestación nacional (siglos XVIII y XIX), generalmente desde el estudio de esas cosas en apariencia menudas y tradicionalmente desatendidas por el historiador, pero en las que se manifiesta mejor que en ninguna otra instancia ese universo que es la mentalidad de un colectivo.

El divino Bolívar, ensayo sobre una religión republicana, aparecido inicialmente en el catálogo de la editorial Los Libros de la Catarata, Madrid, en 2003, si bien puede inscribirse entre los ensayos deliciosamente escritos y ampliamente aceptados por el público (acá estamos otra vez ante una obra que agotó su edición en semanas) que forman parte de su bibliografía, marca una diferencia con el resto, básicamente, en dos sentidos: su vocación de plena actualidad y su enfoque más bien historiográfico. Sí, fuera de la prensa, donde es un columnista famoso, no se había dedicado a lo que podríamos llamar «historia inmediata» ni, mucho menos, al debate político; ni tampoco, en el conjunto de sus estudios sobre las ideas venezolanas, se había detenido, por lo menos no con esta amplitud, en lo específicamente historiográfico. Por eso es un libro revelador de un tiempo y de un autor, porque une dos de las vertientes de su obra pocas veces comunicadas entre sí –la política de actualidad y la historia de la ideas, porque la historiografía es parte integral de ellas– para entender a Venezuela, la de ayer y la de hoy. La circunstancia de una Venezuela en la que el Bolivarianismo ha cobrado inusitado vuelo, y que además lo ha cobrado de un modo que parece confirmarle la tesis con la que abre fuegos desde la primera página: la de «los prejuicios que puede acarrear a la sociedad la sobrestimación de los pasos de un héroe por la historia»[16], lo enfrentó al culto a Bolívar, senda abierta por Germán Carrera Damas hacía treinta años y no muy transitada por otros hasta entonces.

Lo llevó, es decir, al problema teórico de cómo un mecanismo ideado por la sociedad para sobrevivir –el culto al héroe– puede llegar a convertirse en una amenaza para su existencia. En, retomemos la frase de Marx, una especie de opio, que primero le calma los dolores y le amansa los pesares, para después devorarle las entrañas, poco a poco. Pero no sólo por el interés en la indagación teórica, sino también –y sobre todo– para brindar herramientas con que revertir la situación. Porque el problema, sostiene, no es que los pueblos tengan héroes para cohesionarse en una identidad: el problema es que sean incapaces de caminar sin su tutela y, peor, que se cobijen bajo su sombra para eludir sus desatinos, como esos adultos que jamás logran madurar ni deslindarse de la falda de su madre:

> A los franceses no les pasa por la cabeza la posibilidad de pensar que Juana de Arco estuviera chiflada, inventando tertulias con arcángeles y bienaventurados. Está la santa doncella en el lugar más encumbrado sin ninguna discusión. Un debate sobre las virtudes del Mío Cid es irrelevante para los españoles comunes y corrientes aunque tengan material para hacerlo. El personaje forma parte de sus sentimientos aunque estén ellos en contacto con una fantasía. Que fuera verdadera o falsificada la historia de la bravura contra los normandos no les quita el sueño a los británicos. Están orgullosos de esos soldados que probablemente no existieron. Entonces no vayamos a ponernos rigurosos con nuestros héroes que sin duda hicieron tránsito terrenal, que no tuvieron la pretensión de hablar con Dios, que pelearon de veras por una causa y cumplen la misma función. Como los demás, existen para apuntalar el ego de la república, para que les recitemos jaculatorias y para que podamos respetar algo por unanimidad. En consecuencia, ni siquiera cabe la sugestión de un doméstico asolamiento de pedestales.

16 E. Pino Iturrieta, *El divino Bolívar. Ensayo sobre una religión republicana*, Madrid, Catarata, 2003, p. 9.

La posibilidad de observar con ojo crítico algunos aspectos del culto apenas existe cuando de la manipulación de sus contenidos surge una patología[17].

Una patología: eso es justo lo que ve y denuncia en el muy adolorido ego de la república venezolana, así como en los mecanismos de defensa que se ideó. «La república naciente, convertida en desierto por la inclemencia de la guerra, debe acudir al pasado próximo para sacar de sus hechos la fuerza necesaria en la inauguración del camino»; sí: «en la epopeya que acaba de terminar encuentra abono un sentimiento susceptible de unificar a la sociedad, mientras se pasa de la pesadilla de los combates a la pesadilla de un contorno agobiado por las urgencias»[18].

Hasta ahí Bolívar es una solución, una tabla de salvación. Pero la larga lista de excesos que a partir de entonces se cometen ya hablan de algo más morboso, más patológico. No se trata de que admiremos a una muchacha que decía hablar con los ángeles mientras dirigía con acierto la arremetida contra los ingleses, básicamente por esto último; sino que le creamos lo de la plática, peor aún, ¡que nos pongamos nosotros también a tener pláticas celestiales! Así, desde el primer episodio que trae a cuento, ocurrido el 19 de abril de 1832 en San Fernando de Apure, cuando la combinación de la efeméride patria con la crecida de las aguas, hizo que se sacaran en procesión a la imagen del Nazareno junto a una niña vestida como la Patria, con los retratos de Francisco de Miranda y Simón Bolívar, y el rótulo de su famosa frase atribuida en el terremoto de 1812: «Si la naturaleza se opone»[19]; desde ese episodio liminar, hasta el chavismo (de hecho, Chávez también invocó el «Si la naturaleza se opone...», en los deslaves de 1999), Pino va rastreando el sentido que identifica como francamente religioso del culto bolivariano. Porque, fijémonos bien, hasta contra las fuerzas del cosmos, Bolívar es una salvación.

Episodios así se siguen uno tras otro. Los hay del exterior –desde los revolucionarios italianos del decimonono, hasta quienes parangonaron a Mussolini y ¡hasta al mismísimo Franco! con el Libertador– pero sobre todo los hay de Venezuela. Es una lista larga: Guzmán Blanco pontificando en torno al *semidiós*, como lo llamaba, espíritu tutelar, como

---

17 *Ibidem*, pp. 22-23.
18 *Ibid.*, p. 21.
19 Cfr. *ibid.*, pp. 29-30.

aseguró, de su Causa Liberal; Eduardo Blanco, que en su épica logra que
la sangre «sea exhibida con elegancia, las degollinas convertidas en torneos
del Amadís y la Guerra a Muerte trocada en conflagración troyana»[20],
para regocijo de una patria que ya no se sentía con fuerzas para prodigios
similares y que por eso se refugiaba en los de sus abuelos; las arremetidas
casi inquisitoriales («los autos de Fe», los llama) de la Academia Nacional
de la Historia contra cualquiera que discutiera la gloria inmarcesible del
héroe; el rol político e ideológico de la Sociedad Bolivariana, fundada
por decreto presidencial en 1938; los usos que Gómez –que eleva a una
especie de árbol sagrado al Samán de Güere– y López Contreras hacen
de la imagen y de la memoria del Padre para sus proyectos políticos; la
admonición del cardenal Quintero, cuando aseguró en 1980 que los males
de Venezuela, que habían sido tantos y tan copiosos en el primer siglo,
siglo y medio, de existencia, eran un castigo prescrito por Dios para la
expiación del pecado de haberse rebelado contra el Libertador en 1830: si
las cosas habían mejorado entonces –en 1980 estábamos en plena euforia
petrolera y con una democracia estable– es porque al Señor, así discurre
el prelado, le parecía que ya la némesis había sido bastante; la forma en
la que esa religión oficial ha permeado a la religiosidad popular y Bolívar
es invocado en sesiones de talante chamánico; y finalmente Chávez, que
es como la sumatoria de toda esta fe bolivariana, con un poco de cada
caso. Esto, sostiene Pino, no es, no puede ser normal. No es una sociedad que le prende velas a Juana de Arco y se dedica a construir su vida...
¡parece una sociedad de Juanas de Arco que permanentemente hablan
con su dios tutelar! Una sociedad de locos, en fin:

> Un joven historiador de los Estados Unidos, Cristóbal Conway, quien
> se encontraba entre nosotros en 1998 investigando una tesis de post-
> grado sobre Bolívar, me habló de una impresión personal que se rela-
> ciona con esta fe (...) En las postrimerías del siglo XX, la sensibilidad
> del investigador estadounidense vio en unas imágenes conocidas por
> casualidad los corolarios en la conducta colectiva. Visitando el Museo
> Sacro de Caracas le provocaron especial atracción unos bultos de santos
> coloniales que tienen la cara y la parte superior del cuerpo sostenidas
> por una armazón hueca. La armazón sirve para que los fieles los vistan

---

20 *Ibid.*, p. 60.

de acuerdo a la ocasión. Uno de los guías de la institución le dijo que el santo era engalanado con diversos atuendos, según fuera la efemérides celebrada por la Iglesia y especialmente si realizaban oficios en su honor. Apenas al salir de la exposición y todavía conmovido por esas piezas vistas por primera vez, Cristóbal Conway las asoció con el objeto de su investigación. «Es lo mismo que hacen aquí con Bolívar», asintió de inmediato. Cuando me relataba el episodio no dudó en considerar como un atrevimiento lo que pensaba, pero se sentía entusiasmado con la comparación porque le explicaba muchas cosas que venía estudiando sobre la vigencia del personaje. Me confesó que, si algún día publicaba un libro sobre el héroe, pediría que tuviera en la carátula unos santos como los del Museo Sacro de Caracas. Consideraba que tales imágenes eran la clave para entender el vínculo de los venezolanos con el Padre de la Patria. «Ustedes lo visten distinto para cada ceremonia y para cada necesidad», concluyó el comentario[21].

Pino Iturrieta le dedica casi la tercera parte del libro a Hugo Chávez Frías. Según entiende, el Comandante-presidente le ha puesto la colección más variada y peligrosa de ropajes al santo de vestir que es el Libertador. Es la parte del libro –las últimas setenta páginas en la edición española– más, digamos, *política*. Bien pudiera reclamársele tanto espacio para una etapa que entonces llevaba cuatro años, si el aliento del conjunto es de ciento ochenta. También pudiera decirse que corre el riesgo de sobreestimar el influjo de Chávez, o que el remate sea demasiado político para un ensayo que venía siendo muy académico. Descontando la urgencia del autor por denunciar una situación que considera extremadamente grave, o su franca oposición al Comandante-presidente, una razón puede estar en que con *el proceso* se juntaron tantos fantasmas y síntomas de la «patología», que basta reunirlos en él para batirlos a todos a la vez. Que, visto con sentido histórico, es como una muestra de todo lo que pasó antes.

Chávez, que le cambia el nombre a la república, apellidándola «bolivariana»; que en su visión de la historia considera como perdido todo el siglo y medio, los casi ciento setenta años que van desde la secesión de Colombia a su advenimiento al poder, con lo cual, entre otras cosas, se desdice de los logros que tentativamente pudo tener el

---

21 *Ibid.*, pp. 40-41.

ensayo civil y democrático que lo precedió; y con lo cual, además, vuelve a depositar en la casta guerrera de los libertadores los valores sustanciales de la nación, como hicieron todos los gobernantes militares (y muchas veces dictatoriales) de antes; Chávez, que es prolijo en gestos y frases bolivarianas, que jura ante el Samán de Güere una versión libre del Juramento del Monte Sacro, para después hacérsela recitar a sus seguidores; que lanza parrafadas, según Pino, con la entonación, pero sin el vuelo, de Eduardo Blanco, mientras habla de socialismo; que es considerado por los espiritistas una reencarnación de Guaicaipuro y del Libertador, viene a ser algo así como la consumación de la «patología». Lo importante, sin embargo, lo que sin duda hará al libro interesante en el futuro y en otras latitudes, no es el rosario de anécdotas pintorescas del Comandante o el mentís de sus ideas, sino la forma en que las inserta dentro de una tradición venezolana que atenta contra sus posibilidades de pleno desarrollo democrático. Dice Pino Iturrieta:

> Páez imprimió el primer ejemplar de la biblia patriótica y la nación terminó en guerra civil. La república recién segregada de Colombia apenas pudo respirar con tranquilidad durante una década porque los notables del gobierno se olvidaron a propósito del breviario de San Simón. Guzmán edificó el Panteón Nacional para acicalar las tropelías de su dictadura y las ofensas de su megalomanía. Los cambios de la sociedad no se debieron entonces a la inspiración de un semidios, sino a las pretensiones de modernización que abrigaba el autócrata y a sus tratativas para sosegar a los caudillos. El héroe es una vergüenza en el misal de Gómez, mientras el país trata de abrirse paso porque aparecen elementos materiales, determinaciones exteriores y anhelos de justicia inimaginables en la época del héroe. Los arrebatos místicos de López Contreras son la evidencia del bamboleo presidencial en una comarca que cambia sin que el primer mandatario ni su estro de la Independencia sepan cómo cambia. Chávez jura ante un árbol por el «hombre sideral», lo sienta en una silleta de confidencias y lo convida a las aglomeraciones, pero la república se derrumba. El héroe ha sido requerido en cada etapa mientras el país da tumbos por su lado.
> Cada derrumbe tiene su explicación, pero Bolívar aparece en medio de todos los escombros...[22].

---

22 *Ibid.*, pp. 244-245.

Tal es la esencia de la patología: esa recurrencia en una figura legendaria para paliar los requerimientos de una sociedad que, según parece, por sí sola no parece poder o querer marchar sola. ¿Demasiado severo Pino Iturrieta? ¿Demasiada oposición a Chávez, a cuyas ideas no parece concederle ninguna oportunidad? Cabe la posibilidad, pero las evidencias que trae son abrumadoras y las hipótesis que esboza con base en ellas, algo más que razonables. Pasemos ahora a otro historiador que, después de muchos años, volvió con el tema, ofreciendo ahora una teoría global de lo que, ideológicamente, entiende en el chavismo.

Germán Carrera Damas y la tesis del «Bolivarianismo-militarismo» como «ideología de reemplazo»

Si Elías Pino Iturrieta se rebela contra la «patología» bolivariana pesquisándola en una tradición dos veces secular, Germán Carrera Damas (Cumaná, 1930) la interpreta dentro del marco global en el que actualmente se desenvuelve y que, contra todo pronóstico, la hace posible.

Y lo hace en un conjunto de ensayos que redactó para las más diversas ocasiones entre el 2000 y el 2003 (como materiales para un seminario en la Universidad de Florida; otro en la Universidad de Londres; y para conferencias en la Universidad de Brown, en la Universidad Central de Venezuela, en la Academia Nacional de la Historia y en la Universidad Andina Simón Bolívar, de Quito), que no vinieron a reunirse como libro hasta 2005, bajo el título de *El Bolivarianismo-militarismo. Una ideología de reemplazo*. Intentan ser un modelo teórico para explicar al Bolivarianismo como fenómeno propio del siglo XXI, y no sólo, aunque también, como la herencia decimonónica que es. Como un fenómeno de este siglo, lo que no significa, en modo alguno, que eso lo haga legítimo a los ojos del autor: por el contrario, a su juicio, se trata de una especie de renovación del pensamiento antiliberal, potencialmente antidemocrático, ajustado a los nuevos tiempos.

La tesis central de Carrera Damas es que el Bolivarianismo que en Venezuela apenas despuntaba –o volvía a despuntar– para el momento en que redactaba sus trabajos, responde a un fenómeno más amplio en el mundo una vez que el socialismo entró en crisis con el derrumbe del Bloque Soviético: el de las *ideologías de reemplazo*. Ante su salida de los menús ideológicos, muchas naciones debieron echar mano de sus viejos mitos nacionales, a veces para recombinarlos con lo que quedaba del socialismo, y a veces para simplemente reinstalarlos. La experiencia de lo vivido en Rusia y en las repúblicas que una vez constituyeron Yugoslavia, que observó de cerca estando en la región en funciones diplomáticas, era elocuente. Otro tanto, asevera, lo es en nuestra región:

> ... mientras el siglo XX significó para las sociedades latinoamericanas un sostenido esfuerzo por institucionalizar el orden sociopolítico republicano, inspirándose de manera lata en el ideario liberal, si bien cargado de contenidos socialistas en lo tocante sobre todo a los derechos sociales y económicos, hoy parece posible percibir en América Latina una tendencia a buscar salidas a la desorientación ideológica mediante la adopción de las que cabría denominar «ideologías de reemplazo», suerte de confusas alternativas ideológico-políticas validas de procedimientos que combinan el más rancio autoritarismo con la más desenfadada demagogia, y cargadas de contenidos liberales y socialistas, si bien estos últimos han sido hasta ahora más bien retóricos[23].

En el caso del Bolivarianismo que irrumpió en Venezuela a finales de la década de 1990, se trata, dice, de «una ideología de reemplazo en la que se enlaza con el militarismo y, según pretenden algunos, con el marxismo-leninismo, marca la culminación de un largo proceso de utilización ideológica y política de la figura histórica y el pensamiento de Simón Bolívar»[24]. En efecto, por una parte, sostiene el autor, estaba la búsqueda por parte de los marxistas-leninistas de un asidero tras la caída del Muro de Berlín[25]; y por la otra la presencia del Bolivarianismo

---

23 G. Carrera Damas, *El Bolivarianismo-militarismo. Una ideología de reemplazo*, Caracas, Ala de Cuervo, 2005, p. 13.

24 *Ibid.*, p. 43.

25 «La desorientación ideológica producida por la crisis del socialismo, no ya del autocrático sino también de su más elaborada versión teórica, es decir la socialista soviética, ha obligado a los sobrevivientes latinoamericanos del socialismo autocrático a procurarse una salida que les permita lograr alguna participación política sin tener que enfrentar la para ellos imposible tarea de autovaloración crítica. Para esto han seguido la penetración y degradación de movimientos antes vistos por ellos con desdén, si no con franca hostilidad, tales como la teología de la liberación, el ecologismo, el indigenismo, y la antiglobalización; desdeñadas por la muy poderosa y doctrinaria razón de que no podían ser centro de su acción la lucha de las masas lideradas por la clase obrera y, antes bien, eran estigmatizadas como naderías de la clase media». G. Carrera Damas, *op. cit.*, p. 211.

como, según la fórmula de Castro Leiva, «filosofía política» del Estado venezolano. En ambos casos, sus exponentes más radicales, a la izquierda y a la derecha, siempre fueron adversos al proyecto democrático de 1958, y por eso en la circunstancia de su derrumbe cuarenta años más tarde, fue relativamente fácil la unión de los dos grupos.

A colación, Carrera Damas trae una abundante cala de datos sobre el nacimiento y desarrollo del Bolivarianismo en Venezuela. En ninguno de los dos aspectos –tanto el de la «desorientación ideológica» de los marxistas-leninistas, como el del culto a Bolívar– se trató de un camino novedoso para él. De hecho, ambos son de los vértices fundamentales de su biografía, política y académica. Acá valen unas líneas sobre el autor[26]. Carrera Damas forma parte de esa generación de venezolanos a los que su militancia en el Partido Comunista de Venezuela (PCV) los puso en contacto con una reflexión crítica y novedosa de la realidad nacional y su historia, de la mano del marxismo. Después, el golpe de 1948 y la dictadura militar que entroniza por diez años, lo llevaron a un muy fructífero exilio en México, que corona con una maestría en Historia en la Universidad Autónoma Nacional. Algo alejado del PCV a raíz de la invasión a Hungría en 1956, cuando en 1958 regresó a Venezuela, emprendió la labor que consideró más urgente para la consolidación de la democracia: sacudir a la historiografía tradicional –la llamada *Historia Patria*– que a través de sus narrativas epopéyicas y de su culto a los héroes (a Bolívar por sobre todos) se había convertido en el aparato ideológico de un Estado hasta el momento esencialmente pretoriano, pero también para acusar las manipulaciones que al mismo tiempo identificaba en la revisión que el PCV estaba propiciando de la misma. Vale la pena hacer una cita *in extenso* de lo que dice al respecto sobre la forma en la que esto definió su obra:

> Cuando volví [a Venezuela], después de diez años de exilio, en mayo de 1958, ya había tomado la decisión de alejarme, y mantenerme alejado,

---

26 Véase Miguel Ángel Rodríguez Lorenzo, «Aproximación a un inventario comentado de la bibliografía de Germán Carrera Damas», *Historiográfica, revista de estudios venezolanos y latinoamericanos,* Nº 1, Mérida (Venezuela), ULA, 1999, pp. 105-163; Juan Carlos Contreras, «La caracterización de la historiografía venezolana según Carrera Damas», *Dialógica*, Vol. 3, Nº 3, Maracay, UPEL, 2006, pp. 113-164; y «Germán Carrera Damas: su labor historiográfica», en AAVV, *Ensayos de crítica historiográfica*, Mérida (Venezuela), Grupo de Investigaciones sobre Historiografía de Venezuela/ ULA, 2007, pp. 78-86.

de toda militancia partidista. Había vivido una experiencia que me hizo perfeccionar esa decisión, largo tiempo madurada. Topé con la para mí inaceptable pretensión de que debía «dar a leer» mis incipientes trabajos históricos a una comisión calificadora, para su aprobación. Por si fuera poco, no disimulaba mi desacuerdo con el dogma historiográfico por cuya pureza velaba tal comisión. Fundamentales en ese dogma eran tres ruedas de molino con las que yo debía comulgar para contar con el beneplácito de los guardianes del dogma. La primera estaba representada por el José Tomás Boves repartidor agrario, de clara inspiración agrarista mexicana. La segunda estaba conformada por el Ezequiel Zamora revolucionario avanzado, si no socialista, sin base documental confiable y como contrapeso a la figura de Antonio Guzmán Blanco. La tercera era nada menos que la del Simón Bolívar demócrata ejemplar. En esto último la ortodoxia pseudo marxista se daba la mano con el Bolivarianismo ultramontano, de tan triste ejecutoria.

(...)

La proposición de Simón Bolívar como símbolo de la lucha por la democracia y aun por el socio-fidelismo, me parecía, de entrada, un exabrupto. Este choque intelectual intensificó una preocupación nacida de la incongruencia que advertía entre lo bien que se habían servido las dictaduras venezolanas de la figura y el pensamiento de Simón Bolívar, y la propensión que mostraban los sectores democráticos a «rescatar» esos valores.

Mi preocupación llegó al punto de temer por el destino de la naciente democracia institucionalizada, si tomaba el camino ideológico de las dictaduras de Antonio Guzmán Blanco, Juan Vicente Gómez Chacón, Eleazar López Contreras y Marcos Pérez Jiménez. Veía en la invocación bolivariana acrítica un peligro para la consolidación del poder civil en la incipiente democracia venezolana. Mis primeras inquietudes a este respecto las publiqué en mayo de 1960, bajo el título *Los ingenuos patricios del 19 de abril*.

El considerable escándalo que suscitó el mencionado artículo me estimuló para emprender un estudio sistemático de la cuestión. El resultado fue mi obra *El culto a Bolívar*, que también ha suscitado cierta controversia[27].

---

27 G. Carrera Damas, *op. cit.*, pp. 80-81.

Así, tal vez estaba emprendiendo la más subversiva y fértil de las confrontaciones posibles. Aquella que esperaba desenmarañar un discurso creado al vivac de la guerra de Emancipación y que, si bien había logrado en siglo y medio darle legitimidad a la República y solidez a la conciencia nacional, estaba a tal punto transido de mitos e imprecisiones, que ya era más que necesario, perentorio, superar. No fue tarea fácil. Se trataba de demoler certezas, de enfrentarse a la filosofía política dominante. De identificar cómo se había levantado todo eso y de ver por dónde empezar su demolición. No en vano la revisión crítica e historiográfica ocupará sus primeros esfuerzos, conjuntamente con la dotación, en la Escuela de Historia de la UCV, de un enramado teórico y metodológico que elevara la cientificidad de una disciplina entendida, en muchos casos, como una rama menor de las bellas letras.

El esfuerzo estuvo lleno de obstáculos. Había que enfrentarse a los grandes monumentos de la Historia Patria, a la ciclópea figura de Bolívar y a su celosa guardiana, la Academia Nacional de la Historia, pródiga de anatemas. Con su *Historia de la historiografía venezolana*, cuyo primer tomo aparece en 1961, hace el inventario de cómo y porqué se pensó y escribió la historia que todos daban por cierta, desenmascarando sus trampas, aunque resaltando sus virtudes; con su estudio «Sobre el significado socioeconómico de la acción de Boves» (1964 como prólogo a una compilación documental, después saldría individualmente como libro) revisita la Historia Patria con el armamento crítico para demostrar cómo, siquiera con una nueva lectura de un viejo tema (incluso de las viejas fuentes), demuestra ser muy otra a la propuesta por los convencionalismos, y cómo una de sus manipulaciones de la hora –volver a Boves un precursor de la reforma agraria– era nomás que eso, una manipulación; después, con su *Historiografía marxista venezolana* (1967) apunta el arsenal hacia esas nuevas corrientes a las cuales estaba empezando a rendírsele una pleitesía similar a la de la Historia Patria, cosa muy valiente entonces; mediante la compilación que hace con una de sus primeras discípulas, Angelina Lemmo, de los «Materiales para el estudio de la ideología realista» (1969), se atreve todavía a más: a ver el proceso desde la perspectiva de los malvados por antonomasia de nuestra historia, los realistas, dotando, encima, al volumen –un número especial del boletín del Instituto de Antropología e Historia– de un prólogo que replantea todo lo dicho sobre la Emancipación: «La crisis de la sociedad colonial»; ese mismo año también aparece *Metodología y estudio de la historia* (1969), que recoge varios textos publicados desde 1958, y en la que sienta las tesis teóricas que ha venido trabajando en la Escuela; y finalmente, en 1970, con su obra máxima, *El culto a Bolívar*, en el que radiografía los abusos y manipulaciones que se habían venido haciendo, con fines no siempre nobles, de la figura del Libertador, terminaba de cimentar una reevaluación crítica de lo que los venezolanos entendíamos por historia:

> La tesis fundamental de la obra es que el fenómeno psicosocial iniciado espontáneamente como un culto del pueblo, fue convertido por la clase dominante en un culto para el pueblo. Es decir que pasó de ser expresión de admiración y agradecimiento a ser un instrumento de manipulación ideológica del pueblo, al servicio de causas dictatoriales, despóticas o de dudosa calidad democrática[28].

Todo este esfuerzo de análisis e interpretación historiográfica se despliega sólo en los diez primeros e intensos años de su obra. En la década de 1970 emprenderá la revisión del país en su conjunto y en la siguiente, en la década de 1980, ya abocado al diseño de las políticas públicas, formando parte, sucesivamente, de la Comisión Presidencial para la Reforma del Estado (COPRE) y del servicio diplomático, afinará todas estas reflexiones en función de la construcción de unas nuevas y mejores república y ciudadanía. Con tal currículo, algo tenía que decir referente a la *Revolución Bolivariana*. Los peores fantasmas del Bolivarianismo que creyó diluidos volvieron a la palestra; el mecanismo de dominación ahora regresa bajo un manto de promesas reivindicativas y de etiquetas socialistas. Pero el núcleo es el mismo: el de un pueblo que no puede marchar sin las muletas de sus héroes, o de las de aquellos que se dicen sus portavoces actuales (los Guzmán Blanco, los Gómez, los Chávez...). Así ve Carrera al *proceso*, y por eso pide, respetuosamente, una rebelión con el dios tutelar; si para algo sirve toda la renovación historiográfica desarrollada desde 1958 ha de ser para eso. Cerremos, como conclusión del mensaje de su obra, con esta cita:

---

28 *Ibidem*, p. 81.

Porque ya somos históricamente adultos, y por lo mismo capaces de comprender que la historia se compadece de los flacos de ánimo pero sólo exalta a los que viven con entereza su destino, debemos asumir como pueblo la responsabilidad de un pasado del cual somos herederos solidarios, aunque nos empeñemos, si bien en vano, de ignorar la condición obligante de la solidaridad. Hasta el punto de que pareciéramos no comprender que vivimos tiempos en que pueblos de todos los niveles de desarrollo, y venerables instituciones, asumen a plenitud su pasado histórico, a veces cargado de delitos mayores contra la humanidad. (...)

En tiempos difíciles para los españoles, don Miguel de Unamuno los llamó a lanzarse al rescate del sepulcro de quien justamente por ser quijote, pudo atrapar la fibra más noble del espíritu humano y, volviéndola tesón y valentía, la rindió al bien de la humanidad. Era mandato quitarle ese sepulcro a quienes lo usurpaban, al tiempo que labraban el infortunio de España; y los excitó a restablecer con aquél que, como el Cid, también podía vencer después de la muerte, un contacto que tonificara el espíritu colectivo en su determinación de progresar socialmente y de instaurar la libertad.

En tiempos no menos difíciles es oportuno, por contrapartida, que los venezolanos nos alejemos del sepulcro de Bolívar, para que él pueda dormir en paz su alta gloria; y que nos dispongamos a montarle guardia con nuestra conciencia crítica, para que la merecida admiración que le rendimos deje de perturbar su sueño y podamos enderezar nuestro sentido histórico. También para que él mismo deje de contribuir a que quienes han usurpado su sepulcro continúen labrando el infortunio de los venezolanos, y así recobremos la confianza en el progreso social y moral, y preservemos el disfrute de la libertad[29].

¿Hace falta agregar más?

Guillermo Morón y la «desbolivarización» de la sociedad

Incorporar a Guillermo Morón (Carora, 1926) al grupo de estos «rebeldes» contra el Bolivarianismo, es correr con el riesgo de la

---

29 *Ibid.*, p. 162.

polémica. Por lo menos desde la aparición de su *Historia de Venezuela*, en cinco volúmenes, en 1971, prácticamente todo lo que tenga que ver con su obra es pasto de la misma. Tanto, que es tal vez la única obra de nuestra historiografía que ha merecido el muy peculiar privilegio de que se le haya redactado, y además por una historiadora de reconocida solvencia, una monografía, en específico, para desmentirla[30]. A partir de entonces Morón ha vivido la contradicción –no tan extraña después de todo, porque así suelen ser las relaciones entre lo popular y lo académico– de ser considerado por la mayoría de los venezolanos como *el* historiador de su patria, cosa refrendada hasta en un joropo, pero siendo muy, pero muy poco popular en los círculos académicos, por mucho de que esto haya ido cambiando en las últimas generaciones. Tanto él, entonces, como los otros tres autores que acá se tratan, tal vez se sorprenderán de verse en un mismo grupo.

Las razones para esto no son pocas. Aunque Morón también fue hijo del proceso de profesionalización, se graduó en la célebre «Promoción Juan Vicente González», que egresa del Pedagógico Nacional (hoy de Caracas), en 1949, el camino que siguió ha sido extremadamente personal; prácticamente al margen de lo que se ha hecho en los últimos cincuenta años en las universidades. Es de destacar que en esa «Promoción Juan Vicente González» también figuró Federico Brito Figueroa (1922-2000), que a pesar de las hondas diferencias ideológicas que, como vimos, ya debaten entonces, va a ser su amigo de toda la vida. Durante la dictadura, aunque no precisamente por graves desavenencias con el régimen, por lo menos no al principio; se marcha a España, donde obtiene el doctorado en Filosofía y Letras, mención Historia, para después perfeccionarse en Filosofía, Estudios y Lenguas clásicas en la Universidad de Gotinga, en Alemania. Producto de estos estudios, en 1954 publica *Los orígenes históricos de Venezuela*, que es un libro que causa sensación, con un enfoque novedoso para el tratamiento de la etapa de la Conquista, y que después será incorporado a la *Historia...* que aparece dos décadas después. El problema estalla con la *Historia de Venezuela*. En rigor, los primeros tres tomos de esta obra, que revisan el pasado colonial desde la «estructura provincial», es decir, desde las diversas provincias que en 1777 se unen en la Capitanía General, y no sólo desde Caracas, como era común hasta entonces, constituyen un

---

30 Angelina Lemmo, *De cómo se desmorona la historia*, Caracas, UCV, 1973.

aporte. Los tomos referentes a la Independencia y la República, sí han abrigado siempre importantes reservas, siendo considerados, en el mejor de los casos, como una simple ampliación de sus manuales escolares.

Y llegamos a sus manuales escolares: tal es la otra vertiente significativa de su obra, fundamental para explicar la fama de que goza. En 1956 aparece el primero de ellos, titulado *Historia de Venezuela*. Este en particular tendrá numerosísimas reediciones (y con variantes pequeñas, en México, nada menos que por el Fondo de Cultura Económica; en los Estados Unidos, traducida al inglés; y hasta en Rumania) cosa que, junto a su constante colaboración en la prensa (a los diecinueve años es nombrado director del importante diario *El Impulso*, y hasta mediados de la década de 1990 no dejó de publicar en diversos periódicos), sus apariciones en la televisión y su actividad política, va a afianzar firmemente su imagen de ser *el* historiador de Venezuela: para muchos venezolanos, lo único que han oído de historia ha sido por conducto de algún texto suyo.

Pero el quiebre entre Morón y el resto de los historiadores de su tiempo se dio por razones importantes. Antes que nada, desde el principio Morón se opuso tenazmente al marxismo y, en general, a todo lo que no fuera lo que él mismo llama una «historiografía clásica». Desde el debate que tiene con Brito Figueroa en el 48, hasta la actualidad, ha sido invariable en esto. Incluso llegó a declararse discípulo de Bossuet. Al igual que Brito ensayó una historia general de Venezuela desde el marxismo (la *Historia económica y social de Venezuela*, aparecida en dos tomos en 1966, y elevada a cuatro para 1987), Morón hizo lo propio, pero inspirándose en los viejos historiadores, narrando y analizando los grandes hechos, fundamentalmente los políticos. Su obra no acusa recibo de prácticamente ninguno de los grandes debates que se dan en las Escuelas de Historia de las décadas de 1960 y 1970. Simplemente como si no hubieran existido. Pero hay más: muy identificado con la herencia hispánica, tesis como la negación de la condición de colonia de las provincias que después serían Venezuela –tesis que, por cierto, desde ciertas perspectivas han sido revaloradas últimamente– le valieron la animadversión de quienes hablaban de la dependencia y el neocolonialismo. Hispanófilo, amigo, en parte porque se formó con ellos, de muchos de aquellos promotores de la *hispanidad* afectos al franquismo; sin un entusiasmo especial por los grupos indígenas –a quienes no tuvo empacho en llamar *indios*– ni por su legado, lo suyo era como para dejar atónitos, como en efecto los dejó, a quienes pugnaban por meter a la historiografía por otros senderos. Súmesele que políticamente siempre apoyó movimientos ubicados a la derecha del espectro nacional; que trabajó en la transnacional petrolera Shell, dirigiendo su revista; que dio clases en la Universidad Católica Andrés Bello y después en la Simón Bolívar, ambas famosas en los sesenta y setenta como conservadoras; que a los treinta y dos años fue incorporado a la muy, para entonces, detestada Academia Nacional de la Historia, vista como el núcleo que, en verdad, era de la historia tradicional; y, para colmo, que triunfó como hombre de negocios... Súmese todo eso y tenemos al perfecto *malvado* para el visor de un joven historiador de 1970.

Pero a la gente, al común, a las maestras, les gustaba y les siguen gustando los libros de Morón. Naturalmente, puede decirse que les gusta precisamente por tradicionalistas, porque no alteran verdades consagradas, porque no hacen verdaderos retos a la conciencia histórica... pero eso es ya desdecir mucho del conjunto de la sociedad. Ahora bien, como director de publicaciones de la Academia Nacional de la Historia y después como su director (entre 1986 y 1995), editó un millar de títulos, rescatando incunables o publicando manuscritos, sobre todo coloniales, que de otro modo estuvieran prácticamente fuera del alcance de los investigadores. Este aporte editorial, por sí solo, esta fuera de toda discusión. También organizó un departamento de investigaciones, en el que encontraron trabajo muchos licenciados en Historia, que desarrollaron una obra muy ajustada a los planteamientos de la nueva historiografía. Por si fuera poco, a partir de 1982, dirigió la publicación de una colección de treinta y tres volúmenes de la *Historia general de América*, con especialistas de todos los países, que constituyen un aporte del esfuerzo historiográfico y editorial venezolano que no se ha reconocido aún del todo. Después del barullo despertado por su *Historia...*, se centró en la narrativa, publicando novelas que tuvieron verdadero éxito editorial.

A punto de cumplir ochenta años, Morón sacó un libro difícil de definir. Es algo así como unas memorias, algo inconexas en sus partes; escritas con verdadero desenfado («yo escribo sencillamente porque me da la gana», espeta al principio) y muy poca piedad para con quienes no son merecedores de su estima. Es el libro de un hombre que siente que ya no tiene nada que perder. De hecho, el título, *Memorial de agravios*

(Caracas, Alfadil, 2005), no es sólo un tributo más que le hace al viejo castellano, sino una clara señal de su espíritu; del ajuste de cuentas vital que procesa. ¿Por qué traemos este texto a colación? ¿Por qué, a pesar de lo dicho, Morón viene a dar ahora a la condición de «rebelde»? Porque, con todo, es muy decidor del momento historiográfico que estamos delineando el que hasta él, tan clásico, tan al margen de lo que representó el proceso de renovación historiográfica que lideró un Carrera Damas, identifica el problema y por primera en su vida coincide con él (¡e incluso lo cita!): el Bolivarianismo se ha convertido en un peligro para la democracia. Sus asertos, en esto, son tan severos como en lo demás. Cuando habla del *proceso* y de Hugo Chávez lo hace sin cortapisas, sin deseo alguno de parecer imparcial, de asumir la mesurada postura del historiador. Es una andanada de acusaciones altisonantes lo que reserva para el Comandante. Dice, por ejemplo:

> No fue una gota la que rebasó el vaso, sino toda una tormenta la que se tragó el vaso y a todas las aguas que servían la tradición. La avalancha bolivariana que cubre todas las malhechurías de un golpista convertido en Presidente electo por una minoría un poquito más minoría que las otras minorías, pero con una mayoría del setenta por ciento de votos que no fueron a las urnas[31].

Pero lo importante, una vez más, es que busca un sentido histórico y termina llegando a conclusiones similares a las forjadas, con muchos datos y reflexión, por los autores precedentes. Aunque asegura que «la República Bolivariana será un episodio en historia política malhumorada de la historia del pueblo que trata de respirar libertad y justicia»[32], reconoce que lo que llama el culto al «Mío Cid Libertador», ese culto, «que historiadores de penúltima generación tratan de desmontar –Germán Carrera Damas, Luis Castro Leiva, Elías Pino Iturrieta, Ángel Ziems– empezó en 1813 (...) se opaca mientras los restos se guardan en Santa Marta, resurge con Páez y el traslado a la Catedral de Caracas cuando Mío Cid retorna a su casa (...) sube la temperatura mitológica con el Panteón, alcanza su apogeo en el Campo de Carabobo, se envilece en las Cívicas Bolivarianas y se despacha

31 Guillermo Morón, *Memorial de agravios*, Caracas, Alfadil Ediciones, 2005, p. 129.
32 *Ibid.*, p. 128.

en las turbias aguas de los Círculos Bolivarianos»[33]. Es, pues, una tradición de casi dos siglos, comenzada por el mismo Bolívar en vida.

> Así, pues, el Mío Cid Bolívar, el Mío Cid Libertador, es responsable del marasmo chavista. Los grandes escritores españoles pidieron un nuevo destierro para don Rodrigo Díaz de Vivar, el Campeador; desterrar su mito de la memoria del pueblo para que el pueblo español viviera de nuevo[34].

Por eso hay que «desbolivarizar» al país. «Si Bolívar no se ha escapado del Panteón, horrorizado por tantos huesos falsos (…) sería conveniente (...) sacarlos a todos, uno a uno para un panteoncito local o para una fosa común»[35]. ¡Vaya! ¿Y a qué tanta severidad?

> Mientras tanto se puede y debe recuperar la vieja Plaza Mayor de Caracas, limpiar las aceras del Palacio de las Academias, recuperar las escuelas integrales y restablecer el nombre de la República de Venezuela monda y lironda, la República cuyo fundamento es el pueblo con memoria y sin mito. Largo trabajo de reconstrucción para cien años, si no se secan los ríos, si no se talan los árboles, si no se mueren de hambre los niños de la calle, si no se termina de contaminar con odios bolivarianos a la gente común y corriente llamada pueblo[36].

La República cuyo fundamento es el pueblo con memoria y sin mito: qué forma tan *monda y lironda* de explicar las razones para liberarnos del tutelaje de dos siglos del Libertador. No es poca cosa viniendo del historiador al que atienden hasta los cantadores de joropo.

De porqué Manuel Caballero no es bolivariano

Ubicado entre el periodismo –en 1979 fue Premio Nacional en el rubro– y la historia, que ha copado lo fundamental de sus afanes, Manuel Caballero (Caracas, 1931) se une al corro de los rebeldes

---

33   *Ibid.*, p. 127.
34   *Ibid.*, p. 133.
35   *Idem.*
36   *Idem.*

con una compilación de textos que desde 1975 ha venido publicando sobre –mejor habría que decir, contra– el Bolivarianismo, sugestivamente titulada: *Por qué no soy bolivariano. Una reflexión antipatriótica*, aparecida en Alfadil Ediciones, de Caracas, en 2006, como el número 9 de la «Biblioteca Manuel Caballero».

Por varias razones es un libro típico de los de Caballero –escrito con agilidad de periodista y, de hecho, con muchos de los textos pensados inicialmente para la prensa; con buenos tirajes (¡dos ediciones en un mes!), con fina ironía espolvoreada sobre todas las páginas, con comentarios agudos y muy eruditos– pero hay una por la que es, probablemente, el más atípico de todos los libros de historia publicados en Venezuela desde que se separó de Colombia: es, acaso, el primero en el que un historiador venezolano declara tajantemente y a los cuatro vientos, que no es bolivariano. Si Elías Pino Iturrieta y Germán Carrera Damas abonaron el terreno teórico para la rebelión, Caballero tomó una pira y está dispuesto a quemar el Palacio de Invierno. Veamos:

> ... no soy bolivariano por la misma razón que no soy antibolivariano. Es decir que no creo que quien pretenda escribir un análisis, llámese histórico, político, sociológico, filosófico o todas esas cosas unidas, deba adoptar una actitud semejante. Y eso, ni siquiera con referencia a la más relevante personalidad posible: se puede escribir una historia cristiana o por el contrario anticristiana; es también posible escribir una historia mahometana o antimahometana. Pero en ambos casos, queda claro que (cualquiera que sea su dimensión) se estaría escribiendo un panfleto político, filosófico y hasta histórico, pero no se estará frente a un libro de historia. Porque la historia es la memoria colectiva de la humanidad, es el análisis del desarrollo de los hombres en sociedad; y eso no puede reducirse a un solo hombre, por influyente que haya sido[37].

O lo que es lo mismo: que vistas así las cosas, poco de lo escrito en la Historia Patria, tan bolivariana como ha sido, puede considerarse historia; o que por lo menos hoy no lo sería si a alguien se le

---

37 Manuel Caballero, *Por qué no soy bolivariano. Una reflexión antipatriótica*, 2ª ed., Caracas, Alfadil Ediciones, 2006, p. 12.

ocurriera escribirla así. Por eso, y por otra razón más poderosa, no es bolivariano: por su oposición al nacionalismo, que en Venezuela se ha edificado sobre la figura del grande hombre, y «que ha sido uno de los mayores flagelos del siglo XX con su carga de sangre y de horror»[38]. Contimás cuando es venezolano y Venezuela, por lo menos la república que emerge en 1830 y en la que aún vivimos, «no es una creación de Bolívar, sino que se formó *contrariando la voluntad del Libertador*»[39]. Tales, afirma, «son mis razones como historiador, como venezolano y como ciudadano de un país laico para enfrentar un fundamentalismo semirreligioso y harto perjudicial. Pero además, para dejar claro que mientras mi oposición apela a la razón, el culto a Bolívar apela a lo irracional, por ignorancia o por mala fe»[40].

De seguidas presenta un conjunto de textos de varia índole – artículos de prensa, fundamentalmente; ponencias, reseñas y ensayos de mayor aliento, lo que, eso sí, le da cierta desigualdad a los textos– en los que estudia de diversas maneras al Bolivarianismo. Como con Carrera Damas y Pino Iturrieta, en este otro libro de la rebelión de los historiadores venezolanos contra el culto bolivariano, Hugo Chávez ocupa un lugar destacado. No, como en los otros casos, a través de la oposición a sus ideas y políticas concretas, cosa que hace semana a semana en una de las columnas más leídas del país, que dominicalmente aparece en el diario *El Universal*, de Caracas; sino a través de su análisis con sentido histórico.

Primero, algo de crítica histórica. Ataca a dos de esas típicas manipulaciones de las ideas del Libertador que desde hace siglo y medio han venido haciendo todos los gobiernos: entresacar con pinza una frase de sus escritos, descontextualizarla y volverla una máxima, bajo el título de «pensamiento del Libertador». Para construir el socialismo (bien que *bolivariano*), así como antes para combatirlo, el procedimiento ha sido el mismo, y como prueba señala el caso de «los Estados Unidos parecen destinados por la Providencia para plagar a la América de miserias en nombre de la libertad», que ha hecho las delicias de las izquierdas latinoamericanas; y aquello de «si mi muerte contribuye a que cesen los partidos y se consolide la unión, yo bajaré tranquilo al

---

38   *Ibid.*, p. 13.
39   *Ibid.*, p. 21.
40   *Ibid.*, p. 13.

sepulcro», que a su vez ha hecho las delicias de las dictaduras de derechas militares, y en función de su ataque a los partidos, generalmente
socialistas… Así es Bolívar: como lo dice Pino, un «santo de vestir»,
que en cada efeméride se cubre con el ropaje que más le convenga.

Lo del segundo caso se resuelve con relativa facilidad mediante una simple crítica externa del documento: extraído de su última
proclama, fecha el 10 de diciembre de 1830, es evidente que no se
trata, como tantas veces se manipuló, de los partidos modernos, que
no existían, si no de las fuerzas disolventes que, literalmente, estaban
partiendo a su Colombia. Pero lo del primero sí requirió un trabajo
algo mayor. Tomado de una carta al Encargado de Negocios de Su
Majestad Británica, Patricio Campbell, de 5 de agosto de 1829, Caballero la analiza en dos planos: primero, el destinatario, nada menos
que el representante de la potencia que estaba en competencia con los
Estados Unidos por ocupar un lugar privilegiado en los mercados y la
geopolítica de la que hasta hacía nada había sido la América Española,
y a la que, ostensiblemente, prefería el Libertador entonces, y este es
el segundo punto, ya en su fase conservadora. Se trata del Bolívar de
la dictadura, del que proscribió a Bentham y a las logias, del que tuvo
entre los obispos a sus principales aliados: generalmente no se cita el
párrafo que a continuación agrega: «por el sur encenderían los peruanos
la llama de la discordia; por el Istmo los de Guatemala y Méjico; y por
las Antillas los americanos y los liberales de todas partes[41]. Es, pues,
un aserto antiliberal (lo que, sin embargo, no viene necesariamente en
contra del ideario marxista-leninista). Aunque consideramos que las
tirantes relaciones del último Bolívar, ese que José Gil Fortoul dibujó tan bien a partir de 1827, merecen un análisis aun más detenido y
que no estaban, como otros testimonios confirman, del todo exentas
del temor a que el naciente imperialismo norteamericano fuera a ser,
como fue por un siglo, un problema para el libre desenvolvimiento de
las repúblicas hispanoamericanas, el análisis de Caballero va colocando
algunas cosas en su lugar.

Después viene la que tal vez es la parte más acabada y novedosa del libro: la tercera, «Bolivarianismo y fascismo». A través de una
breve introducción al fascismo y a la utilización que hizo Mussolini
de la figura del Libertador –por demás, muy a propósito del gusto del

---

41 Citado por *ibid.*, p. 50.

régimen de Juan Vicente Gómez: por algo el Duce también prohijó y editó a su gran ideólogo, Laureano Vallenilla Lanz– como expresión suprema de la «raza latina», como creador latinoamericano del «Estado fuerte y unitario» (¡ah el Bolívar de 1828!), como líder fuerte y popular (es decir, como Duce), pasa «del Bolivarianismo de los fascistas, al fascismo de los bolivarianos». Siguiendo el esclarecedor camino tomado por Umberto Eco para definir al *ur-fascismo*, es decir, el de la pesquisa de esas raíces primigenias del movimiento que, juntas o repartidas en subgrupos, permiten identificar células potencialmente fascistas en diversos pensamientos. Una sola no basta, pero la reunión de dos o tres ya pueden prender la señal de alerta. El culto a la tradición, por ejemplo, en nuestro caso, contra el capitalismo globalizador y neoliberal; ese culto, que busca en héroes legendarios, guerreros, vigorosos, un asidero nacional para colectivos desencantados con los modelos de la modernidad, sobre todo la democracia liberal, que huele tanto al culto bolivariano; y además como pábulo para el llamamiento a las clases medias frustradas contra la oposición a los «podridos» gobiernos parlamentarios («que cesen los partidos y se consolide la unión»), también características típicas del *ur-fascismo*, le permite configurar un «fascismo bolivariano» en el movimiento de Chávez, que, al menos como hipótesis, es atendible.

Demás está decir que Caballero cubre los requerimientos para ser, como todos los de la «rebelión», otro representante de la profesionalización del oficio de historiador que se da a mediados del siglo XX. Proveniente del Partido Comunista, y después de haber pasado su exilio durante la dictadura militar (1948-1958) en París y Roma, una vez retornado al país, se graduó en la Escuela de Historia de la UCV, de la que será después uno de sus más connotados profesores; obtuvo más adelante un PhD en la Universidad de Londres. Especializado en el tema de la historia política, a él se le deben unas cuantas monografías fundamentales, como *La Internacional comunista y la revolución latinoamericana* (1986) o *Gómez, el tirano liberal* (1993); en buena medida el «descubrimiento» historiográfico de Rómulo Betancourt, de quien en su juventud fue un severo opositor, y sobre el que ha producido un precursor *Rómulo Betancourt* (1977) y después una biografía política llena de propuestas sugestivas, que deja muchos caminos abiertos (pero que no siempre, lamentablemente, transita): *Rómulo Betancourt, político de nación* (2004). Pero de mayor difusión han sido sus libros de ensayos, donde el ejercicio del periodismo y de la militancia política se unen con la historia para presentar análisis de la sociedad venezolana reveladores y capaces de concitar un gran y cautivo público de lectores: *La pasión de comprender* (1983), *Ni Dios, ni Federación* (1995) o *Las crisis de Venezuela contemporánea* (1998), ya son compilaciones ineludibles en ese género que en Venezuela ha tenido tantos cultores –Mariano Picón Salas, Arturo Uslar Pietri– que es el ensayo libre. Súmesele a esto su labor como un hombre que sabe moverse en los meandros del humor, con trabajos reunidos en obras como *Defensa e ilustración de la pereza* (1998), y termina la configuración de un hombre que no sólo logra hacernos pensar y cuestionar lo que normalmente hemos pensado, sino que logra además lo hagamos con una sonrisa[42]. El libro que acaba de reseñarse es un ejemplo de esto.

¿HARTOS DE BOLÍVAR?, A MODO DE CONCLUSIÓN

Tres cosas parecen haber quedado en claro después de este recorrido: a) por primera vez en la historia (y en la historiografía) venezolana se manifiesta una «rebelión» tan amplia y franca al culto a Bolívar, al punto de que cuatro de los historiadores vivos más importantes del país sacaron libros específicamente para denunciarlo: este dato, por sí solo, es revelador de un estado muy particular en el país, de procesos fundamentales que lo han cambiado en las últimas décadas y de la naturaleza de la coyuntura actual y sus posibles implicaciones; pero no lo es tanto como el hecho de que su prédica haya encontrado tanta audiencia más allá de las universidades, adonde normalmente se restringían estos debates. Evidentemente, b), esta rebelión está claramente impulsada por la Revolución Bolivariana y el temor, en estos historiadores, que políticamente le son muy adversos, de que se trate de una simple reedición del Bolivarianismo tradicional de nuestras dictaduras militares, destinado a sofocar los anhelos democráticos de la sociedad. Sin embargo, el punto es que hay mucho más. En el fondo hay mucho más.

---

42 Para una semblanza del autor, véase Vanesa Peña Rojas, *Manuel Caballero, militante de la disidencia*, Caracas, Los Libros de El Nacional, 2007.

Lo que nos lleva al tercer aspecto: c) epistemológica e ideológicamente, el andamiaje conceptual con el que se le enfrentan, viene de la revisión de la historia venezolana llevada adelante por las Escuelas de Historia y otras instancias universitarias relacionadas (Escuelas de Educación, posgrados, pedagógicos), desde la segunda mitad del siglo XX. Es una revisión en la que se formaron y a la que a su vez impulsaron. La autonomía universitaria, la libertad de cátedra y el clima general que permitió, al menos en círculos académicos, pensar al país en términos distintos a la épica de la Historia Patria, y a deslindarse de la «filosofía de Estado» con la que Venezuela ha venido funcionando, al menos, desde la época de Guzmán Blanco.

Determinar que el Bolivarianismo fue una solución para integrar y darle ánimos a un colectivo disgregado y muy disconforme con los resultados inmediatos de la emancipación, fue un logro fundamental, porque permitió una comprensión crítica de lo que tradicionalmente había sido nuestra conciencia histórica, una especie de *metacognición* de la forma en la que nos veíamos y concebíamos (nos vemos y concebimos aún) a nosotros mismos, así como de las trampas y yerros que encierra; y es un aporte que en buena medida viene delineándose desde la década de 1960 por obra de investigadores como Germán Carrera Damas y Luis Castro Leiva. Pero entender que en cierto punto de nuestro desarrollo histórico esa «solución» pasa a ser una amenaza; entender que hay que aparejar la conciencia histórica con la realidad histórica; que una conciencia constelada de héroes guerreros y santos tutelares no dispone a un colectivo a andar con pasos propios, sino a requerir del permanente concurso de unos oficiantes del culto y de unas encarnaciones de aquellas entidades, como se proclamaron a sí mismos los autócratas que gobernaron a Venezuela por más de un siglo, que lo lleven de la mano, es un logro que, además de esclarecedor, ya puede traducirse en algunas claves para discutir el porvenir. Que esto ahora sea tema para lectores no especializados, es un signo de que algo está cambiando en la conciencia histórica de los venezolanos, aunque aún no podamos atisbar sus alcances reales.

No se trata, como muy bien advierte Pino Iturrieta, de renunciar a los héroes, o de que los venezolanos desechemos a los que tenemos, como ningún pueblo lo ha hecho; se trata de atajar esa relación «patológica» que mantenemos con ellos, como una especie de Doña Juana que no puede separarse del hermoso cadáver de su amado. A su vez, la tesis de la «ideología de reemplazo», esbozada por Carrera Damas, permite reconfigurar al Bolivarianismo, no ya como un sucedáneo del siglo XIX y de viejas necesidades; como un remedio que nos empeñamos en seguir usando cuando ya no hace falta, sino una actitud típica de nuestro actual momento histórico, de confusión ideológica. La necesidad de encontrar una alternativa, una vez derrumbado el campo socialista, llevó a los venezolanos (que a su vez estábamos en nuestro propio derrumbe: el del sistema democrático representativo y civil de 1958 a 1998) como a otros pueblos a buscar en la mitología patria un asidero. Que en el fondo eso lleve una gran carga del antiliberalismo y del espíritu antidemocrático del militarismo y de los viejos marxistas-leninistas, entonces huérfanos, es otra cosa; pero es precisamente la que preocupa. Manuel Caballero, a su vez, ve esa glorificación de la tradición esgrimida en contra de innovaciones liberales y de una democracia burguesa «podrida», los componentes típicos del *ur-fascismo*. Subraya, al respecto, la forma en que ya el Bolivarianismo fue usado por los fascistas puros y duros de la década de 1930.

Pueden haber, naturalmente, razones para dudar del desinterés y el carácter netamente científico de esta «rebelión», como de hecho se han oído acusaciones. Salvo Pino Iturrieta, los otros tres autores estudiados están alrededor –dos por abajo, uno por arriba– de los ochenta años. Fueron en todos los casos hombres con una destacadísima figuración en el régimen democrático anterior, el desplazado por la *revolución* de Chávez. Y parecen muy impactados, muy conmovidos, por el *proceso bolivariano*. Es decir, la tentación de acusarlos de simples reaccionarios, de estar ejecutando el acto reflejo de quienes son sacados de la elite conductora del país, no está fuera del abanico de las conclusiones posibles. La forma en la que le otorgan poca o ninguna oportunidad a los argumentos de los afectos al *proceso* –aunque hay que admitir que Pino y Carrera Damas se dieron a la tarea de leer sus principales textos y de citarlos– pudiera ser abonado a esta tentación. No obstante, la argumentación que elaboran sobre una base documental amplia, junto al hecho de que por lo menos tengan treinta años bregando en el tema, y de que muchas de las acusaciones que formulan ya se habían configurado antes de la llegada de Chávez a la escena política, permite ver las cosas de otra manera: el Comandante viene a confirmar para ellos unas hipótesis sobre el Bolivarianismo y no al revés; éstas no nacen de él. A lo sumo su revolución las hizo de más urgente divulgación y de verdadero interés para un público que hasta el momento no había reparado en las mismas. Sí se extraña, hay que admitirlo, que el debate político en algunas ocasiones los haya sacado de una mesura académica en las expresiones que más que quitarle, le hubiera dado mayor respaldo a sus tesis.

En fin, el objetivo de estos textos, de toda esta «rebelión», es tan historiográfico como político. La revisión de los textos, en términos teóricos, nos da pistas para identificar la estrecha relación entre historiografía y política; entre conciencia histórica e ideología. ¿Hartos de Bolívar? Más o menos. Hartos, en realidad, de las amenazas a la libertad que el Culto al Libertador que a su juicio puede suscitar. Cerremos con la frase de Guillermo Morón que resume lo que de diversas formas todos estos historiadores parecen buscar como el resultado final de sus prédicas: *una República cuyo fundamento es el pueblo con memoria y sin mito.* Una república en la que el pueblo se dirija solo, como un adulto, como un colectivo libre, como lo requiere la democracia. Sí, ¡qué forma tan *monda y lironda* de explicar los objetivos de esta «rebelión»!

Capítulo II
BOLIVARIANISMO, SOCIALISMO Y DEMOCRACIA.
Del antipositivismo a la «ideología de reemplazo»

EL LIBERTADOR, A LA IZQUIERDA Y A LA DERECHA

La connivencia de dos formas de Bolivarianismo, hasta el momento muy contrapuestas entre sí, en el seno de la *Revolución* que encabeza Hugo Chávez desde 1999, representa uno de los más ricos como prometedores problemas teóricos con los que puede enfrentarse el día de hoy (escribimos en 2008) un investigador interesado en la historiografía como disciplina y como forma de representación social.

En primer lugar, son pocas las ocasiones en las que el interactuar de la historia con la política puede identificarse tan claramente como en ésta. No siempre se tiene una oportunidad tan evidente para estudiar la manera en la que una visión determinada de la historia se traduce en otra del país y en los subsecuentes proyectos que al respecto se diseñan. Del mismo modo, tal vez no haya en la actualidad una manifestación tan nítida y exitosa, en cuanto a su capacidad para concitar voluntades y tomar el poder, de historicismo político, por lo menos en América Latina, como la expresada por el ideario de Chávez. Sin embargo, lo más notable del fenómeno, en cuanto reto teórico, no está en esto, o por lo menos no fundamentalmente, sino en las características específicas que ese historicismo ha adquirido. Es decir, en el proceso por el cual un típico debate entre la «historia política» de derecha con la «historia social» de izquierda –debate que por demás fue fundamental en la delineación del pensamiento político venezolano del siglo XX– logró recombinarse hasta sintetizar sus dos visiones en una sola. Esto encierra –tal es nuestra tesis– bastante más claves sobre los avatares de las ideas en la historia, y de la historiografía en relación con las mismas, de lo que hasta el momento se ha señalado.

En nuestro caso lo podemos evidenciar en el fenómeno del Bolivarianismo como fundamento ideológico del proyecto nacional venezolano desde el siglo XIX, y sus encuentros y desencuentros con el proyecto democrático del siglo XX, para decirlo de una manera general, que en el marco del *proceso* han demostrado su inusitada vigencia y su importancia fundamental para la configuración y permanencia de la democracia venezolana. Sí, pocas veces la estrecha relación de la historia con la política ha estado tan clara.

Planteemos el problema de la siguiente manera: al Bolívar guerrero y épico, fundamento del más intenso nacionalismo y legitimador de los gobiernos militares, se contrapuso el Bolívar revolucionario –y no por eso menos épico– de los movimientos de izquierda. Fue un debate historiográfico, porque en la investigación histórica cada bando buscó las evidencias para respaldar sus posturas; pero sobre todo fue un debate ideológico fundamental: el de arrancarle a los gobiernos tradicionalmente militares (y a partir de 1920, anticomunistas) de Venezuela, la imagen del Libertador, tan importante en la conciencia de los venezolanos, para ponerla al servicio de los ideales democráticos y, en muchos casos, socialistas. Las siguientes páginas esperan ofrecer un recorrido por el proceso. Desde las tesis positivistas, que fundamentaron al gomecismo con su teoría del Gendarme Necesario, hasta el Bolivarianismo de un J.R. Núñez Tenorio, que retomó la épica decimonónica para apuntalar la revolución, intentaremos señalar el periplo por el que Bolívar pasó de ser coto de la derecha a serlo también de la izquierda. Es un camino con numerosas estaciones intermedias en la que los demócratas más bien liberales revirtieron el expediente del Gendarme para forjar una república civil; pero es un camino que también condujo a síntesis en las cuales se ha retomado mucho del viejo cesarismo bolivariano de Gómez, pero ahora encaminado a la idea de revolución.

«Bolívar de izquierda, Bolívar de derecha», llama en un ensayo la historiadora Inés Quintero[1] al fenómeno. En él revisa cómo desde el establecimiento del culto en el período guzmancista (1870-1888), pero sobre todo su reconfiguración desde dos gobiernos que tuvieron al anticomunismo y al pretorianismo entre sus principales características,

---

1   Inés Quintero, «Bolívar de izquierda, Bolívar de derecha», http://www.simon-bolivar.org/bolivar/bolizbolder.html (consultado el 31 de marzo de 2008).

los de Juan Vicente Gómez (1908-1935) y Eleazar López Contreras (1935-1941), hasta el socialismo de inicios del siglo XXI, el Libertador ha estado en el costado ideológico del régimen que lo ha requerido:

> La paradoja es el resultado de un fenómeno tempranamente vislumbrado por el propio Bolívar: el de los usos equívocos e interesados de su nombre y sus ideas. Según advertía Bolívar en una carta escrita un año antes de morir y dirigida a Antonio Leocadio Guzmán, con su nombre se haría en Colombia «el bien y el mal»; y muchos lo invocarían «como el texto de sus disparates»[2].
>
> (...)
>
> En ambos casos los forjadores de los dos Bolívar, uno de derecha y otro de izquierda, desarrollan un mismo método: la arbitraria e interesada selección de sus palabras con el fin de armar la visión que se ajustaba a sus propósitos políticos. El resultado del ejercicio fue la construcción de dos versiones contrarias de quien fuera un solo e indivisible individuo.
>
> El Bolívar de derecha se nos presenta como un individuo autoritario, dictatorial y personalista y con profundas reservas frente a la igualdad; mientras que el Bolívar de izquierda es un revolucionario, demócrata, popular, integracionista, adalid de la igualdad y antiimperialista[3].

Ahora bien, ¿el militarismo y el personalismo son químicamente contrarios a las ideas de izquierda? Más aún: ¿no es posible que a lo largo de una vida tan agitada como la del Libertador, un hombre no pueda llegar a tener conclusiones contradictorias, de modo que en la posteridad cada quien tome la que le convenga sin por eso faltar, de forma absoluta, a la verdad? Claro, el descontextualizar y callar lo inconveniente es lo que marca la manipulación; el presentar como la totalidad lo que solo es una arista. Así, esperamos demostrar que el marxismo cumplió con un rol fundamental en la construcción de una

---

2   Se refiere la autora a la carta firmada en Popayán el 6 de diciembre de 1829, en la que dice: «... si algunas personas interpretan mi modo de pensar y en él apoyan sus errores, me es bien sensible, pero inevitable; con mi nombre se quiere hacer en Colombia el bien y el mal, y muchos lo invocan como el texto de sus disparates», *Obras completas*, Caracas, Librería Piñango, s/f, p. 379.

3   I. Quintero, *op. cit.*, pp. 4-5 y 6-7.

mirada alternativa a la desarrollada por los positivistas en la historia de Venezuela; mirada que fue fundamental para la construcción de la democracia. Así lo demuestra, por ejemplo, el periplo ideológico de Rómulo Betancourt y de otros líderes de la Generación del 28. Deslindar a Bolívar de la tradición autocrática, indistintamente de que revisiones más recientes no se atrevan a un veredicto tan rotundo en este aspecto, representó en gran medida el esfuerzo de los primeros marxistas venezolanos. Resaltar su rol como revolucionario (no socialista, que eso nunca lo planteó ni el Partido Comunista), contextualizado en las grandes conmociones de su tiempo, también fue un aporte que se le debe a la historiografía marxista. Incluso, la visión de una historia social en la que los grandes hombres son importantes en función de los procesos, es un aporte que en buena medida impulsaron los marxistas criollos. Muchos de sus nombres fundamentales –Eduardo Arcila Farías, Federico Brito Figueroa, Germán Carrera Damas– aparecen en la nómina de quienes impulsaron la «revolución historiográfica» venezolana, que a mediados del siglo XX se dio en las universidades con el proceso de profesionalización del oficio de historiador; revolución que al menos en la academia cambió las cosas de forma definitiva y en la cual se acuñó la rebelión contra el culto fundacional de inicios del siglo actual, estudiada en el capítulo anterior. Pero eso no niega otras evoluciones del análisis marxista que, naturalmente, generan más aprehensión, al menos en muchos sectores. Por ejemplo esa que Germán Carrera Damas llama la de la «ideología de reemplazo», que ya delineamos en el capítulo pasado, y a la que concibe como un simple pretorianismo bolivariano, como el de prácticamente todas las dictaduras venezolanas desde la de Antonio Guzmán Blanco (entre 1870 y 1888) hasta la ejercida por las Fuerzas Armadas entre 1948 y 1958, a lo sumo revestido con algunas ideas del viejo marxismo-leninismo y de la *nueva izquierda*[4], como un «reemplazo» ideológico a la caída del Bloque Soviético para embozar lo que está en el fondo: un pensamiento autocrático y antiliberal, según barrunta.

En el presente capítulo retomamos algunas ideas ya esbozadas en un trabajo anterior, que gozó de cierta atención por la academia,

---

4   Germán Carrera Damas, *El Bolivarianismo-militarismo, una ideología de reemplazo*, Caracas, Ala de Cuervo, 2005, p. 211.

siendo citado varias veces en publicaciones y tesis, y despertó alguna que otra polémica, «Los marxistas y la guerra de independencia: política e historiografía en Venezuela, 1939-1989»[5]. Como se trató de una propuesta muy preliminar y de un autor recién graduado (de hecho fue un trabajo escolar, básicamente publicado por la generosidad de los maestros), si bien sostenemos muchas de las tesis ahí expuestas, que a nuestro juicio se han confirmado con el tiempo, consideramos pertinente tomar de él lo rescatable y elaborar lo que acá se presenta, que es en conjunto otro texto, con el alimento de muchas otras lecturas, la vivencia de una década de «República Bolivariana» y más o menos socialista, y algunos criterios mejor formados y macerados, así como del espíritu de quien ya no es un muchacho tan susceptible a las pasiones políticas.

¿BOLÍVAR CESARISTA O BOLÍVAR CONTRA LOS CESARISMOS?

La izquierda venezolana –entendida en la forma amplia como se la entendió en 1936, y que incluía de demócratas-liberales hasta marxistas-leninistas– a la hora de proponer su proyecto de país tuvo que enfrentarse al formidable edificio ideológico del *Cesarismo democrático* (1919), de Laureano Vallenilla Lanz (1870-1936). Convertido en filosofía de Estado por el gomecismo y muy enraizado en la mentalidad de la elite, que en general aceptó y compartió sus teorías, este libro no sólo presentó una versión de la historia venezolana definida por fuerzas indefectibles que la empujaban hacia regímenes autoritarios y personalistas, sino que puso a Simón Bolívar como el ejemplo más claro y acabado de ello. Desmontar el *vallenillismo*, entonces, en especial esa visión del Bolívar gendarme y «positivista», será la primera, urgente e indispensable de las tareas ideológicas de los nuevos líderes; por mucho que ni ellos mismos pudieron librarse completamente del influjo del libro, como veremos más abajo. ¿Cómo justificar una propuesta de democracia política y social, si la única posible, tal como expuso Vallenilla Lanz, era la cesarista, la del más apto? Era una respuesta a la que sólo podían enfrentarse después de prolongados estudios históricos,

5   *Tierra Firme*, Caracas, Nº 65, 1999, pp. 75-90.

con los que presentar una versión propia del devenir venezolano. Afortunadamente tuvieron el ánimo y el talento para hacerlo.

Todo radica en que Vallenilla Lanz es hasta el día de hoy un personaje complejo y muy polémico, difícil de manejar. Como renovador de los estudios históricos, su influencia se siente hasta nosotros; como propagandista del gomecismo es más complejo juzgarlo. Con su erudición, forjada en largas jornadas revisando documentos históricos –fue director del Archivo General de la Nación entre 1913 y 1915– así como en un estudio detenido de las grandes escuelas asociadas al positivismo, como la del darwinismo social y la de los determinismos geográficos[6]; con su ágil prosa y su indudable capacidad persuasiva, destiladas durante años de ejercicio en la prensa política, Vallenilla Lanz le daba muy pocas opciones a la República. Fatalmente condenada, tal era su sentencia, por su «constitución efectiva» a vivir bajo la égida –mejor dicho: a vivir amarrada por las bridas– de un César, expresión del pueblo, «Gendarme Necesario» y único ser capaz de generar un mínimo de orden para sobrevivir, hasta que, algún día, la educación, ese orden y el progreso le permitiera avanzar hacia una democracia representativa, nada parecía augurarle al país algo distinto a Juan Vicente Gómez. Incluso, ya al final de su vida, creyó ver sus teorías confirmadas en el fascismo, con el que tuvo estrechos contactos: Mussolini no sólo tradujo su libro, sino que lo llevó a Italia. Súmesele a esto, que otro personaje por el que sintió clara simpatía fue por el Caudillo, éste por la Gracia de Dios –¡pero caudillo al fin!–, Francisco Franco. Aunque su modelo interpretativo del siglo XIX y del rol de los caudillos en aquella centuria se fue revalorando después del ostracismo académico que sufrió por algunos años, como una explicación a la que muchas evidencias respaldan[7], en 1930, ya en función de inventar un nuevo futuro y no sólo de explicar porqué las cosas fueron como habían sido hasta entonces, quienes esperaban zafarse de las dictaduras caudillistas, especialmente quienes querían zafarse del gomecismo, cuya fundamentación ideológica estaba en el *Cesarismo…*[8],

---

6   Véase Ángel J. Cappelletti, *Positivismo y evolucionismo en Venezuela*, Caracas, Monte Ávila Editores, 1994.

7   Véase John Lynch, *Caudillos en Hispanoamérica, 1800-1850*, Madrid, Editorial Mapfre, 1993; y Elena Plaza, *La tragedia de una amarga convicción. Historia y política en el pensamiento de Laureano Vallenilla Lanz (1870-1936)*, Caracas, UCV, 1996.

8   Véase Elías Pino Iturrieta, *Positivismo y gomecismo*, 2ª ed., Caracas, Academia Nacional de la Historia (ANH), 2005.

tenían que hacer algo para contrarrestarlo. Lo hicieron, finalmente, pero con las mismas herramientas del *vallenillismo*.

Ya en 1938 aparece uno de los intentos mejor logrados al respecto. Con el objeto de desarmar el expediente de la *fatalidad* que nos amarraba a los caballos de los caudillos y a las botas de sus herederos contemporáneos, en los ensayos de Augusto Mijares (1897-1979) reunidos en *La interpretación pesimista de la sociología hispanoamericana*, se intentó demostrar la existencia de una tradición distinta a la violenta y militar; las semillas de una *sociedad civil* en Venezuela, susceptible se ser rastreada hasta la Colonia[9]. Aunque visto desde la perspectiva liberal, este libro es el que más útil hubiera resultado para la construcción de una democracia representativa, serán los marxistas quienes más influencia, tanto política como historiográfica, tendrán en el desmontaje de las tesis *vallenillistas*. Será, entonces, otro libro aparecido un año más tarde, en 1939, *Hacia la democracia*, de Carlos Irazábal (1907-1991), uno de los estudiantes de la Generación del 28, el que verdaderamente emprenderá el camino. Coetáneo a *La interpretación pesimista...*, al igual que ella fue escrito en específico para desmentir a Vallenilla, pero en un extremo distante del abanico ideológico, alcanzando un éxito descomunal[10].

Aunque *Hacia la democracia* fue escrito con una visión marxista que evidentemente bebió de los esquemáticos manuales de la III Internacional y sus etapas férreamente estructuradas (esclavismo-feudalismo-capitalismo-socialismo), así como, sobre todo, de Yuri Pléjanov, los aportes del ensayo son numerosos. No sólo puso de relieve la importancia de los procesos socioeconómicos sobre los determinismos de raza y medio, lo que en sí fue un avance, sino que además dijo lo que la mayoría quería oír: que no sólo nada indicaba que estuviésemos condenados a los Gendarmes Necesarios, sino que encima, vistas bien las cosas, marchábamos hacia la democracia socialista, indistintamente de las diferencias que ya había entonces entre el socialismo

---

9   Cfr. Augusto Mijares, *La interpretación pesimista de la sociología hispanoamericana*, 2ª ed., Madrid, Afrodisio Aguado S.A., 1952; Silvia Mijares de Lauría, *Sociedad civil. Alcance del concepto de sociedad civil en nuestra historia. Su necesidad y vigencia*, Caracas, Tierra de Gracia, 1996; Lionel Muñoz, *La patria adulta. La historiografía y la historia en el pensamiento de Augusto Mijares*, Caracas, UCAB, 2001.

10 Sobre esta obra, véase Antonio Mieres, *Una discusión historiográfica en torno de* Hacia la democracia, Caracas, ANH, 1986.

de un Rómulo Betancourt, ya deslindado del comunismo, y el de los miembros del Partido Comunista de Venezuela (PCV) clandestino. Socialismo y no la muy burguesa «sociedad civil», es lo que querían las mayorías. Socialismo «a la Betancourt» o a lo Stalin, pero, en la fabla de 1939, socialismo al fin. Pero hay algo más: como veremos, Irazábal dijo lo que dijo con base en las mismas ideas vallenillistas, cosa que hacían sus tesis especialmente adecuadas al paladar venezolano, acostumbrado a treinta años de su prédica diaria. Publicaría después otro libro, *Venezuela, esclava y feudal* (1961), y aunque al final de su vida se alejó de la militancia comunista y de la historiografía, terminando como un exitoso abogado y gerente en la empresa privada, su marca quedó muy clara en nuestra conciencia histórica.

Ahora, este esfuerzo rápidamente se complementó con la creación de ámbitos y condiciones ideales para su despliegue. La revisión historiográfica que los marxistas emprenden a partir de entonces es fundamental, y representa en buena medida la base de la nueva historiografía que nace a la vera de los procesos de profesionalización del oficio de historiador y de democratización de la sociedad[11]. Se trató de dos caras de un mismo proceso que se desarrolla entre 1936 y 1958. Estas fechas no sólo coinciden con la aurora democrática que le da un primer gran sacudón a la sociedad el 14 de febrero de 1936, y con la caída de la dictadura de Marcos Pérez Jiménez en 1958, sino también, y como expresión del espíritu de los tiempos, con la fundación del Instituto Pedagógico Nacional (hoy de Caracas), en el 36, donde se abre la primera carrera superior en el área (el profesorado en Geografía e Historia), y, en el 58, con la elevación de la sección de Historia de la Facultad de Humanidades y Educación de la Universidad Central de Venezuela, a Escuela de Historia (otro tanto pasará con la de la Universidad de Los Andes, en 1965)[12]. Muchos de los marxistas

---

11   Véase Germán Carrera Damas, *Historiografía marxista de Venezuela y otros temas*, Caracas, Universidad Central de Venezuela (UCV), 1967.

12   Desarrollamos el punto en el Capítulo I. Cfr. José Hernán Albornoz, *El Instituto Pedagógico: una visión retrospectiva*, Caracas, Ediciones del Congreso de la República, 1986, p. 17; Inés Quintero, «La historiografía» en: E. Pino Iturrieta, *La cultura en Venezuela. Historia mínima*, Caracas, Fundación de los Trabajadores de Lagoven, 1996; Robinson Meza y Yuleida Artigas Dugarte, *Los estudios históricos en la Universidad de Los Andes (1832-1955)*, Grupo de Investigación sobre Historiografía de Venezuela/Cuadernos de Historiografía Nº 1, Mérida (Venezuela), 1998; y María Elena González Deluca, *Historia e historiadores en la segunda mitad del siglo XX*, Caracas, ANH, 2007.

terminarán ingresando a estas instituciones, como alumnos o como estudiantes, dejando una influencia fundamental en la historiografía profesional que en ellas se construyó y que a la larga «revolucionó» toda nuestra visión de la historia. Y podrán hacerlo, entre otras cosas, por el clima de creciente libertad que empezó a vivirse en ellas, en especial después de la caída de la dictadura, con medidas tales como la autonomía universitaria, la libertad de cátedra y la libertad de expresión.

Pues bien, ¿dónde entra el Libertador en todo esto? Aunque *Cesarismo democrático* toma como modelo fundamental a José Antonio Páez (1790-1873) y su rol como puño organizador de la república entre 1830 y 1847, y también se inspira en menor medida en Juan Manuel Rosas, al final señala que sus tesis no son sólo bolivarianas, sino algo más: afirma que Bolívar, por proponer una atención a las condiciones de la nación y su clima para elaborar las constituciones, en lo que hay más bien un acuse de lecturas de Montesquieu, ¡era positivista![13]. Eso conectaba directamente al Libertador con quien se declaró siempre como su heredero por antonomasia, el Jefe Único, el jefe bueno y severo: el Benemérito Juan Vicente Gómez. Veamos: el argumento de Vallenilla es que si Bolívar, cual positivista *avant la lettre*, entendiendo las leyes que la naturaleza le ha impuesto a los «pueblos pastores», llegó a conclusiones como las de la presidencia vitalicia y el gobierno centralizado y fuerte, entonces el gendarme que gobierne así (¿y quién lo ha hecho mejor que Gómez?) es, en consecuencia, la esencia del Bolivarianismo. Súmese a esto que Mussolini, que también se declaró bolivariano y era lector y admirador de Vallenilla, igualmente identificó en Bolívar a un precursor del fascismo[14], y tenemos, redondamente, al «Bolívar de derecha».

Gómez toleró la coexistencia de las versiones positivistas, que tanto le convenían, con las de la vieja épica de la Historia Patria, que acaso eran más de su gusto y que finalmente asumiría el ejército que crea como fundamentación ideológica. El heredero de Gómez en el poder, Eleazar López Contreras, precisamente quien había creado la ideología de ese

---

13 Cosa en la que lo siguieron muchos otros; véase: Arturo Arado, «El supuesto positivismo de Bolívar», *Estudios latinoamericanos de historia de las ideas*, Caracas, Monte Ávila Editores, 1978, pp. 41-69.

14 Manuel Caballero estudia con detenimiento el caso en *Por qué no soy bolivariano. Una reflexión antipatriótica*, Caracas, Alfadil, 2006, pp. 57-101.

ejército[15], asumió su propia interpretación del Bolivarianismo como antídoto contra el comunismo, es decir, como arma contra los hombres que escribían y pensaban como Irazábal[16]. Ante esto, quienes militaban en la izquierda debían dar una respuesta rápida y eficaz a esa estampa del Padre de la Patria que se les esgrimía como quien esgrime la estampa de un santo para conjurar al demonio. El amor del pueblo venezolano por el Libertador es demasiado grande como para que no percibieran el peligro de que fuera presentado como su enemigo natural; el amor, sincero, que también la mayor parte de ellos como venezolanos –e incluso como celosos patriotas– sentían por él, los obligaba a encontrar una respuesta, ya casi como un problema de conciencia. Para colmo, la nada elogiosa semblanza que le redactó Carlos Marx, y que aparece en castellano nada menos que en 1936, era una evidencia demasiado palmaria, sencilla y eficiente que podía presentarse en su contra. Hasta el día de hoy es una gacetilla que genera controversia cuando se ven las cosas desde cierto fanatismo, no extraño entre muchos marxistas y muchos bolivarianos: o no se puede ser marxista si no se está de acuerdo con cualquier cosa, por marginal que sea en su obra, que haya dicho Marx; o no se puede ser algo distinto a un traidor a la patria si se sigue la doctrina de un hombre cuya evaluación del Libertador resultara desfavorable, indistintamente del valor de todo lo demás que haya escrito. Es, obviamente, un falso problema, pero en términos político-propagandísticos no lo es, sino al contrario: el venezolano promedio, sobre todo el de la década de 1930, era demasiado sensible a lo que se dijera de la figura del Libertador como para que no se ofendiera con las palabras de Marx[17].

Por eso, partiendo del marxismo, comienzan muchos intentos de reinterpretación. Había que arrancarle el Libertador a los fascistas, a los derechistas, a los reaccionarios. Fue una lucha de medio siglo y en la que aparecen prácticamente todos los grandes nombres de la historiografía venezolana, sobre todo a partir de la que se desarrolla desde el ámbito de su profesionalización universitaria. En buena medida, el esfuerzo se corona en 1970 con el *Culto a Bolívar. Esbozo para*

15 *Vid* capítulo V.
16 Véase Luis Cipriano Rodríguez, «Bolivarismo y anticomunismo en Venezuela (1936)», *Tiempo y Espacio*, Año III Nº 5, Caracas, Instituto Pedagógico de Caracas, 1986, pp. 51-62.
17 Véase Inés Quintero y Vladimir Acosta, *El Bolívar de Marx*, Caracas, Alfa, 2007.

un estudio de la historia de las ideas en Venezuela, de Germán Carrera Damas, que marca un antes y un después en la historiografía venezolana. Entonces ya deslindado de toda atadura partidista –había sido militante del PCV– pero siempre fiel al espíritu crítico y a la visión social y dinámica de los procesos con los que el análisis marxista transformó toda la historiografía occidental moderna, este trabajo marca un hito desmontando el complejo ideológico que en torno al Libertador había montado el Estado venezolano. Como explica el mismo Carrera, «la tesis fundamental de la obra es que el fenómeno psicosocial iniciado espontáneamente como un culto del pueblo, fue convertido por la clase dominante en un culto para el pueblo. Es decir que pasó de ser expresión de admiración y agradecimiento a ser un instrumento de manipulación ideológica del pueblo, al servicio de causas dictatoriales, despóticas o de dudosa calidad democrática[18].

Un año antes, en 1969, como estudio introductorio a la compilación de «Materiales para el estudio de la ideología realista de la Independencia», publicada en el *Anuario* del Instituto de Antropología e Historia de la Universidad Central de Venezuela, había aparecido otro de sus textos esenciales: *La crisis de la sociedad colonial*[19], que después tendrá varias ediciones. Tal vez se trate del mejor aporte al proceso de emancipación visto como proceso social hecho desde la historiografía marxista. Primero, la compilación en sí, que ya planteaba un enfoque innovador, al centrarse en los testimonios de los grandes olvidados de la historia, los realistas. Segundo, el estudio, que después será editado en varias ocasiones de forma autónoma. En él Carrera plantea varios problemas importantes: 1) que la emancipación fue producto de un proceso de crisis global de la sociedad colonial; 2) que su estudio, hasta el momento, se ha restringido al cronologismo y a lo que llama «deformación bolivariana», es decir, a la actuación de Bolívar como eje; 3) que fue un proceso político del cual la guerra fue sólo una expresión, al contrario de la visión tradicional, que pone a la guerra como centro de los estudios; 4) que fue un proceso de crisis que arranca en 1795 y que no viene a terminar sino en 1830; 5) que su dinamización se dio por las luchas por la libertad de los criollos contra los españoles y de los esclavos

---

18 G. Carrera Damas, *El Bolivarianismo-militarismo...*, p. 81.
19 G. Carrera Damas, «Estudio preliminar. La crisis de la sociedad colonial», *Anuario*, tomos IV-V-VI, vol. I, Instituto de Antropología e Historia, UCV, 1969, pp. XIII-LXXXIX.

contra los amos, y por la igualdad de los pardos contra los criollos y de los criollos contra los peninsulares, lo que denota una complejidad y dinamismo del proceso tremendos; y 6) que en consecuencia de esto, hubo una pluralidad ideológica, donde no se puede menoscabar la realista.

La propuesta de Carrera ya hizo imposible el aferrarse a viejas fórmulas sin ni siquiera reconsiderarlas. En un trabajo anterior, publicado en 1964, *Sobre el significado socioeconómico de la acción de Boves*, que es el estudio introductorio al Tomo 2 de los *Materiales para el estudio de la cuestión agraria en Venezuela (1800-1830)*[20], ya se había acercado al trasfondo social de la Emancipación, sobre todo al problema del saqueo. Ahora bien, lo notable de este estudio es que se hace precisamente para atajar las tesis del Partido Comunista y de algunos historiadores que ponían al caudillo como un precursor de la reforma agraria en Venezuela, lo que Carrera veía como un despropósito y una manipulación excesivos que hacían peligrar a la democracia recién alcanzada[21]: a tanto había llegado su deslinde con un partido que entonces lideraba una guerra de guerrillas para derrocarla

Por eso, y por varias otras razones, hay que insistir en el hecho de que Carrera se había alejado, al menos *in pectore*, del Partido Comunista de Venezuela desde la invasión a Hungría de 1956; que después, la obligación de someter sus trabajos a la revisión del partido, según alega, así como sus temores por lo que consideraba sus nuevas formas de manipulación, lo llevaron a una ruptura definitiva en 1958, una vez vuelto del exilio a la caída de la Dictadura Militar[22]. Eso, al igual que el hecho de que a partir de entonces se consagró por entero a la academia, puso su obra en otro camino del seguido por la mayor parte de los marxistas apegados a los lineamientos y necesidades ideológicas de sus partidos y de la geopolítica del comunismo mundial, muchas veces (aunque, hay que resaltarlo, no siempre) dirigida desde Moscú. Es en ellos en los que nos vamos a detener, porque fue en su obra donde la unidad de política e historiografía se mantuvo más vivamente, y porque fue a través de ella que se llegó al Bolivarianismo que sirve de sustento a la Revolución venezolana de 1999.

---

20   Caracas, UCV, 1964, pp. VII-CLXIV; esta obra será publicada de forma separada más adelante, con el título de *Boves*.

21   Cfr. G. Carrera Damas, *El Bolivarianismo-militarismo…*, p. 81.

22   *Ibidem*, p. 80.

Como veremos, estos marxistas hicieron el esfuerzo de ajustar el proceso independentista venezolano a las teorías generales del desarrollo de la historia que emanaron de la Academia de Ciencias de la URSS, de la Revolución Cubana, que tempranamente hizo de Bolívar uno de sus precursores, y de otras escuelas, a veces disidentes, que en términos académicos lograron obtener una proyección más allá de la política, como la de los latinoamericanistas de la República Democrática Alemana, que tuvo su epicentro en las universidades Carlos Marx de Leipzig y Wilhelm Pieck de Rostock, y cuyos aportes en muchos casos están fuera de toda duda. De esa manera lograron resaltar aquello que Bolívar tuvo de revolucionario, que no fue poco y que tampoco se duda, aunque generalmente callando o dándole muchas interpretaciones para empujar hacia otra cosa, lo que, por ejemplo, siempre también se le señaló, comenzando por los herederos de su bandería en Colombia, de conservador; y ubicarlo en una línea histórica con etapas que arrancaban mediante las revoluciones burguesas de los siglos XVIII y XIX, de las que fue líder, continuaban en las revoluciones de liberación nacional del Tercer Mundo –cuyos antecedentes más claros estaban en las independencias de Hispanoamérica– y que habrían de culminar con la revolución socialista. El camino de Bolívar hasta Fidel Castro, sin pasar, claro, ahora por la alcabala de Gómez. Así, ser bolivariano, admirar su gesta y al mismo tiempo luchar por el socialismo, dejó de ser una contradicción. Pasó, ya a principios de la década de 1970, a ser un imperativo. Había nacido, con base en enfoques y procedimientos de argumentación muy parecidos, el «Bolívar de izquierda». La República Bolivariana de Venezuela se fundó en 1999 sobre esa convicción. Recorramos brevemente este itinerario.

¿MARXISTAS-VALLENILLISTAS?
EL PROBLEMA DE LA INDEPENDENCIA COMO REVOLUCIÓN

Uno de los líderes marxistas de la primera hora que con más ahínco se dedicó a indagar en la historia venezolana claves para combatir al gomecismo, fue el mismo que con el tiempo tendría más éxito como político (dos veces ocupó la Presidencia de la República) y más influencia en la construcción del sistema democrático que se vivió entre 1958 y 1998, tanto organizándolo a través de su partido, como creándole un cuerpo doctrinario. Aunque terminó siendo firmemente anticomunista –a lo que los comunistas le retribuyeron convirtiéndolo en una especie de anatema entre ellos– sus enfoques para entender la historia y para organizar la política, en esencia, nunca se apartaron de un todo del marxismo-leninismo. Se trata, naturalmente, de Rómulo Betancourt (1908-1981). Signatario y, según arrojan los indicios, redactor del Plan de Barranquilla (1931), donde se expone el primer análisis orgánicamente marxista de nuestra historia[23], líder e ideólogo del Partido Comunista de Costa Rica durante su exilio en aquel país, cualquier cosa que haya dicho sobre la historia venezolana, así como sobre el pensamiento socialista, debe ser analizado como las tesis de uno de los pensadores fundamentales de la Venezuela del siglo XX, indistintamente de que se le apoye o no[24].

Tan temprano como en 1931, en una charla radial que tituló «Bolívar auténtico y Bolívar falsificado» y que pronunció en Costa Rica, ya se enfrenta al problema de estar en la izquierda y de enfrentarse al gomecismo y su andamiaje ideológico de positivismo y Bolivarianismo:

> Hay, pues, señores radioescuchas, un Bolívar auténtico y un Bolívar falsificado (...) José Martí, Libertador de Cuba, nos ha dado una visión penetrante del auténtico Simón Bolívar. Martí, apóstol él mismo, abrasado él mismo por el ansia de la totalidad americana, pudo acercarse como ningún otro a la vida y a la obra del Hombre de América. Y Martí nos ha legado esa concepción beligerante de Bolívar, «sentado en la roca de crear», calzadas las espuelas en actitud de ponerse otra vez en marcha para librar nuevas batallas, «porque lo que él no hizo, sin hacer está; porque el Libertador tiene que hacer mucho en América todavía». Así, como hombre vivo y vivificador, como camarada de línea de pelea de todos los días, más que como recuerdo de padre muerto

---

23 Cfr. Germán Carrera Damas, *Historiografía marxista… y Emergencia de un líder. Rómulo Betancourt y el Plan de Barranquilla*, Caracas, Fundación Rómulo Betancourt, 1994; Naudy Suárez, «Rómulo Betancourt y el análisis de la Venezuela gomecista (1928-1935)», en AAVV, *Rómulo Betancourt: historia y contemporaneidad*, Caracas, Fundación Rómulo Betancourt, 1989, pp. 187-241; y Manuel Caballero, «Para un análisis histórico del Plan de Barranquilla», en *El Plan de Barranquilla, 1931*, Serie Cuadernos de Ideas Políticas Nº 2, Caracas, Fundación Rómulo Betancourt, 2007, pp. 5-63.
24 Manuel Caballero, «Del comunismo a la socialdemocracia a través del leninismo», en AAVV, *Rómulo Betancourt: historia y contemporaneidad*, Caracas, Fundación Rómulo Betancourt, 1989, pp. 161-176.

hace cien años, sentimos nosotros, los nuevos de América, la presencia del Libertador. En la jornada diaria, frente a toda coyuntura en que se ponga a prueba nuestra voluntad de decoro y de justicia, su palabra está siempre pronta a marcarnos la ruta buena, la honesta, la que no deja desgarrones en la dignidad ni ensombrece el prestigio civil[25].

Frente a ese Bolívar que sirve para promover el civilismo y, como señala de seguidas, el antiimperialismo contra «la tarea que se ha impuesto su tutor del Norte de sostener a todo trance el régimen entreguista de los Gómez»[26], se ha ido creando el otro, «el Bolívar de que hablan Hoover y Stimson cuando, en recepciones de la Casa Blanca, algunos de estos claudicantes diplomáticos de nuestras latitudes le renuevan el pacto de vasallaje de América Latina a la América Sajona; es el Bolívar que, acuñado en monedas, le ha servido a los bárbaros que despotizan a mi país para comprarse el apoyo de los gobiernos más poderosos de la tierra»[27]. Aunque matizando su antiamericanismo, en 1962, en un acto diplomático, mantiene lo esencial de estas ideas:

> El pensamiento de Bolívar, lo sabemos bien, ha sido falseado y deformado por los teóricos al servicio de los despotismos criollos, quienes con unas cuantas frases mal interpretadas y con citas de Le Bon, de Spencer y de otros forjaron la doctrina del «cesarismo democrático». Vigente continúa ese peligro, para las democracias de América, de los que pretenden erigirse como hombres providenciales. El ir a las fuentes del pensamiento bolivariano es esencial porque si algo caracterizó la acción y el ideario del Libertador fue su militante, constante, firme adhesión al principio de que el único soberano es el pueblo, y de que el único gobierno legítimo es el elegido por el pueblo[28].

---

25 Rómulo Betancourt, «Bolívar auténtico y Bolívar falsificado», *Antología política*, Vol. I, Caracas, Fundación Rómulo Betancourt, 1990, p. 288.

26 *Ibidem*, p. 289. A lo que agrega que «sólo unidas lograron las colonias españolas independizarse políticamente de la metrópoli; y sólo unidas en un solo haz de naciones luego de destruir los menudos recelos de vecino a vecino que el enemigo extranjero azuza y ahonda, podrán estas nacionalidades librar nuevas batallas por la segunda independencia, para desalojar de sus posiciones a las fuerzas conquistadoras de afuera y a los gobiernos traidores de adentro».

27 *Ibid.*, p. 290.

28 Rómulo Betancourt, «El pensamiento bolivariano en su fuente original», *La revolución democrática en Venezuela*, Caracas, s/n, 1968, tomo II, p. 227.

En ambos textos, producidos en dos momentos tan distantes –
en lo ideológico, en la experiencia vital– de su vida política, más claro
no pudo delimitar el escollo que Vallenilla Lanz le había puesto a la
democracia con su versión cesarista del Libertador. Hasta Betancourt,
que como todos los demócratas, fue más bien moderado en sus advocaciones al Padre de la Patria (¿cómo de otro modo, si su lucha era contra
el gomecismo y por el civilismo?), debió forzar un poco las cosas y hacer
de él un pensador demócrata-liberal que, en rigor, tampoco fue. Pero
es una operación ideológica que corresponde a la que sus más fieros
contrincantes de la hora (1962), los guerrilleros marxistas-leninistas,
pronto harían en sentido propio. En otro texto suyo, de veintiséis años
antes, explicará con más detenimiento lo que el *vallenillismo* significó
para su generación. Estamos en 1936, Vallenilla Lanz acaba de morir
en París y Betancourt está entre las principales cabezas de la izquierda
que ha vuelto a Venezuela y están agitando al país. En el semanario de
la organización a la que inicialmente se une, titulado como ella, *ORVE*
–siglas de Organización Venezolana– publica un texto singularmente
titulado «Vallenilla Lanz, máximo exponente de la prostitución intelectual, ha muerto»; ahí dice cosas que merecen ser citadas extensamente:

> La muerte de Laureano Vallenilla Lanz es oportunidad que aprove-
> chamos para enjuiciar su vida y obra. Nos acercamos sin piedades
> filisteas. Nosotros no respetamos los muertos cuando los muertos no
> merecen respeto.
>
> (...)
>
> Vallenilla Lanz es, intelectualmente, el máximo exponente de la
> prostitución de la inteligencia venezolana. Aquel «parapléjico cínico
> e inteligente» puso a circular internacionalmente desde las columnas
> de «El Nuevo Diario», todas las mentiras oficiales acerca de la pros-
> peridad y la felicidad de Venezuela durante los años de la tiranía. Los
> cónsules y diplomáticos de Gómez se encargaban luego, en el exte-
> rior, de alquilar espacios en las páginas de la prensa comercial, para
> reproducir en ellas la mendaz literatura vallenillista. Y llegó a más el
> Maquiavelo de Juan Vicente Gómez. Partiendo de premisas socioló-
> gicas en muchos conceptos justas, derivó conclusiones que fueran de-
> soladoras, de no ser tan escandalosamente oportunistas. Según su te-
> sis (...) pueblos mestizos, anárquicos por naturaleza, imposibilitados

de modificarse porque la geografía, el clima y la heterogeneidad racial así lo predeterminaron, vivirán eternamente gobernados por el puño fuerte del gendarme, del «gendarme necesario».

(...)

Al lado de la cínica actuación gomecista de Vallenilla Lanz, que hace para siempre execrable y odiosa su memoria, está el otro aspecto de su obra: el del investigador de nuestros anales históricos. Le hacemos justicia al reconocer que fue el primero en asomarse, con criterio analítico, a la historia nacional. Abandonó lo anecdótico, esa delectación narrativa y epopéyica, que son características definidoras del «estilo» de investigación de otros historiadores nuestros. En ellos, con variantes poco acentuadas, ha permanecido vigente el método exclusivamente apologético de un Larrazábal o la obsesión por lo heroico de un Eduardo Blanco.

Vallenilla Lanz perteneció a la escuela sociológica de los materialistas. Pero de los materialistas spencerianos, fin de siglo. Taine y Spencer, ambos superados por los dialécticos contemporáneos, eran sus maestros. De aquí que al enfoque, justo en muchas ocasiones, del fenómeno social no correspondiera una conclusión consecuente con ese enfoque (...) Sin embargo de todo eso, en «Cesarismo democrático» y en su inconclusa «Integración y disgregación» hay más de un atisbo inteligente, más de una observación justa, más de una apreciación que no tendría inconveniente en suscribir una mente nutrida de la moderna ciencia social. Tan es así que muchos de sus conceptos, si hoy los repitiéramos nosotros en nuestras columnas, nos valdrían seguramente la delación por «La Esfera» de estar violando el famoso inciso VI del artículo 32 de la Constitución Nacional. Vallenilla, por ejemplo, acepta la división de la sociedad en clases antagónicas en sus objetivos y apetencias; reconocer el papel motor que jugó en la guerra de Independencia el determinante móvil económico; descubre las raíces clasistas, soterradas debajo de una lucha que en apariencia se realizaba por conquistar reformas de carácter administrativo, en la sangrienta guerra federal[29].

---

29   Rómulo Betancourt, «Vallenilla Lanz, máximo exponente de la prostitución intelectual, ha muerto», *Selección de escritos políticos 1929-1981*, Caracas, Fundación Rómulo Betancourt, 2006, pp. 87-88.

Vallenilla Lanz, pues, es el precursor de esas «mentes nutridas» por la ciencia social de la dialéctica y el «determinante móvil económico». Es el gran mérito que, a guisa de reproche, ya le había espetado Eduardo Blanco cuando oyó su famosa conferencia sobre la independencia vista como guerra civil en 1911: «¡Ud. va a acabar con la epopeya!». Pues sí, acabó con la epopeya, al menos entre los académicos y los movimientos de vanguardia política e intelectual; y eso para quienes querían verla como un fenómeno social es un aporte fundamental. Resulta notable que un joven político de verbo encendido, haya tenido el sosiego para describir, tan clara y contundentemente, el aporte de uno de los personajes más odiados de la dictadura a la que se había enfrentado, que lo encarceló, mandó al exilio y que acababa de sucumbir. Incluso podía representar un buen costo político reconocerle alguna virtud a «Don Laureano» en 1936, cuando la mayor parte de los venezolanos lo recordaba como el turiferario de la dictadura, como la pluma cínica y viperina que se mofaba y humillaba a los enemigos del régimen desde *El Nuevo Diario*, y no como el sociólogo e historiador que actualmente recordamos. Tal como lo escribe entonces Betancourt, se mantiene el sino de Vallenilla hasta hoy: por un lado, el propagandista, rol que por lo efímero de las coyunturas políticas se ha ido disipando en el recuerdo; y por el otro el primer historiador social de la modernidad. Pocos aceptan sus conclusiones, pero prácticamente todos suscriben sus premisas esenciales. Comenzando por los marxistas.

A tal punto llega el tributo a Vallenilla y su idea de una «guerra civil» (guerra social, encerraba este término para él) que «los marxistas –escribe Manuel Caballero– transformarán rápidamente la 'guerra social' de Vallenilla en una 'guerra de clases'. A tal punto, pero además con tal dependencia del planteamiento positivista, que en varias ocasiones nos hemos permitido decir que el materialismo histórico en Venezuela, en particular su vertiente ortodoxa y estalinista, debe mucho menos a Marx, a Engels, a Lenin e incluso a Plejanov (quien fue su maestro confeso de los primeros tiempos), que al ideólogo del gomecismo. Que la versión venezolana de esa escuela es mucho menos marxista que 'vallenillista'»[30], afirmación, dicho sea de paso, que al final de su vida el mismísimo Irazábal aprobó. Cuenta el mismo Caballero que después de haber escrito por primera vez estas ideas, Irazábal buscó su

30 Manuel Caballero, *Ni Dios, ni Federación. Crítica de la historia política*, Caracas, Editorial Planeta, 1995, p. 146.

teléfono y lo llamó; «yo me sentí un poco incómodo –continúa– porque sabía que mi crítica hacia él había sido muy dura. Así se lo dije, y me respondió: 'Puede que sea dura, pero sobre todo es muy acertada'»[31].

El libro de Irazábal, con todo y las dudas que pueda generarnos hoy, tuvo una importancia histórico-historiográfica trascendental. Es la primera monografía marxista –porque lo del Plan de Barranquilla no llega a una monografía– que estudia nuestro pasado. Está escrita con la intención expresa de acabar con las bases teóricas del gomecismo y de demostrar la necesidad de la revolución. El primer capítulo, de hecho, se dedica a ello: «Revolución, fenómeno natural e histórico». Es un recuento de lo que el Materialismo Dialéctico e Histórico señala sobre los saltos cualitativos. Irazábal lo resuelve de forma más bien somera, pero lo importante es que muchos venezolanos vinieron a saber de ello leyéndolo en sus páginas. Y es aquí donde aparece Vellenilla Lanz:

> Y no se crea que el carácter ineludible e inevitable de las revoluciones sea admitido únicamente por intelectuales y científicos partidarios del materialismo histórico. Algunos profesantes de concepciones filosóficas ya superadas, han llegado a la conclusión, como es el caso del venezolano Laureano Vallenilla Lanz –teorizante político reaccionario– de que las revoluciones como fenómenos sociales, «caen bajo el dominio del determinismo sociológico en que apenas toma parte muy pequeña la flaca voluntad humana»[32].

Por este camino trazado por Vallenilla, Irazábal partirá hacia la comprobación de que la Independencia fue una revolución perfectamente explicable por la concepción materialista y dialéctica de la historia. Irazábal entiende la evolución como una fase preparadora de la revolución, que es el cambio real, es decir, la segunda ley de la dialéctica. En cuanto a la esencia de la Emancipación como Revolución, la pasa por el crisol de la lucha de clases:

> El proceso de estructuración económica de la nobleza territorial venezolana (...) constituyó la base del desenvolvimiento correlativo de su

---

31 *Ibidem*, p. 257.
32 Carlos Irazábal, *Hacia la democracia*, Caracas, Pensamiento vivo ediciones, s/f, p. 4.

consolidación política. Esta comparte las debilidades y fortalezas de aquel, puesto que de él depende. Es por eso que solamente cuando esa clase se ha integrado como tal, independientemente, sobre cimientos económicos propios, sólo entonces, y al presentarse la coyuntura histórica favorable, insurge a conquistar para sí el poder político, indispensable para consagrar jurídicamente su hegemonía exclusiva (...) Es ese el sentido histórico real de la Revolución de Independencia[33].

Es decir, la clase de la «nobleza territorial» funge como clase revolucionaria; «el 19 de abril de 1810 se inició el movimiento de emancipación dirigido por la nobleza territorial venezolana», enarbolando los principios iluministas como muestra de que las condiciones sociales son anteriores a la conciencia:

> Así, en Francia, como en Inglaterra un siglo antes, la burguesía revolucionaria opuso una ideología nueva a la vieja ideología feudal, es decir, a los principios de la clase dominante, dueña de la tierra, principal medio de producción en las sociedades feudales. En la América hispana, la clase dueña de la tierra, propietaria de los grandes latifundios, la nobleza agraria, hizo suya la teoría revolucionaria de la burguesía. La viabilidad de esa teoría revolucionaria depende en gran parte de la democratización del derecho de propiedad territorial, de la destrucción del latifundio, de la modificación radical de la economía sobre la cual basaban su fuerza los criollos nobles. Por eso la trayectoria de nuestra revolución de Independencia hubo de ser tan distinta a la revolución burguesa en Europa, no obstante sus contenidos ideológicos análogos (...) En América, por el contrario, el régimen de la gran propiedad territorial no sufrió modificaciones sustanciales. Aquí no había industrias, ni acumulación de capital; no había burguesía revolucionaria. De allí que, por circunstancias económicas e históricas, la nobleza criolla adoptó una ideología que no era suya (...) Jugó esa clase un papel revolucionario a pesar de su estirpe feudal, debido a que estaba excluida del poder político y para conquistarlo había de insurgir violentamente contra España[34].

---

33 *Ibid.*, p. 28.
34 *Ibid.*, p. 77.

La idea nodal de entender la independencia como una revolución social que expresa profundas contradicciones de clases, a la que ya había llegado Laureano Vallenilla Lanz pero que con los marxistas se motoriza, es un aporte fundamental. Sin embargo, habrá que esperar la consolidación de la libertad universitaria de la democracia que se funda en 1958 para que el discurso termine de cuajar. Los marxistas profundizan en el estudio de la revolución como un proceso social que va muy por encima de las cúspides heroicas de un Bolívar o un Miranda, que no niegan pero que mayoritariamente tendieron a poner en su justa dimensión, en contra del ditirambo romántico de la Historia Patria. En este sentido, los enfoques de Miguel Acosta Saignes (1908-1989), otro de los estudiantes de la Generación del 28 y del marxismo inicial que dejará huella en las ciencias sociales venezolanas, en su también muy influyente *Bolívar, acción y utopía del hombre de las dificultades*, que gana el Premio Casa de las Américas en 1977 y en el que ya nos detendremos.

La otra idea presentada por Irazábal es la del problema de la especificidad de la independencia como revolución burguesa. ¿Lo fue o no realmente? Hoy tal vez ese empeño de poner etiquetas nos resulte algo bizantino, pero para un marxista, sobre todo para uno tan serio y famoso como Manfred Kossok (1930-1993), uno de los líderes de los estudios latinoamericanistas de la RDA, que dedicó buena parte de su obra a la configuración de una teoría de la revolución[35], no lo era. Los marxistas –aunque no es exactamente el caso de Kossok, que era un pensamiento creativo– en un principio estaban imbuidos de etapismo, de allí que calificar a cada cosa por lo que su teoría entendía que era, resultaba fundamental porque así se demostraba qué tanto había avanzado la historia «hacia la democracia». Kossok, en un trabajo publicado en Venezuela, después de comparar nuestra revolución con la francesa y de señalar las sensibles diferencias, concluye que «las sublevaciones de América Latina fueron un movimiento nacional de liberación que, según su carácter histórico, ocupan una posición integral dentro de las revoluciones burguesas de los siglos XVIII y XIX. El resultado decisivo consistió en la eliminación del viejo sistema colonial, que abrió el camino de Estados nacionales independientes»[36]. Esta idea

---

35 Revísese, al respecto, su obra: *La revolución en la historia de América Latina*, La Habana, Editorial de Ciencias Sociales, 1989.

36 M. Kossok, «El contenido de las guerras latinoamericanas de emancipación en los años 1810-1826», *Teoría y Praxis, Revista Venezolana de Ciencias Sociales*, Nº 2, 1968, Caracas, pp. 27-40.

resultaba en 1968, cuando fue escrita, mucho menos inocente de lo que nos parece hoy. Como revoluciones nacionales entendían los marxistas de la III Internacional en adelante, aquellas que se llevaban a cabo por sus fuerzas progresistas –incluso la burguesía– en los países colonizados como primera etapa para luego ir a las otras dos etapas: socialismo y comunismo. La política de los frentes populares, tan común entre 1935 y 1945 y que tomó el poder en Francia y España, donde marxistas hacían unidad con otros «progresistas», respondía a esta lógica. Cuando en el Plan de Barranquilla se hablaba de un «programa mínimo», se estaba hablando de esa revolución nacional. Todavía en 1956 Rómulo Betancourt considera a la sociedad «democrático-burguesa» una etapa hacia la revolución socialista[37].

En otro trabajo publicado en Venezuela, el mismo Kossok[38], ubica a las revoluciones liberales de España entre 1808-1814 y 1820-1823, la portuguesa de 1820, y la crisis de las colonias iberoamericanas dentro de lo que llama el Ciclo Revolucionario Ibérico (1789-1830), asociado a la extinción del feudalismo por las reformas borbónicas así como por la utilización de la Revolución Francesa como modelo para las reformas que se emprenden entonces. Ahora bien, ¿por qué detenernos en Kossok? Porque su obra, como la de algunos otros de la RDA, va a ser muy atendida por los historiadores marxistas, sobre todo los más cercanos a Federico Brito Figueroa, que pronto reunió a una escuela en torno a sí, y al PCV. Es además una obra que no del todo ha perdido su vigencia. En la revista *Teoría y Praxis*, que dirige entre 1967 y 1971, se presta mucha atención a lo que está pasando en Europa del Este, se publican muchos textos de historiadores de los países del Bloque Soviético y no faltó quien asegurara que parte del financiamiento de la revista venía de Moscú. En 1970 el Soviet Supremo premia a Brito Figueroa con la Medalla Centenario de Lenin...

Para Brito Figueroa, si bien es cierto que los líderes actuaron como revolucionarios-burgueses, la revolución tuvo desde el primer momento –y así, afirma, lo entendieron Bolívar y José Félix Ribas– un *carácter antiesclavista y socialmente igualitario*[39]. Sigue a Vallenilla Lanz, del cual

---

37   M. Caballero, «Del comunismo a la socialdemocracia…», *op. cit.*, p. 117.

38   «Der Iberische Revolutionzyclus 1789-1830, Bermerkunge zu ienem Thema de vergleichenden Revolutionsgeschichte», *Anuario*, Instituto de Antropología e Historia de la UCV, tomos VII-VIII, 1971, pp. 235-258.

39   F. Brito Figueroa, *Historia económica y social de Venezuela*, Caracas, UCV, 1987, tomo IV, p. 1300.

se declaraba admirador[40], en la idea de considerar a nuestra Emancipación como una «guerra de clases y colores» y sobre ella desarrolla su tesis:

> La insurgencia antiesclavista que se observa en Venezuela colonial (negros cimarrones, cumbes, palenques, rebeliones y hasta virtuales insurrecciones en algunos casos) se transforma en «guerra de clases y colores», que Laureano Vallenilla Lanz denomina guerra civil, en la que las diferencias entre explotados y explotadores, entre desheredados y amos de la riqueza territorial, se sobreponen y objetivamente predominan sobre las pugnas entre criollos y peninsulares entre la República, expresión política de la Nación venezolana, y el Estado metropolitano, expresión política del orden colonial, extranacional[41].

En esto hay que andar con cuidado. Ajustar tan claramente a la Independencia con las categorías y las luchas de liberación nacional de las décadas de 1960 y 1970, como fue impulsado por los revolucionarios e historiadores cubanos y de otros puntos del continente (Brito Figueroa también fue premio Casa de las Américas con un texto que después integró a su *Historia económica y social*), contempló claros peligros de presentismo. La condición de Brito Figueroa de historiador-militante del PCV por casi toda su vida, lo llevó, por ejemplo, a buscar en la figura del caudillo Ezequiel Zamora (1817-1860), un precursor de las luchas agraristas venezolanas, planteando un rescate de su figura que aún genera polémica (porque una cosa es el discurso de carácter popular y hasta revolucionariamente jacobino de Zamora, o que haya repartido algunas tierras y gritado ¡Horror a la oligarquía!, y otra es presentarlo casi como un socialista) pero que ha tenido mucha influencia: Hugo Chávez ha alegado que su vocación zamorana, le viene fundamentalmente de las lecturas de Brito Figueroa[42], a quien contó entre sus asesores y elevó a rector universitario en los inicios de su gobierno.

---

40 Véase F. Brito Figueroa, «Entrevista imaginaria con Laureano Vallenilla Lanz: 'Las revoluciones son fenómenos inevitables'», y el ensayo: «Laureano Vallenilla Lanz y la comprensión histórica de Venezuela colonial», ambos recogidos en sus *30 ensayos de comprensión histórica*, Caracas, Ediciones Centauro, 1991, pp. 1-19 y 21-54.

41 *Ibid.*, p. 1281.

42 Hugo Chávez Frías, «Presencia del pensamiento de Zamora en el movimiento bolivariano», Suplemento Cultural, encartado en *Últimas Noticias*, Caracas, 16 de mayo de 1993, pp. 8-9.

De un modo u otro, con el realce del carácter social de la Emancipación definido por la presencia de la lucha de clases y de las determinantes económicas e ideológicas, la Historia Patria tradicional, al menos en los ambientes académicos, tenía sus bases socavadas. Fue, paradójicamente, el triunfo de Laureano Vallenilla Lanz la muestra de que el marxismo, entre el libro auroral de Carlos Irazábal y la obra de Brito Figueroa, por un lado, o de un Carrera Damas, por el otro, significó un cambio en la comprensión histórica de nuestro país. Sin embargo, cuando se trató de Bolívar, las cosas se pusieron algo más complicadas. El marxismo-vallenillismo, en muchos casos, ¡también se hizo bolivariano!

LA TENTACIÓN BOLIVARIANA: HACIA UNA «IDEOLOGÍA DE REEMPLAZO»

Dentro de este orden de cosas aparece Bolívar como un problema verdaderamente complejo. Ya mencionamos que el famoso artículo «Bolívar y Ponte»[43], que escribió Carlos Marx para la *New American Cyclopedia* en 1858, fue el principal obstáculo. En él, Marx hace un demoledor juicio del «Napoleón de las Retiradas», como lo llama, del que se desprende que más o menos Bolívar lo hizo todo mal, que sus triunfos en realidad fueron la capitalización de los de los otros, que se trataba de una suerte de megalómano ahíto de segundas intenciones y de imitar a Napoleón. Siendo sinceros, por mucho que se haya sometido a la crítica y la renovación historiográfica, es difícil ser venezolano y no enfurecerse leyendo la biografía escrita por Marx. Incluso si no se siente simpatía por el Libertador, la gacetilla tiene tantas incorrecciones e injusticias, que como dice Inés Quintero parece expresamente destinada a demoler su memoria[44].

¿Cómo resolver el problema, tal como señalamos más arriba, falso desde la perspectiva historiográfica, pero importante desde la político-propagandística? ¿Cómo demostrar que Bolívar es agradable

---

43   Karl Marx y Frederich Engels, *La Revolución en España,* 3ª ed., Barcelona, Editorial Ariel, 1970, pp. 145-160.

44   «El artículo de Carlos Marx sobre Simón Bolívar y Ponte [como erradamente lo llama, confundiéndolo con su padre] más que una nota biográfica sobre un destacado personaje de la historia latinoamericana, como correspondería al formato neutro y descriptivo de una enciclopedia, constituye un juicio político contrario a la persona y actuación pública de Bolívar», Inés Quintero, «Bolívar dictador, Bolívar revolucionario», *El Bolívar de Marx…*, p. 29.

al marxismo sobre todo cuando se le usó tanto como arma ideológica
para combatirlo? ¿Cómo evidenciar, dentro de la dinámica de la historia como legitimación, que Bolívar representó un antecedente para
la revolución? ¿Cómo quitarle a los anticomunistas esa arma tan formidable de descrédito en América Latina?

Mucha tinta han derramado los marxistas en este empeño desde
que en 1936 reapareció el artículo, del que no se tenían noticias hasta
el momento, traducido por Aníbal Ponce (1898-1938) en la revista
bonarense *Dialéctica*, para gran escándalo de todos, izquierdistas y
derechistas de Latinoamérica. En 1937 es incorporado a la antología
de Marx y Engels preparada en la URSS y conocida en castellano como
Revolución en España y empieza a recorrer el mundo. Ponce, marxista y
todo como era, no pudo sustraerse del antibolivarianismo argentino del
siglo XIX e inicios del XX, por su supuesta rivalidad con San Martín,
y no hizo sino atizar el fuego: para el marxista argentino, el texto de
Marx venía a refrendar todo lo que ya se sospechaba en el país austral
del Libertador venezolano. Sus tesis son incorporadas a la *Historia de
la Edad Moderna de los países coloniales y dependientes*, publicada en
Moscú en 1940, por lo que el asunto casi se vuelve inmanejable para
los comunistas de los países bolivarianos.

Jerónimo Carrera, del Partido Comunista Venezolano, explica
el problema que contempló este texto: «Sabido es que muchas veces
en los países americanos han intentado los ideólogos reaccionarios
utilizar a Bolívar contra Marx, y, por lo tanto, nada les podría com-
placer mejor que el ver a los luchadores revolucionarios tratando de
utilizar por su parte a Marx contra Bolívar [cuando] todo esfuerzo en
el sentido de contraponer a estas dos eminentes figuras revolucionarias
resulta científicamente erróneo y de índole fatalmente contrarrevolucio-
naria»[45]. Ahora bien, ¿por qué, si nada menos que el mismísimo Marx
se encargó de afirmar lo contrario? Por supuesto, hubo en la derecha
análisis tan peregrinos como el del pedagogo e historiador J.A. Cova
(1898-1964), que en 1952 afirmó que los soviéticos citaban a Marx
en este punto porque en una carta de 1828 encuentra una frase que
extrae con pinzas y en las que supuestamente el Libertador ya entre-
vió el peligro que representaba Rusia para Occidente... tal, afirma,

---

45 Jerónimo Carrera, «Prólogo» a *Bolívar visto por los marxistas*, Caracas, Fondo Editorial Carlos
Aponte, 1987, p. 14.

era la causa del «odio soviético» al Libertador[46]. Incluso la izquierda no comunista, aunque no con posturas tan estrafalarias, entendió la ventaja de este artículo para enrostrárselo a sus rivales comunistas[47].

De un modo u otro, más allá de todo esto, en rigor la argumentación marxista al respecto se fue por dos caminos; uno, ya superado, de entender toda la animadversión de Marx por el Libertador por las fuentes que acusó en el artículo: las memorias de tres expedicionarios europeos, Doucoudray-Holstein, Hippisley y Miller, que tuvieron verdaderas diferencias con él y así lo expresaron en sus textos. Según este argumento, Marx, que no sabía nada del personaje, pero que aceptó escribir la entrada por la urgencia de los honorarios, se dejó llevar por los denuestos de estos autores. El otro camino acepta, primero, que Marx tenía a la mano otras fuentes, pero que prefirió éstas porque se ajustaban mejor a las ideas muy contrarias que tenía sobre el grande hombre como representante de la aristocracia y de las inconsistencias que, hegeliano y alemán de su época al fin, es decir, eurocentrista, veía en los pueblos «atrasados» y tropicales; que toda su vida fue consistente en las ideas que expresó en la entrada[48]; pero que todo ello en modo alguno descalifica al marxismo en conjunto, porque se trata de una especie de panfleto marginal de su obra[49]. Si no se lee a Marx como quien lee un texto sagrado incapaz de contradicciones, es un argumento muy sólido. Max Zeuske, otro de los connotados latinoamericanistas de la RDA, en un ensayo publicado en Venezuela, «Bolívar y Marx»[50], va a determinar en qué consisten estos errores. Citémoslo *in extenso*:

Yo no creo que se pueda calificar lo escrito por Marx sobre Bolívar como «imperdonable», y rechazo también todo intento de invalidar al marxismo porque su fundador ha sido, en cierto modo, incapaz de apreciar en toda amplitud y profundidad a un gran revolucionario como ciertamente lo era Bolívar, y en ningún caso queremos divinizar

---

46 J.A. Cova, «El Libertador y el odio soviético», *Boletín de la Academia Nacional de la Historia*, Caracas, Vol. XXXV, Nº 139, julio-septiembre 1952, pp. 334-335.

47 Véase en R. Betancourt, *Hombres y villanos*, Caracas, Grijalbo, 1987, pp. 19-47.

48 En carta a Federico Engels del 14 de febrero de 1858, lo llama «canalla, cobarde, brutal, miserable», y lo compara, el muy racista, con Souluque. Cfr. Inés Quintero, «Bolívar dictador…», p. 29.

49 Tales son las tesis de Vladimir Acosta en: «El 'Bolívar' de Marx», en *El Bolívar de Marx…*, pp. 49-97.

50 *Tierra Firme*, año I Nº 3, Caracas, 1983, pp. 175-184.

a Marx; era un hombre que en su justa ira sobre la incapacidad de los españoles de su tiempo para realizar una verdadera y largamente necesaria revolución renovadora, la extienda sobre otro revolucionario que consideró equivocadamente como «semi-español» (la expresión es de otro contexto, pero muy cercano al tratado) e incapaz de saltar sobre la sombra de su clase. De lo que en realidad se trata de rectificar a base de la teoría marxista y con la metodología marxista, nuestra imagen de Bolívar. Porque al fin y al cabo resulta que la teoría marxista-leninista de las revoluciones es la más, o dicho en forma más precisa, la única practicable o por lo menos la única exitosamente practicada hasta hoy. Y es eso lo que cuenta en la historia. Si Marx mismo no pudo rectificar su juicio sobre Bolívar en el papel –porque en la teoría lo ha hecho en lo fundamental, como queda demostrado–, tenemos el gran consuelo de que el marxista-leninista Fidel Castro rectificó en la práctica, terminando lo comenzado por Bolívar, y además lo hizo en el papel cuando dijo, ya en 1959; «soy civilista y los únicos guerreros que admiro son los Bolívar que liberan su pueblo»[51].

Con el enfoque de Zeuske el principio de autoridad queda resuelto: ¿cómo hacer para no confrontar a Bolívar contra las autoridades del marxismo? Bueno, si Marx se equivocó, Fidel no se equivocó y salvó el asunto. Es decir, en la teoría marxista-leninista se demuestra que Bolívar, en el fondo, fue su precursor. No obstante, aunque los marxistas venezolanos y colombianos desde la década de 1940 se esforzaron en esto, el definitivo empalme del Bolivarianismo con el socialismo vino con la Revolución Cubana, que desde el principio mostró a Bolívar como uno de sus precursores. Aunque el punto de definitiva inflexión al respecto es la Conferencia Tricontinental de La Habana, de 1966, en la que se presentó –y así lo refrendó Fidel Castro en una proclama ante la ONU– al Libertador como el gran fundador del internacionalismo revolucionario y del antiimperialismo[52], la verdad es que el Bolivarianismo de José Martí, héroe fundamental de Cuba y «autor intelectual», según el lema, de su revolución, desde antes ya marcó una tendencia que no puede soslayarse. Desde finales del siglo

---

51 *Ibid.,* pp. 179-180.
52 G. Carrera Damas, *El Bolivarianismo-militarismo…*, pp. 43-48.

XIX el Bolivarianismo, tanto el de Martí como el de los otros independentistas cubanos que comprensiblemente se inspiraron en la gesta de los Libertadores, como, en esta orilla, el de los liberales amarillos de Venezuela, llevó a actos de, digamos, «internacionalismo revolucionario», como los de las dos expediciones venezolanas enviadas a Cuba durante la Guerra Larga, en 1871 y 1873[53]; de igual modo la presencia martiana en Venezuela dejó una huella lo suficientemente honda como para que dos generaciones consecutivas de venezolanos, la del entresiglo y la del 28, se declararan sus discípulas[54]. Demás está recordar que en el momento más intenso del Carnaval Estudiantil que sacudió al régimen de Gómez en 1928, Jóvito Villalba invoca a Martí y a Bolívar en su famoso discurso en el Panteón Nacional, con aquello de que al Libertador aún le queda mucho por hacer en América, enlazando a sí su propia lucha por la democracia con la de la Independencia; otro tanto puede decirse de Betancourt que siempre invocó a Martí, como vimos más arriba que hizo con su «Bolívar auténtico», citándolo también en su famoso apotegma de «poner de moda la honestidad». Con Villalba y con Betancourt, entonces, dos de las cabezas más visibles de la *izquierda* que volvió al país o salió de la cárcel en 1936, se muestra una vinculación de Martí-Bolivarianismo-socialismo con antecedentes sólidos y remotos.

Tampoco hay que olvidar que la Revolución Cubana tuvo tanto (o hasta más) de revolución de liberación nacional, en el contexto de la descolonización, que de proceso exclusivamente socialista. La república semicolonial que fue Cuba entre 1902 y 1959 explica porqué su mártir de la Emancipación siempre haya sido una figura más prominente e inspiradora que la de cualquier otro héroe del socialismo en el discurso del nuevo Estado que empieza a fundarse con la entrada de Los Barbudos a La Habana: porque el primer punto en su agenda, efectivamente, era la emancipación nacional. Las interpretaciones marxistas que ya hemos señalado ayudaron con el resto a determinar la continuidad histórica entre las revoluciones burguesas del siglo XIX y la de Fidel Castro, que en el caso cubano es especialmente claro.

---

53   Cfr. Salvador Morales Pérez, *Encuentros en la historia: Cuba y Venezuela*, Barquisimeto (Venezuela), Instituto de Cultura de Cojedes/UMSNH, 2005, pp. 75-90.

54   Una compilación de testimonios al respecto puede leerse en el clásico: AAVV, *Venezuela a Martí*, La Habana, Publicaciones de la Embajada de Venezuela en Cuba, 1953.

Sorprendida en esto, como en casi todo lo que ocurriría en Cuba a partir de entonces, la Unión Soviética, por lo menos sus latinoamericanistas, intentará ponerse a ritmo desembarazándose del antibolivarianismo de Ponce. El proceso arrancó cuando el profesor José Griguelévich (generalmente citado con su nombre de pluma, I.R. Latrevski) publicó, justo cien años después del artículo de Marx en la Enciclopedia Americana, en 1958 su biografía *Simón Bolívar*, que es *la* biografía soviética del Libertador. No obstante este trabajo, escrito deliciosamente, con verdadero gusto literario, exalta a Bolívar en una tónica que muchos marxistas venezolanos hubiesen rehuido por su dejo romántico. Lo mejor del trabajo es la cita de fuentes rusas –documentos de la cancillería, artículos, etc.– referentes al Libertador y a la América Latina de la época. Pero es una biografía que salvo un apoyo irrestricto a la liberación de las naciones, no tiene ninguna otra de las frases marxistas que hicieron, con mayor o menor acierto, del Libertador un verdadero precursor de la Revolución Socialista. Salvo un epígrafe de Brezhnev colocado en la edición española de 1982, no hay otras alusiones de las típicas emanadas por el PCUS o de los manuales de la Academia de Ciencias de la URSS y de la Editorial Progreso. El Instituto de América Latina de la Academia de Ciencias de la URSS, dirigido por Víctor Volski también mantuvo en la revista que publicó desde 1969, *América Latina*, esta línea bolivariana.

La interesante antología de autores marxistas que preparó Jerónimo Carrera en 1987 es muy ilustrativa al respecto. Dentro de ella se resalta el trabajo con el que Anatoli Shulgovski, uno de los más importantes especialistas en Simón Bolívar de la Unión Soviética, hace una verdadera radiografía marxista del Libertador. Tal vez el análisis es un poco tendencioso y la oposición que Bolívar tuvo frente a los Estados Unidos ante ciertos problemas o frente al liberalismo extremo, ayuda mucho a «sovietizar» al Libertador. Pero habrán dos aspectos que a todos los marxistas les va a llamar la atención: el hecho, a todas luces cierto y romántico, de que siendo mantuano se haya convertido en el líder de las masas populares entendiendo la dirección del movimiento y favoreciendo por ello la repartición de tierras –ya Vallenilla Lanz había señalado eso– y la dictadura de 1828. Todavía Irazábal tiene una visión de la dictadura del 28 muy apegada a lo escrito por los positivistas, para él se trataba de un momento en el que el Libertador, sorprendido por la dinámica que él mismo le había dado a la Revolución, a última hora optó por limitar el movimiento popular[55]. Es decir, es una dictadura reaccionaria contra la fuerza de los llaneros y la tendencia del movimiento popular. Simplemente la misma conclusión de Vallenilla Lanz, pero que en vez de justificar al Gendarme Necesario, como hizo el positivista, para el marxista recalca la necesidad de la toma del poder por las masas populares, incluso cuando son mandadas por Bolívar.

Por el contrario, el historiador soviético Anatoli Shulgovski define a la dictadura del 28 como una «dictadura revolucionaria temporal» para consolidar las conquistas revolucionarias[56]. De modo que *mutatis mutandis*, más o menos se equipara a Bolívar con la Dictadura del Proletariado. Zeuske va más allá y cita a Marx: «cada situación provisional del Estado después de una revolución requiere una dictadura, y una enérgica»[57]. Es el Bolívar que asume la mano dura para garantizar la Unión, la repartición de tierras, la abolición de la esclavitud. No es de extrañar, por ello, que el comunismo haya logrado con esto «legitimarse», haciendo, finalmente, a Bolívar uno de los suyos. La prueba irrefutable de que Bolívar fue un revolucionario progresista que iba más allá de la Revolución Burguesa es su condición de líder popular que adquiere desde 1816 cuando da el gran paso y decreta la libertad de los esclavos y «la concepción bolivariana de la lucha armada, y de la lucha revolucionaria en general, pasa a ser la de la lucha de masas en el sentido más amplio, tal como la concebimos hoy en América Latina quienes creemos en el marxismo-leninismo como teoría de la revolución»[58]. Ello, francamente, va a entusiasmar a los historiadores marxistas, sobre todo a aquellos adscritos directamente al Partido Comunista o a las naciones socialistas, Cuba la primera.

La identificación de Bolívar con el movimiento popular genera, no obstante, aportes interesantes. Zeuske identifica un proceso de *arcaización* de la revolución emancipadora, al pasar de una «Revolución Burguesa» a un alzamiento de masas al estilo de las invasiones de los pueblos pastores[59]. Es la misma vía por la que Miguel Acosta Saignes,

---

55 Irazábal, *op. cit.*, p. 106.

56 A. Shulgovski, *Cátedra bolivariana. El proyecto político del Libertador*, en Jerónimo Carrera, *op. cit.*, p. 95.

57 Max Zeuske, «Bolívar y Marx», *op. cit.*, p. 181.

58 Jerónimo Carrera, «Bolívar revolucionario», en *op. cit.*, p. 211.

59 M. Zeuske, «Bolívar y Marx», *op. cit.*, p. 182.

en su empeño de «interpretar dialécticamente la personalidad de Bolívar» con su *Bolívar, acción y utopía del hombre de las dificultades*, señala
cómo el Libertador logró a partir de esta fecha unir a los contingentes
descontentos dispersos en las regiones y capitalizar la voluntad popular.
Brito Figueroa profundiza en la trascendental medida de 1816, cuando
Bolívar entiende el carácter antiesclavista de la Guerra de Independencia en favor de las armas republicanas hasta la eliminación legal del
sistema de castas, «conquista democrática de singular importancia»[60].
Pero volvamos un momento a Acosta Saignes. Autor fundamental de
las ciencias sociales venezolanas del siglo XX con estudios que revo-
lucionaron la antropología, en especial la etnología prehispánica y el
folclore; este libro retomó un tono militante que había ido dejando con
el tiempo, sin que por eso, es verdad, haya abandonado su ideología
marxista-leninista. Es un libro, repetimos, que se gana el Premio Casa
de las Américas en 1977, con méritos que no se le pueden soslayar: se
trata de un ensayo por interpretar socio-antropológicamente al proceso de la Emancipación, con base en las circunstancias económicas y
sociales en las que se desarrolló. Hace, además, aportes teóricos sobre
la condición revolucionaria del proceso y esboza lo que en adelante
sería uno de los puntos esenciales de la interpretación marxista del
grande hombre: la ruptura que, señalan, experimentó con el resto
de la clase dominante, que retrocede espantada ante la radicalidad de
sus propuestas, como pasó con el caso de la abolición de la esclavitud.
De esto emerge un Bolívar ya libre de ese halo aristocrático que desde
Marx venía haciéndolo algo incómodo para los revolucionarios, cuya
veracidad, si somos sinceros, aún está por comprobarse.

El aspecto de Bolívar enfrentado a los Estados Unidos en la
última etapa de su vida, que también trabaja Acosta Saignes, cuando
su deseo de liberar Cuba y la dictadura del 28 lo alejan primero y lo
oponen después al Coloso del Norte, es otro de los puntos recurren-
tes en todos los marxistas a la hora de calibrar al Libertador. Aquella
famosa frase, repetida mil veces, de que los Estados Unidos parecen
haber sido puestos por la Providencia para plagarnos de desgracias en
nombre de la libertad, era demasiado elocuente y contemporánea como
para no ser equiparada a cualquiera dicha por Fidel o por el Che Guevara. Ciertamente que Bolívar comprendió el poder de EEUU y que

---

60 F. Brito Figueroa, *Historia económica y social…*, tomo IV, 1321.

entendió la necesidad de la unidad latinoamericana para enfrentarlo. Ya en el capítulo anterior nos hemos detenido en el punto. La frase de que «los Estados Unidos parecen destinados por la Providencia para plagar a la América de miserias en nombre de la libertad», ha hecho las delicias de la izquierda latinoamericana. Extraída, como casi todos sus «pensamientos», con pinza de una carta al Encargado de Negocios de Su Majestad Británica, Patricio Campbell, de 5 de agosto de 1829, el historiador Manuel Caballero la ha analizado en dos planos, que vale la pena resumir: primero, el destinatario, nada menos que el representante de la potencia que estaba en competencia con los Estados Unidos por ocupar un lugar privilegiado en los mercados y la geopolítica de la que hasta hacía nada había sido la América Española, y a la que, ostensiblemente, prefería el Libertador, entonces, y este es el segundo punto, ya en su fase conservadora. Se trata del Bolívar de la dictadura, del que proscribió a Bentham y a las logias, del que tuvo entre los obispos a sus principales aliados: generalmente no se cita el párrafo que a continuación agrega: «por el sur encenderían los peruanos la llama de la discordia; por el Istmo los de Guatemala y Méjico; y por las Antillas los americanos y los liberales de todas partes»[61]. Es, pues, un aserto antiliberal más que antiimperialista, indistintamente de que en alguna forma señale una oposición a la intervención norteamericana en asuntos internos colombianos.

Sin embargo no serían ni los autores de la órbita soviética, ni los científicos sociales marxistas venezolanos como Acosta Saignes o Brito Figueroa; ni siquiera los cubanos, que tan importantes fueron en esto de emparentar a Bolívar con el socialismo, los que lograron finalmente estructurar un *socialismo bolivariano*, sino un filósofo marxista venezolano, que investigando desde su ámbito y pujando en el esfuerzo de hacer al Libertador un epígono de la revolución, aunque, como veremos, no leyéndolo demasiado, sentó las bases ideológicas de lo que después sería la Revolución Bolivariana: el ya citado J.R. Núñez Tenorio, fallecido a inicios del gobierno de Chávez. Si a alguien se le puede atribuir el Bolivarianismo como «ideología de reemplazo», es a él. Y lo haría, para más señas, estando en Chile durante el *proceso* de Salvador Allende.

---

61 Citado por Manuel Caballero, *Por qué no soy bolivariano. Una reflexión antipatriótica*, 2ª ed., Caracas, Alfa, 2006, p. 50.

«IDEOLOGÍA DE REEMPLAZO» Y DEMOCRACIA, A MODO DE CONCLUSIÓN

Revisado el periplo por el que Bolívar pasó de ser bandera de quienes propugnaban un Gendarme Necesario de los que luchaban por la democracia y por la revolución socialista, ideales que para 1936 estaban más o menos confundidos, tenemos en firme al menos dos cosas. En primer lugar, la construcción de un Bolívar revolucionario. Tal vez hacerlo un pre-marxista sea forzado y mucho más aún es ver en la dictadura de 1828, ésa sostenida con la ayuda de la Iglesia y que puso presos a los estudiantes que leían a Betham, un antecedente de la dictadura del proletariado, pero eso no le quita, ni remotamente, un hombre que defendió la abolición de la esclavitud, la supresión del sistema de castas, al régimen republicano en los días de la Santa Alianza, la repartición de tierras (aunque sea supeditando la propiedad privada a la comunal indígena), la unidad de Nuestra América, los derechos de los indígenas, bien que bajo el criterio eurocéntrico –hombre de su época al fin– de incorporarlos a la *civilización*, la educación popular y de la mujer a principios del siglo XIX, a un hombre que cultivó la amistad de Simón Rodríguez, tan cercano a Owen y Saint-Simon, su condición de revolucionario con todo derecho. Claro, un revolucionario dentro del marco de las revoluciones liberales y burguesas de su época. Comprender la necesidad de ganarse a los negros y a los llaneros, sembrar la semilla del abolicionismo con la ley de manumisión y eliminar legalmente el sistema de castas, ya habla bastante de la fuerza transformadora del pensamiento bolivariano, más allá de lo que la teoría leninista o el etapismo puedan o no decir. Y ya dentro de él, no hay que presuponer falta de sinceridad a quienes vieron a Bolívar como el líder de la revolución burguesa, porque dentro de ciertos parámetros es correcta.

Esta visión, así como el análisis global marxista que apartó su atención de los determinismos raciales y geográficos, para ponerlos en la sociedad y la economía como fundamentos para comprender el devenir de los pueblos, ayudó en gran medida a socavar las tesis del Gendarme Necesario y a allanar el camino para la democracia. Ahora, y este es el segundo punto, cuando la *izquierda* empieza a tener deslindes tales que algunos de sus miembros llegan al extremo del anticomunismo, como pasó con Betancourt, y las ideas de democracia y socialismo dejaron de significar lo mismo para la mayor parte de sus miembros, las cosas cambiaron. El Bolivarianismo del Partido Comunista Venezolano, de la Cuba revolucionaria, de la Unión Soviética, de la RDA, es uno que poco a poco comienza a emparentarse con el vallenillismo no sólo en la raíz de sus análisis, sino en su espíritu antiliberal. Cuando el filósofo, militante comunista y profesor de la Universidad Central de Venezuela J.R. Núñez Tenorio publica en 1973, nada menos que en el Chile de Allende, su *Bolívar y la guerra revolucionaria*, lo hace, como señala en la introducción, para promover «la destrucción del mito de la democracia reformista»:

> Nuestra tesis principal es clara: esta alternativa de gobierno no es capaz de resolver, en las condiciones venezolanas, ni a corto ni a largo plazo, los problemas acumulados a través de siglos: el vasallaje extranjero, el despotismo terrorista, la explotación social de los humildes, la barbarie incivilizada, el atraso económico deformado...[62].

Por el contrario, «la revolución en marcha en los países explotados, dominados y con economía deformada de Asia, África y América Latina, conduce en forma inevitable al socialismo (...) la revolución socialista es la alternativa obligada y necesaria que garantiza socavar las instituciones capitalistas neocoloniales...»[63]. Y para ello propone nada menos que «reencarnar el espíritu de Bolívar»[64], porque, alega, «desde Bolívar hasta hoy no ha pasado nada»[65]. Sí, ¡no ha pasado nada! Es una tesis muchas veces repetida, y que una y otra vez ha servido de argumento para los gobernantes *bolivarianos*, como Guzmán Blanco y Gómez que, ¡por fin!, según alegaban, iban a sacar a la república del irremediable sopor en el que había caído tras la salida de escena del Libertador: no en vano el uno se hizo llamar el Regenerador y el otro el Rehabilitador. Por esos días otro de los grandes historiadores bolivarianos, aunque en sentido más bien tradicional, J.L. Salcedo Bastardo (1926-2005), también por la Universidad Central había sacado su famosísimo manual, pronto decretado para uso de las escuelas,

---

62 J.R. Núñez Tenorio, *Bolívar y la guerra revolucionaria*, 2ª ed., Caracas, UCV, 1977, p. 15.
63 *Ibid.*, p. 19.
64 *Ibid.*, p. 23.
65 *Ibid.*, pp. 26-27.

Historia fundamental de Venezuela (1970), en el que dice lo mismo: a la «revolución» de la Independencia, donde todo fue luz y creación, había seguido una oscura «contrarrevolución» de cien años, hasta que ahora, con la democracia –porque Salcedo Bastardo era demócrata– se estaba retomando el camino perdido.

Núñez Tenorio está reflexionando después de la derrota de la guerra de guerrillas y en medio de uno de los momentos de mayor aceptación del sistema democrático, cuando los dos principales partidos concentraban el 90% de los votos. Comprende que la revolución necesita un asidero que la haga más popular en un pueblo que en los hechos y en las urnas sistemáticamente se le ha opuesto. En algún modo, inaugura lo que Carrera Damas llamará después la «ideología de reemplazo»: una alternativa al marxismo-leninismo que aspira a recoger sus postulados y aspiraciones sociales esenciales, sobre todo a combatir el modelo liberal que se considera lesivo a los intereses de las mayorías, pero basada en otras corrientes, como el nacionalismo, el indigenismo, el ecologismo y otros similares[66]. Es notable que tan temprano como en 1973 Núñez Tenorio haya identificado el problema. De allí que delineó un «programa en el camino de Bolívar» de cinco puntos que vale la pena citar *in extenso*:

> ¿Cómo, de unas cuantas pinceladas, recoger la experiencia libertaria [del Libertador], para que nos guíe en los actuales combates? Esa es la pretensión, que sólo parcialmente podemos ofrecer.
> La primera idea fue sin duda alguna la necesidad de *la emancipación de América*. Si alguna batalla plasmó con toda la carga amaneciente de su anuncio postrero, fue aquella donde la juventud caraqueña, universitaria y rebelde, entregó su sangre, a manera de compromiso con las generaciones venideras: La Victoria (12 de febrero de 1814). Allí José Félix Ribas recibió su bautismo de fuego. Trataremos de conjugar la enseñanza ideológica con el hecho ejemplar.
> Al comenzar la guerra, el Libertador viose obligado a sorprender al mundo con un controvertido gesto doctrinario que agiganta su

---

66 Carrera Damas es más drástico en su definición: «suerte de confusas alternativas ideológico-políticas validas de procedimientos que combinan el más rancio autoritarismo con la más desenfadada demagogia, y cargadas de contenidos liberales y socialistas, si bien estos últimos han sido hasta ahora más bien retóricos». *El Bolivarianismo-militarismo...*, p. 13.

figura: *el decreto de guerra a muerte* contra españoles y canarios, en el curso de la Campaña Admirable. Este es el segundo corte. La proeza soberbia de Ricaurte en San Mateo (marzo de 1814) nos facilitará comentar este punto de la doctrina.

El Libertador fue incansable en sostener que *la soberanía reside en el pueblo*. Este principio de la democracia fue norte arrogante de todas sus proclamas y discursos, imprimiéndole un carácter genuinamente emancipador y popular. Las jornadas de Piar en Maturín y San Félix, posibilitan la exposición de estas tesis, del mismo modo como la conquista de Guayana garantizó en Angostura echar las bases de la joven república.

Hay un cuarto elemento, pocas veces revelado, en la práctica y teoría militar de Bolívar: nos referimos a la *guerra de guerrillas* y las reglas más importantes de la táctica militar, que brotaron de su propia experiencia bélica. El desarrollo de la insurgencia armada en Nueva Esparta (Margarita), culminada en la famosa batalla de Matasiete (1817), y la figura de Arismendi nos servirán de ejemplos, que luego culminarán con la acción bizarra de Las Queseras del Medio (1819). Por último, la figura de José A. Páez, en el campo de Carabobo (24 de junio de 1821) facilitará exponer el principio que sintetiza la teoría bolivariana: *Libertad o tiranía*, no hay otra alternativa...[67].

Como se ve, Núñez Tenorio no acusó recibo de los esfuerzos por comprender a Bolívar y a la independencia como una revolución social dentro de unas líneas históricas determinadas, sino que simplemente echó mano de la vieja Historia Patria y sus grandes episodios, tal como los cantaba la *Venezuela heroica* (1881) de Eduardo Blanco (1838-1912) para, al igual que entonces, extraer de ellos, de los prodigios de los héroes militares, lecciones morales, bien que ahora fuera para construir el socialismo. De hecho, Núñez Tenorio termina el libro con un párrafo de Blanco.

La influencia de su singular libro fue muy grande. Es inevitable ver sus trazas en las tesis que Hugo Chávez elabora en el *Libro azul. El árbol de las tres raíces* o en otros de sus escritos. Es comprensible, entre otras cosas, porque Núñez Tenorio, al buscar la unión del socialismo

---

67 *Ibid.*, pp. 56-58.

con el Bolivarianismo a través de la Historia Patria, esa que mantuvo en el ejército a sus más fieles seguidores, y no por la vía sociológica y antropológica que había iniciado Vallenilla Lanz, estaba poniendo las cosas en el punto ideal para que un joven que a la vez es militar y socialista, encuentre la manera de conciliar sus mundos. Sería errado decir que en Chávez o entre los que lo acompañan, no haya signos de la historiografía de los últimos sesenta años, pero tampoco se puede soslayar que Núñez Tenorio estuvo entre sus más cercanos asesores y que, bajo el nuevo título de *Reencarnar el espíritu de Bolívar*, el libro fue reeditado por la Presidencia de la República en 2007, para su distribución gratuita.

La unión, pues, de los grupos y enfoques contrarios; de la Historia Patria y de la reinterpretación marxista, por lo menos de un sector de la misma, fue consumada así como una ideología de reemplazo que seguramente evolucionará hacia algo más, ojalá que más creativo; el Bolívar de derecha y de izquierda finalmente hacen síntesis; la pregunta es qué tanto puede llegar a ser un peligro para la democracia. Tal vez un vistazo a aquel momento en el que la historiografía de espíritu marxista se bifurcó entre lo que, por poner un caso, representó Carrera Damas, y lo que representarían los historiadores en la órbita de los partidos comunistas, a lo mejor pueda ayudar a retomar algo del camino perdido. Seguramente nos dirá todavía más cosas sobre la historiografía como disciplina y como expresión de su tiempo. La rebelión historiográfica de inicios del siglo XXI es en buena medida un intento por hacerlo. En la siguiente parte del libro le echaremos un vistazo al problema desde dos de los más grandes promotores del culto fundacional.

Segunda parte

Una épica contra el despecho

(Sobre la creación del discurso a través

de dos de sus rapsodas)

Capítulo III
LA ÉPICA DEL DESENCANTO.
Eduardo Blanco ante su historia

LA REPÚBLICA DE LOS RAPSODAS

Los libros de historia dicen tanto de las cosas que narran como del tiempo en el que fueron escritos. Por ejemplo el 28 de julio de 1911, como parte de los festejos decretados por el Centenario de la Independencia, se homenajeó a uno de ellos. Historia y narración histórica se habían consustanciado de tal manera, que su autor era ya algo así como la encarnación de lo narrado, como la personificación de la conciencia histórica nacional. En su haber tenía, naturalmente, muchas otras cosas escritas, pero la sociedad lo celebraba por una especial, en la que veía contenida su alma. Por eso el homenaje no era tanto para él como para su obra. Por suscripción pública se le hizo una corona con laureles de oro, y con toda la pompa del caso se le organizó una «coronación». Hasta el presidente Juan Vicente Gómez y su gabinete, junto al resto de las fuerzas vivas, asistieron a la velada. La señorita Julia Páez Pumar se disfrazó por aquella sola noche de Clío –normalmente para sus versos y artículos usaba el seudónimo de Talía– y al imponerle los laureles en el Teatro Municipal de Caracas le dijo:

> Yo soy en todas partes inextingible antorcha que ilumina con vivos resplandores los poéticos, tristes, alegres o gloriosos recuerdos de épocas lejanas: me cierno en las alturas sobre las vanas grandezas y las reduzco a la nada con el eco de mi voz; bajo al fondo de profundos abismos y, como el minero arranca a la tierra puros y cristalinos brillantes, encendidos rubíes y fragmentos de oro coronario, así mis pupilas investigadoras arrancan al abismo de los tiempos, brillantes obras inmortales, rojas gotas de sangre guerrera, oro purísimo de

nobles acciones y a tan preciadas joyas, por mí los pueblos levantan estatuas, construyen arcos, bendicen y proclaman los nombres de aquellos seres dignos de la inmortalidad y de la gloria.

Con una sola palabra que pronuncien mis labios, en donde parecía no caber una tumba, edifico magníficos templos, panteones majestuosos que no podrán destruir con sus manos sacrílegas venganzas, envidias, odios ni la misma ignorancia, pues siempre despierta, soy ángel cuidadoso que cubro con mis fuertes alas, los martirios, reputaciones y glorias de aquellos que, comprendidos o no por sus contemporáneos, fueron dignos de ver sus nombres en mis brillantes páginas[1].

Toda una *ars poetica* de la historiografía nos presenta la Clío de aquella noche. Si pensamos tanto en sus sentencias como en el acto en sí –repasemos la imagen con nuestra sensibilidad actual: ¡una muchacha vestida de musa poniéndole una corona de laureles de oro a un historiador con la presencia del Presidente de la República!– la historiografía, todo lo que ella socioculturalmente implica, se nos revela como un campo de investigación cultural de primer orden, en el que las mentalidades –por englobar con una categoría paradigmática a los ideales, las sensibilidades, los valores– de una sociedad, se representan de forma tanto o más clara que en otras manifestaciones culturales.

Ya nos hemos acercado a la épica fundacional desde quienes se «rebelaron» contra ella hacia mediados del siglo XX, pero tal rebelión no es comprensible sin un acercamiento a aquello en contra de lo que se alzó; a lo que fue aquel imperio de la rapsodia que dominó la conciencia histórica de los venezolanos en el decimonono, y que vestido ahora con otros ropajes, parece revivir. La idea, a esta guisa, es ensayar una relectura de la obra de Eduardo Blanco –y como ya advirtieron los caraqueños de 1911 y refrendará su exegeta más célebre, más allá de sus cuentos, novelas y obras de teatro, Eduardo Blanco es fundamentalmente *Venezuela heroica*[2], es

---

1   «La coronación de Eduardo Blanco. Discurso de la señorita Julia Páez Pumar», *El Universal*, Caracas, 1º de agosto de 1911, p. 4.

2   «Y entiéndase que para mí, como para todos, la obra de Blanco es *Venezuela heroica*. Sus demás trabajos, novelas, cuentos –hasta un drama– no son su obra. No es el autor de *Cuentos fantásticos*, ni el de *Zárate*, ni el de *Linfort*, ni el de *Fauvette*: Eduardo Blanco es el autor de *Venezuela heroica*». Santiago Key-Ayala, «Eduardo Blanco y la génesis de *Venezuela heroica*» [1916], en Germán Carrera Damas (compilador): *Historia de la historiografía venezolana (textos para su estudio)*, Caracas, Universidad Central de Venezuela, 1997, tomo II, p. 270.

decir el punto más alto al que llegó la épica fundacional– para interpretar algunos tópicos, a nuestro juicio esenciales, de la historia venezolana; no, naturalmente, la que narró, sino la que le tocó vivir.

En este sentido un discurso que más ha sido ponderado por la emoción que intenta producir en sus lectores –nada menos, como dijo José Martí, que inspirarles el triunfo en nuevas batallas– que por la verosimilitud histórica de sus asertos, nos permitirá acceder al proceso histórico venezolano precisamente por ese ámbito en el que tan acertadamente se enfocó: el estado de ánimo de su sociedad. En efecto, la tesis que esperamos demostrar es que la emoción que Eduardo Blanco le pone a su prosa es la respuesta obvia de lo que quería atacar: justo su contrario, el desencanto, la apatía de un colectivo extremadamente insatisfecho por los resultados prácticos de su *Gesta Heroica*. Aunque no es la primera vez que se plantea –del discurso del desencanto en la literatura latinoamericana ya se ha hablado bastante[3]– partimos de una idea poco trajinada en nuestra crítica historiográfica: la situación de aquellos venezolanos de 1881, cuando sale el libro, e incluso de treinta años después, cuando al autor se le hace su apoteosis[4], era la de unos admiradores de sus abuelos por hechos de cuyos resultados reales guardaban serias dudas. Piénsese en una familia que admira el heroísmo de un antepasado muerto y célebre, pero que por las hipotecas que contrajo para alcanzar la gloria, no puede comer. Así de elemental, de existencialmente conflictiva era su situación.

Décadas de inestabilidad, violencia y ruina económica eran muy malos consejeros a la hora de evaluar nuestra existencia como colectivo nacional. Hoy cuando leemos sus discursos históricos podemos creer que el entusiasmo que traslucen era el signo definidor de su autopercepción. Pero tan sólo un breve examen nos demuestra lo contrario. Tanto ditirambo expresaba el deseo de lo que se quería decir, no lo que se sentía realmente. O sea, contrariamente a lo que hemos creído, el tono desbordante de su culto a los héroes patrios y sus prodigios no era un tono general; era el antídoto contra la apatía. Antídoto que, como un fogonazo de patriotismo entre dos generaciones desilusionadas, los hombres de su momento –es decir, los de la camada de Antonio

---

3   Véase Jorge Bracho, *El discurso de la inconformidad. Expectativas y experiencias en la modernidad hispanoamericana*, Caracas, Fundación CELARG, 1997.
4   Para un seguimiento de este acto, véase *Coronación de Don Eduardo Blanco*, Caracas, Litografía y Tipografía del Comercio, 1911.

Guzmán Blanco– volvieron política de Estado para darle bases a una república que sólo con ellos termina de nacer. Eduardo Blanco, visto así, es el Virgilio de aquella nueva república que, cual Augusto, Guzmán Blanco construye a partir de 1870; ayuda como pocos a edificarle un pasado heroico, a cantar la épica de su héroe máximo y a construir con ella los sagrados libros de su culto.

Ellos son, en rigor, los primeros venezolanos tal como nos entendemos hoy; ellos crean nuestros símbolos e incluso, para darles respaldo, son los que nos exaltaron unos orígenes en la Guerra de Independencia –casi como Virgilio los buscó para Roma en la de Troya– cuya continuidad con nosotros no es tan clara como la que podemos hallar con todo lo ocurrido después de 1870 y los setenta años que les siguieron, hasta más o menos 1945, cuando esa república y la nacionalidad que fundan termina de consolidarse.

La épica de Eduardo Blanco es la épica de una lucha contra el desencanto. Es el esfuerzo por reconciliar a un colectivo con su gentilicio. Es, como esperamos demostrar, la gran metáfora de los problemas fundamentales de Venezuela como idea y como posibilidad. No en vano los venezolanos llegaron a venerarlo como un patriarca protector, y remató nuestra Clío en el momento de ceñirle su corona de laureles:

> ¡Oh, tú, venturoso mortal! Que gozas del inmenso privilegio de asistir a la hora del triunfo, de oír los aplausos que tributan a tu obra, de sentir los latidos de justo orgullo con que tu corazón recibirá la áurea corona que la patria te ofrenda; y este triunfo y esos aplausos, yo, la Musa de la Historia, los recibo con íntima y orgullosa satisfacción: porque soy quien ha dejado caer en tu cerebro el raudal de mi ciencia; quien cubriéndote con fuerte armadura hice que extrajeras del insondable mar de los recuerdos gloriosos, blancas perlas y rojos corales de justas y sangrientas batallas, que dieron a tu patria la deseada Independencia; soy la que ha hecho resonar en tu cerebro y en tu corazón los guerreros clarines de Boyacá y Carabobo; soy en fin la que ha inspirado a tu pintoresca pluma, mojada en la pura tinta del patriotismo, las bellas descripciones de *Venezuela heroica*.
> Y en esta noche para ti grandiosa y llena de recuerdos; en esta noche sin duda pasan ante los ojos de tu patria las ínclitas hazañas, heroicas batallas y gloriosas victorias de sus Libertadores; en esta noche

cuya fecha será eterno y satisfactorio recuerdo para tu corazón, yo, la
Musa de la Historia, te ofrendo en nombre de la heroica Venezuela
la inmortal corona de la gloria[5].

LA NATURALEZA DEL PROBLEMA,
O SOBRE LA QUÍMICA DEL DESENCANTO

Sin embargo tanta emoción no confunde a Don Eduardo. Él
sabe que no se trata de sus talentos literarios.

No a mí, concede, ingenuo narrador, y nada más, de épicos heroís-
mos, sino a ellos, nuestros magnos patricios, nuestros libertadores,
nuestros héroes; a ellos todos los del supremo esfuerzo, objeto primordial de nuestra admiración, de nuestro orgullo, del amor idolá-
trico que ha levantado altares en nuestros corazones á sus virtudes y
á su gloria, es a quienes sin duda ha de ufanar esta solemne manifestación que aquí, bajo su égida nos congrega[6].

Si por un momento nos permitimos el excurso de pensar en otro
homenaje similar, el que un año después se le tributa a otro cronista –este
gráfico– de la *Magna Gesta*, Tito Salas, las palabras de Blanco adquieren
pleno sentido. Mientras el primero está al final de su vida, el otro se inicia en la gloria. El primero ya había consagrado la épica de los hechos
que en el Centenario se celebraba, el segundo empezaba a ponerlos en
imagen. Como parte de los fastos, al segundo se le encargaron unos plafones para el Palacio Federal. Está triunfando entonces en París y allá
los pinta. Son el *Tríptico*, en los que a través de tres episodios de la vida
del Libertador –«Juramento de Bolívar en Roma», «Paso de los Andes»
y «Muerte del Libertador»– narra la que para él, como para el resto de
los venezolanos en buena medida gracias a las obras del primero, era
la historia de Venezuela: la Independencia y la gesta del Libertador.
Los cuadros deslumbran. Son un fenómeno social como no se
veía desde el *Miranda en la Carraca* de Arturo Michelena, que cuando

---

5   «La coronación de Eduardo Blanco...», *op. cit.*

6   «Coronación del autor de *Venezuela heroica*. Palabras de Eduardo Blanco», *El Universal*, Caracas,
29 de julio de 1911, p. 4.

salió, toda la ciudad por días hizo largas filas para verlo. Tito Salas, ya héroe nacional por sus triunfos en certámenes artísticos en Europa, termina de dispararse al estrellato. Cuando regresa Caracas entera lo espera como después sólo ocurriría con héroes de la farándula (p.e., Carlos Gardel, en 1935) o del deporte (los campeones del mundial de béisbol de La Habana en 1941). Toda la ciudad va a la estación del tren en Caño Amarillo, y en hombros, cual glorioso matador, lo llevan hasta su casa[7]. Probablemente se trate de un caso único en la historia del arte. Pensemos ahora: un historiador con una corona de laureles y un pintor hecho un ídolo popular: ¿qué pasaba en esa sociedad? ¿Es que los caraqueños de entonces eran tan sensibles a las bellas letras y a las bellas artes? Emotivos hasta muestras de afecto incluso mayores, sí; bullangueros, sin duda, ¿pero tan sensibles al arte? Don Eduardo, que ya había visto y vivido demasiado como para andarse con cuentos, conoce muy bien a su gente y su ciudad, pondera las cosas en su lugar. No se trata de ellos, o al menos no sólo de ellos. Como los espectadores que aman u odian a los actores por los personajes que encarnan, al pintor y al escritor los amaron por los sentimientos que sus obras les despertaban, por los personajes que les hicieron conocer. Leamos otro párrafo de su discurso el día de la coronación:

> Porque a vosotros, ¡oh! espíritus investigadores y entusiastas, que os abastecéis en las enseñanzas de la experiencia, y la sabiduría para las luchas del futuro, engalanados, en la hora presente, por la renovación constante de la vida, con todos los pormenores de la juventud, es a quienes compete, en primer término, mantener hoy más el fuego sagrado del amor a la Patria... No dejéis apagar la llama aún no extinguida que un día fue sol y la dio luz a un mundo. Reconfortad con vuestro aliento juvenil nuestra alma nacional; porfiad hasta transmitirle nuestros bríos y más nobles aspiraciones... Cuando de propio vuelo se puede dominar culminantes alturas no caben desencantos. A nuestras repetidas postraciones en esta primera centuria de vida independiente, han respondido otros pueblos de América, más afortunados, con expansivos encumbramientos: ¡el Norte deslumbra...! ¡El Sur resplandece! Nosotros, cual modernos espartiatas, sólo

---

7   Véase el capítulo IV.

respetamos con orgullo, ¡el nombre de la Patria! Abrid brecha vosotros con sanos discernimientos en las limitaciones de todos los pro-
gresos: ello equivale a rechazar de nuestras políticas contenciones el
expediente de la guerra... Salvo la augusta, emancipadora y creadora,
la guerra nos ha sido funesta: escala descendente resultan a la postre
nuestras luchas armadas. La razón, la verdad, la justicia, sólo en la
paz cobran todos sus fueros y adquieren soberana omnipotencia[8].

Verdaderas sonrisas de complacencia habrán dibujado en las caras
de los jerarcas del gomecismo aquellas palabras: precisamente el núcleo de la
propaganda del régimen era la paz alcanzada después de un siglo de guerras
civiles. Gómez, triunfador sobre todos los caudillos en Ciudad Bolívar, era
desde entonces (1903) el Padre de la Paz; y por la paz que garantizaría el
orden y el progreso justificó la dictadura que en los siguientes veinticuatro
años consolidó con mano de acero. Pero Eduardo Blanco no es uno de
los tantos plumarios y turiferarios del régimen. Él sólo señala dos certezas
básicas de la conciencia histórica de los venezolanos; certezas que apro-
vecharon los propagandistas del régimen, pero que ya estaban allí desde
hacía años: que desde la Independencia no había pasado nada realmente
bueno en la república; y que por eso en su Gesta, y sólo en su Gesta, es
donde podemos encontrar el fuego sagrado para que la república siga.

O sea –y esto es el *quid* al que vamos– la sensación que vibra al
fondo de todo esto, de *Venezuela heroica*, de la coronación de Blanco, del
Centenario, de los vítores a Salas, no puede ser otra que la del desencanto
con la república. No en vano él mismo se lo advierte a los jóvenes: no
estamos ni como los Estados Unidos (el Norte que deslumbra) ni como
aquella Argentina del Centenario (el Sur que resplandece), pero nuestra
alma, heredera de los Libertadores, tiene combustible para tramontar los
males y, véase bien, *cuando de propio vuelo se puede dominar culminantes
alturas no caben desencantos.* No es tampoco un dato soslayable que el 1º
de octubre de ese mismo 1911 haya aparecido la primera versión de «El
Gendarme Necesario» de Laureano Vallenilla Lanz[9], uno de los textos

---

8   «Coronación del autor de *Venezuela heroica*. Palabras de Eduardo Blanco», *El Universal*, Caracas,
29 de julio de 1911, p. 4.
9   L. Vallenilla Lanz, «El Gendarme Necesario», *El Cojo Ilustrado*, Año XX Nº 475, 1º de octubre
de 1911, pp. 542-546 (se trata de una versión preliminar de la que aparecería ocho años después
en su *Cesarismo democrático*).

fundamentales y probablemente el internacionalmente más famoso del pensamiento historiográfico venezolano. Aunque ni es el momento ni nuestro objetivo detenernos en las múltiples implicaciones que tuvo (y sigue teniendo) este ensayo[10], lo notable es que más allá de las grandes diferencias que podemos hallar –y que sus respectivos autores se empeñaron en resaltar– entre la épica romántica y la asepsia «científica» de los sociólogos positivistas como Vallenilla, el núcleo de los argumentos es el mismo: los tumbos de la república demuestran que ha sido más bien un fiasco desde la Independencia. Vallenilla Lanz, entonces, partía del mismo estado de ánimo que Eduardo Blanco. Que para él uno los males hayan radicado en el apego a constituciones escritas que no respondían a los imperativos naturales del medio, mientras para el otro lo estaban en un apocamiento del fuego sagrado en el alma nacional; que el uno, como refiere la famosa anécdota que espetó aquello de que «¡Ud. va a acabar con la epopeya!», como quien denuncia un crimen, mientras el otro veía en la epopeya una de las causas de nuestros males; no obsta para que no se trate del mismo problema: los proyectos expresados en nuestras leyes no se habían cumplido, la república ni era (ni en rigor había sido nunca) lo soñado. Partían de la química del desencanto que corría por las venas de todos los venezolanos y los tres buscaban alguna salida para la malhadada república que les tocó vivir. Vallenilla Lanz, Blanco y Tito Salas, artífices de la historiografía venezolana en el Centenario, respondían a una misma angustia. Y sin una aproximación básica a su naturaleza (insistamos, a su *química*) no entenderemos nunca sus obras.

UNA HISTORIOGRAFÍA CONTRA EL DESENCANTO

La primera versión de *Venezuela heroica* apareció en 1881. Justo cincuenta años antes encontramos en la misma Caracas a un muchacho que escribe desconsolado. No puede imaginarse el influjo que tendría sobre esa obra y en general sobre la imagen que el país tendría de sí mismo y de su historia en lo sucesivo. Estamos en 1831 y su vida no ha sido otra cosa que los vaivenes de la república. Está harto y sin

---

10 Para el pensamiento de Vallenilla Lanz, véase Elena Plaza, *La tragedia de una amarga convicción. Historia y política en el pensamiento de Laureano Vallenilla Lanz (1870-1936)*, Caracas, UCV, 1996.

embargo no se imagina todo lo que aún le falta por vivir. Por eso, tres décadas después, ya viejo, pero, y al contrario de lo que normalmente ocurre, más intenso en sus posturas, podrá hacer una declaración como esta: «nacido un año después que Venezuela dio su grito de Independencia, criado en medio de los furores de la guerra a muerte y al ruido de sus combates y victorias, crecido entre las tempestades civiles que precedieron a su organización definitiva y a su breve edad de oro, pertenezco a todas sus épocas por algún punto, conozco sus hombres y pasiones o intereses que los movieron, los acontecimientos, su enlace y causas; y voy a escribir sobre ellos»[11].

Vaya que lo hizo, pero en 1831 Juan Vicente González –el muchacho en cuestión– es apenas una promesa que da sus primeros pasos con la convicción de que todo lo que llevaba aprendido había sido un engaño. Sentimiento más o menos común entre los recién graduados hasta que aprenden a combinar lo que les enseñaron en la universidad con las otras cosas de la vida, que en su caso tenía una connotación más amplia. Su problema era Venezuela toda. Dice entonces: «nos engañaban al hablarnos de batallas, de naciones libertadas, de trofeos, de glorias. No sé para qué fue alucinarnos en nuestro colegio con ficciones que irritasen nuestra fantasía: esa patria silenciosa, sepulcral, no es la que habíamos soñado. Si todo era un prestigio, ¿por qué no aguardó para disiparse a que lo hubiéramos gozado? Salimos al mundo y ¿qué hallamos? Un sepulcro...»[12].

Pocos testimonios son tan emblemáticos del sino fundamental de los venezolanos con nuestra identidad. Tan temprano como en 1831 ya estaba, redondamente, planteado el problema: las narraciones históricas, como al joven Juan Vicente González, nos han dado la versión de una patria que para nada se corresponde con la que encontramos en la calle. Así sufrimos de una suerte de «conciencia desventurada» –valga el término– en la que depositamos imágenes de nosotros mismos que pertenecen más a los deseos que a la realidad. Y no es que no sea un fenómeno más o menos general en los pueblos, sino que acá implica aspectos de nuestra concepción misma como pueblo y de las políticas que en cuanto tal ejecutamos a través de nuestro Estado. Se trata, como veremos, de una especie de «síndrome bipolar» colectivo,

---

11 J.V. González, «Páginas de la historia de Colombia y Venezuela o vida de sus hombres ilustres», *Selección histórica*, Caracas, Monte Ávila Editores, 1979, p. 17.

12 Juan Vicente González, «Mis exequias a Bolívar. 1831», en *ibid.*, p. 123.

que nos hace decirnos capaces de una historia llena de resplandecientes virtudes, frente a una actualidad que sólo –o fundamentalmente– nos produce desaliento. Piénsese en lo que implica llevar adelante una vida jalonado por esas contradicciones y entenderemos de qué se ha tratado –o fundamentalmente se trató por mucho tiempo– ser venezolano.

Volvamos a Juan Vicente González. Tanto como el planteamiento que hace del problema nos interesa la solución que le encontró. Fue una tabla salvadora que los hombres de su tiempo hallaron para el desconsuelo. Pero, véase bien, no fue más que eso, una tabla de salvación, no un remedio definitivo. No acabó con el desconsuelo y la subsiguiente apatía que produjo, sino que nos enseñó a vivir con él. No es poca cosa. Hablamos, naturalmente, de la historiografía que produjeron al respecto.

Ellos fueron los creadores de la Historia Patria. Las narraciones que en la década de 1820 oyó González en el colegio aún no lo eran, pero ya contenían su savia matriz. Forzosamente hubieron de ser las escritas por sus mismos protagonistas y al vivac con más aliento propagandístico que historiográfico para justificar la revolución. De hecho, que sepamos, hasta la *Historia de Venezuela* de Feliciano Montenegro y Colón (1837)[13] no hubo un manual escolar en el rubro y, la verdad, ninguna otra historia de la emancipación como tal, por lo que eso que González y sus coetáneos oyeron en el colegio debió provenir de alguna información dispersa tomada de publicaciones periódicas, opúsculos –pensamos en textos del tenor del *Resumen sucinto de la vida del general Sucre* de Simón Bolívar, o el *Patriotismo de Nirgua* de Juan Germán Roscio, por cierto no demasiado fáciles de encontrar en aquella Caracas en ruinas– o de la *Colección de documentos relativos a la vida pública del Libertador de Colombia y del Perú, Simón Bolívar*, que Cristóbal Mendoza y Francisco Javier Yánes comenzaron a publicar en 1826, o de la historia de Restrepo o de los poemas de Andrés Bello y de José Joaquín Olmedo. O, sobre todo, de los recuerdos de los veteranos. Esa primera historiografía, cuyo examen detenido aún está por hacerse, funcionó básicamente como una *contrahistoria* frente

---

13 Sobre Montenegro y Colón, véase Napoleón Franceschi, *Vida y obra del ilustre caraqueño don Feliciano Montenegro y Colón (Su aporte historiográfico y contribución al desarrollo de la educación venezolana de la primera mitad del siglo XIX)*, Caracas, Alcaldía de Caracas, 1994; y *Feliciano Montenegro*, Vol. 70, Biblioteca Biográfica Venezolana, Caracas, 2007: y Lucía Raynero, *Clío frente al espejo. La concepción de la historia en la historiografía venezolana (1830-1865)*, Caracas, ANH, 2007, pp. 19-58.

a la oficial del régimen colonial y normalmente estaba permeada por el aliento de las proclamas y los discursos políticos de la época, que a la exaltación política de siempre sumaban el espíritu romántico.

Pues bien, las convicciones de aquellos textos se convierten en la substancia de la historia oficial (la llamada Historia Patria) una vez nacida la República. Hombres como Juan Vicente González, entonces, no hicieron sino retroalimentar el proceso de su desencanto actual frente al heroísmo anterior, cuando producen la primera historiografía propiamente dicha y la difunden en sus escritos y cátedras. Es decir, lo que critica en 1831 es acrecentado. Nos explicamos: en tanto más se desencantan con la República, más buscan refugio en el pasado glorioso. En 1831 González se quejaba por la reacción antibolivariana del momento, esa idea de que «los héroes son buenos, necesarios, para luchar en los tiempos de peligros, vencer a los enemigos, construir naciones... pero hasta aquí su misión, en adelante son amenazas a la libertad»[14] que parecía cundir en aquella Venezuela ansiosa por la regularidad de las instituciones cívicas y liberales, no de sablones. Él soñaba con el renacer del culto «y de esa losa que cubre a Bolívar, su nombre se levantará más grande y glorioso»[15], como en efecto, se levantó una década después. Con la repatriación de los restos del Libertador en 1842 se inicia un camino que en el curso de medio siglo se convirtió en lo que hoy llamamos el *culto a Bolívar*[16]. En su primera fase, cuando aún no reunía todas las características de religión de Estado que adquirió después, González estuvo entre los que más hizo para apuntalarla, pero el resultado no fue el aliento vivificador que esperaba alcanzar en 1831: el desencanto con la realidad circundante no se aminoró sino que más bien pareció aumentar en la medida en que las cosas de la República marchaban peor y las de la Independencia se hacían más legendarias. Años más tarde, en 1865, todo había llegado a tal punto que cuando muere Fermín Toro es capaz de una de las frases más dramáticas –incluso para él, genio del romanticismo en la pluma y hombre de tormentas

---

14   Juan Vicente González, «Mis exequias a Bolívar. 1831», en *ibid.*, p. 124.

15   *Ibidem.*, p. 125.

16   Sobre el punto, véase Germán Carrera Damas, *El culto a Bolívar. Esbozo para un estudio de historia de las ideas en Venezuela*, 5ª ed., Caracas, Alfadil Ediciones, 2003; Luis Castro Leiva, *De la patria boba a la teología bolivariana*, Caracas, Monte Ávila Editores, 1991; Napoleón Franceschi, *El culto a los héroes y la formación de la nación venezolana*, Caracas, s/e, 1999; y Elías Pino Iturrieta, *El divino Bolívar. Ensayo sobre una religión republicana*, Madrid, Catarata, 2003.

en el resto de las cosas de su vida– que sobre Venezuela y los venezolanos se ha dicho: «¡Es que acaba de abrirse una tumba y ha caído en ella el último venezolano, el fruto que crearon la aplicación, el talento, y que sazonó la paz en los envidiados días, que para siempre huyeron, de la gloria nacional! ¡Llorarle es afligirse con los destinos de un pueblo condenado a vivir de la ceniza de sus días pasados!»[17]. Eso lo escribe en el año en que publica su emocionante y heroica *Biografía de José Félix Ribas*. Ya un año antes nos había dicho que «bullís como gusanos sobre un polvo heroico»[18]. Y es el mismo año en el que Felipe Larrazábal saca a luz su *Vida del Libertador Simón Bolívar*. Parece que mientras peor están las cosas, más exaltación hace falta del pasado glorioso. No en vano si comparamos estas obras con el tono más bien moderado de la historia de Montenegro o del *Resumen de la Historia de Venezuela* de Rafael María Baralt (1841), podemos decir que el culto a los héroes y lo más exaltado de la Historia Patria nace en el peor período de nuestro devenir republicano, ese hondo colapso en el que cayó el Estado entre 1858 y 1870.

Citemos un solo caso más. Cuando en 1868 todo parecía conducir al tobogán de otra guerra civil, Cecilio Acosta espetará una frase casi tan dura como la de González: su sueño, confiesa, es que Venezuela algún día llegue a ser «una nación digna, un pueblo organizado y una patria que no avergüence»[19]. Nueve años después, como el país aún no lo había logrado, produce un párrafo a nuestro juicio emblemático de lo que estamos planteando, sobre todo si pensamos que no se trata de un historiador sino de un pensador que ha leído mucho de historia y está muy comprometido con su presente:

> Hoy, pasado no más un tiempo puede decirse corto, con no tener éste aún lo indefinido de la distancia, ni la niebla de los siglos, vuelve uno sin cesar la vista a tanto suceso heroico y a tanto alto ejemplo, para llenarse de admiración y pasmo: para ver a Zea en el Congreso de Guayana, echando con su palabra los fundamentos de la Gran República, o tronando como tronaba Demóstenes con estro patriótico contra Filipo;

---

17 J.V. González, «Fermín Toro», *Selección histórica*, p. 153.
18 *Ibid.*, «28 de octubre», p. 314.
19 Cecilio Acosta, «Deberes del patriotismo. *A Clodius*», en *Doctrina*, Biblioteca Popular Venezolana/Ministerio de Educación Nacional, 1950, p. 27.

a Santander en los consejos y la Administración de la antigua Santa Fe –bien que afeados después– que nunca olvidará la Libertad; a Sucre, atravesando páramos y desfiladeros y realizando prodigios; a Ricaurte pereciendo volado por el fuego; a Mariño, que todo lo dio a la idea revolucionaria; a Páez, que poseía el valor sin par y no la cólera de Aquiles; a Silva y Urdaneta, el Diomedes el uno, y el otro el Barthier venezolanos; a los Ayala y Muñozes derramando su preciosa sangre, unidos como los eslabones de una misma cadena de gloria San Félix y el Pantano de Vargas, Carabobo y Boyacá; y a Bolívar dirigiendo, como Júpiter desde el Olimpo, batallas de semidioses y héroes, o cargando sobre sus hombros, como Eneas, el escudo en que resaltaban ya en relieve los claros hechos de la futura triunfadora Roma; para aprovechar en fin, todo ese conjunto de lecciones y ver si, al favor suyo, fortificamos, mejoramos y enaltecemos estas virtudes nuestras tan flacas, esta propensión a los goces epicúreos, que equivale a la molicie, este ánimo movible a todo viento de poder –que es una forma de servidumbre– y este espíritu de partido, contento sólo con nombres por cosas y con personas por principios[20].

Se trata de la bipolaridad nacional; de la «oposición entre el *optimismo lírico* y el *pesimismo sistemático*»[21], que nos caracteriza. La ecuación a la que hasta talentos como los de Acosta y González no renunciaron fue muy sencilla: «es la escueta fórmula, plena de sentido histórico: *seremos porque hemos sido*. Y el presente, vuelto tránsito, adquiere súbitamente una nueva naturaleza. Ya no será decadencia, degeneración y aniquilamiento. Se volverá purga de errores, de excesos, de incomprensiones, cuya misma carga de responsabilidad, arqueada entre un pasado y un futuro gloriosos, pesa menos y puede ser vista, si no con tolerancia, sí con la benévola comprensión de quien guarda su fe intacta»[22]. Todavía un siglo más tarde Augusto Mijares –acaso, en esto como en tantas otras cosas, el primero en identificar el fenómeno– pudo redactar al respecto un esclarecedor artículo:

Presumo sin embargo que cuando Juan Vicente González lo llamó «el último venezolano», la resonancia que alcanzó este cognomento

---

20 C. Acosta, «El doctor José María Samper», *Doctrina..*, p. 86.
21 G. Carrera Damas, *El culto a Bolívar...*, p. 142.
22 *Ibidem*, p. 218.

se debió, no tanto a los méritos de ilustre desaparecido, como al terrible significado que implicaba aquella denominación.

El último venezolano: es como un *finis patriae* que resume el desaliento, la renunciación, la derrota irremediable de todo el país, y así fue aceptado y repetido, casi con paradójico entusiasmo.

¿Por qué? Duro es adivinarlo: porque aquella cancelación derrotista reflejaba un sentimiento nacional, tan arraigado y unánime que durante muchos años será repetido, en las más variadas formas, por casi todos los venezolanos»[23].

Las evidencias son demasiadas: el *finis patriae* nos remite a Manuel Díaz Rodríguez; José Rafael Pocaterra es citado un poco después por Don Augusto, pero remata con otra cita de Rufino Blanco Fombona que a nuestro juicio es definitiva:

A la misma época se refiere el diario de Rufino Blanco Fombona, *Camino de imperfección*, y también sobre Venezuela recae en definitiva la ignominia que en él denuncia [el régimen de Juan Vicente Gómez]: «Si yo fuera tan ingenuo –leemos– que me preocupase por estos hombres alquilados o que andan buscando quién los alquile para tirar el carro de la basura, me consolaría recordando que igual y aun peor trato dio Venezuela a Miranda, a Bolívar, a Bello y a Baralt, entre otros»[24].

Una vez más, el consuelo en la historia. Y una vez más la historia resplandece tanto que resalta mejor los lunares y cicatrices de la dura actualidad.

Un niño oye cosas como estas en su casa. En la escuela se las cuenta nada menos que a uno de sus principales ideólogos. Más grande, las lee en la prensa. Su destino es el del resto de los venezolanos: va a la guerra, a otra guerra fratricida más. Claro, no va como cualquier machetero, sino como edecán. En ella hace el tránsito a la hombría. Ve la desolación y la muerte. Siente perderse la patria en un pozo de sangre. Presencia a la República desmoronarse. Como tantos jóvenes venezolanos, denigró de la patria que lo vio nacer. Pero en medio de la desolación,

---

23 Augusto Mijares, «El último venezolano» en *El último venezolano y otros ensayos*, Caracas, Monte Ávila Editores, 1991, p. 33.
24 *Ibid.*, p. 34.

abruptamente, como un rayo viene la historia a salvarlo. Tal vez su formación lo predispuso para eso, pero cuando todo parece perdido, ella emerge de la nada y lo rescata. Como Cecilio Acosta, identifica en sus fastos el conjuro para las flaquezas del presente. Y converso en su particular ruta damasquina, quiere llevar la luz al resto de sus coetáneos, veinteañeros ya tan endurecidos y escépticos como él lo había sido. Se trata, naturalmente, de Eduardo Blanco en tres momentos de su vida: aún sin bozo oyendo a Juan Vicente González en su colegio, el Salvador del Mundo; ya mozo oyendo a José Antonio Páez en Carabobo; y entrado en la vejez escribiendo *Venezuela heroica*. Su épica, pues, es la que escribe ante todo esto. Es la síntesis de toda nuestra tragedia nacional.

DE LOS PRIMEROS Y LOS ÚLTIMOS VENEZOLANOS

Juan Vicente González parecía olvidarse de sí mismo cuando afirmó aquello del último venezolano, o por lo menos manifestaba grandes dudas sobre el impacto de su propia obra. Vivía de dar clases y de escribir, pero según se deduce de sus palabras no tenía demasiadas esperanzas ni en sus lectores ni en sus alumnos. Nomás en el Colegio Salvador del Mundo le había dado clases a un par de muchachos que con el tiempo y sus obras negarían, largamente, aquella aseveración. Uno, Felipe Tejera, no sólo será de los más exaltados literatos bolivarianos de su generación y el autor de un polémico *Manual de Historia de Venezuela* que pese a su expresa prohibición en 1876 se encargó por medio siglo de formar a ese montón de venezolanos que continuaron naciendo después del proclamado sepelio del «último»[25]; mientras el

---

25   A pesar de estar ubicado entre los más altos exponentes del romanticismo historiográfico y del culto a los héroes patrios, por haber puesto en duda las bondades de la Guerra a Muerte, fue prohibido su uso en las escuelas por resolución del Ministerio de Fomento de 19 de enero de 1876. No obstante, su éxito fue tal que se hicieron al menos tres ediciones más (1891, 1895 y 1904), con los ajustes del caso, y en 1909 fue aprobado por la Academia Nacional de la Historia, autoridad pública en lo referente a este aspecto, y de la que Felipe Tejera era miembro fundador. En 1923 el texto fue epicentro de un encendido debate por su utilización por los jesuitas en el Colegio San Ignacio. Comoquiera que el profesor de historia de Venezuela era un jesuita español y el manual el de Tejera, la intelectualidad liberal denunció los peligros de una enseñanza «anti-patriótica». Véase Rafael Fernández Heres, *Polémica sobre la enseñanza de la historia de Venezuela en la época del gomecismo*, Cuadernos «Historia para todos», Nº 31, Caracas, 1998.

otro, Eduardo Blanco, simplemente llegó a convertirse en el Homero de nuestra nacionalidad, coronado con los laureles del triunfo por toda la sociedad. Ambos habían nacido en Caracas, el primero en 1846 y el segundo en 1838. La fecha y el lugar en este caso no son datos fortuitos: los ubica en la que tal vez haya sido, en clamoroso desmentido de González, la generación no de los últimos sino, muy por el contrario, de los *primeros venezolanos*. Como dijimos, justo esa generación que como un fogonazo de patriotismo terminó de sentar las bases de la República entre la de sus padres –nacidos aún en la Colonia– y sus hijos –que serán los hombres del modernismo, el positivismo y el gomecismo.

Ya Elías Pino Iturrieta en texto célebre llamó de ese modo a los hombres que se ponen a organizar la República en 1830[26]. Nosotros, como acabamos de señalar, proponemos por tales a sus hijos. Los primeros, nacidos a finales del siglo XVIII o inicios del siglo XIX, formados durante el ciclo de la Independencia, creadores de varias repúblicas sucesivas con el ensayo más afortunado entre la separación de Colombia y el colapso del Estado en 1858, si bien sentaron las bases fundamentales de la continuidad histórica de lo que hoy conocemos como Venezuela, cuando a partir de la década terrible de guerras y anarquía que arranca en esta segunda fecha y se prolonga hasta 1870 la República se viene abajo, muchos consideran seriamente su liquidación como quien liquida un negocio en bancarrota. Juan Vicente González es un ejemplo claro de esto: para 1865 decretaba la muerte del «último venezolano».

En este sentido, que Venezuela se haya mantenido, puede considerarse un éxito rotundo. Pero es un éxito que hay que atribuir fundamentalmente a la siguiente generación, a los hijos de esos hombres, los nacidos entre las décadas de 1830 y 40. No se trata de hacer demasiado énfasis en las teorías «generacionales», pero es evidente que el triunfo de los federales en 1863 representó el desplazamiento de los líderes de la Independencia en el poder, abreviando un trabajo que la biología –a través de la vejez y la muerte– ya venía adelantando. Así poco a poco llegan al poder los que estudiaron en colegios como el Independencia, el Salvador del Mundo o el Roscio, dirigidos a formar una elite nacional, ilustrada y moderna[27]; los destinatarios de los manuales

26 E. Pino Iturrieta, *Las ideas de los primeros venezolanos*, Caracas, Monte Ávila Editores, 1993.

27 *Vid* Mirla Alcibíades, «Colegios privados para niños y niñas en la Caracas republicana (1830-1840): conductas, normas y procederes», *Revista de Pedagogía*, Caracas, UCV, N° 58, pp. 145-169.

como el de Montenegro y Colón, o los de Alejandro Peoli y Manuel María Urbaneja (profesores, por cierto, de esos colegios); es decir, los que bebieron a través de esos libros los digestos de la Historia Patria que un Juan Vicente González o un Rafael María Baralt –igualmente relacionados con ese sistema de educación elitesca y republicana– habían producido para el público adulto (hasta hoy los manualistas fundamentalmente somos glosadores de lo que la historiografía de la hora impone[28]). Ellos, por lo tanto, son la prueba del éxito de esos discursos: ciudadanos venezolanos prácticamente desde su nacimiento (tomemos como borde generacional a su líder indiscutido, Antonio Guzmán Blanco, que nació en las postrimerías de Colombia, en 1829, a diferencia de todos los presidentes anteriores aun nacidos como súbditos de Castilla), no sólo se opondrán con éxito a cualquier intento de disolución de la República, sino que logran lo que Carrera Damas ha llamado la formulación definitiva del proyecto nacional. Hay que insistir en el éxito que tuvieron. Lograron, contra todo pronóstico, mantener el Estado y la nacionalidad, y vistos los recursos con que disponían y los retos que enfrentaban, es difícil no verlos con respeto.

Crear una nación, y menos su elite, no es cosa fácil. El último tercio del siglo XIX se dedica a ello, y aunque entre 1892 –pongamos la Guerra Legalista– y 1903 –pongamos el final del Bloqueo y la Revolución Libertadora– todo parece venirse abajo (en 1896 el Estado entra en quiebra, en 1899 Gran Bretaña nos arrancó los 150 mil kilómetros del Esequibo, entre 1898 y 1903 se suceden y hasta superponen las guerras civiles), en relativamente poco tiempo a la elite le es posible retomar el control y consolidar el Estado bajo la tutela de Gómez. Por eso «las medidas tendientes a estimular ese fortalecimiento [de las elites], tales como las destinadas a facilitar la circulación de bienes (establecimiento de un sistema nacional de pesos y medidas, basado en el sistema métrico decimal adoptado en 1869); la creación de un sistema monetario nacional en 1871; los esfuerzos para construir un sistema bancario; el desarrollo de infraestructura vial y de comunicaciones interiores y con el exterior (el cable con Europa fue inaugurado en 1888), se correspondieron a las medidas para dotar a la clase

---

28 Para el caso del siglo XIX, véase Nikita Harwich Vallenilla, «La génesis de un imaginario colectivo: la enseñanza de la historia de Venezuela en el siglo XIX», *Boletín de la Academia Nacional de la Historia*, Nº 282, abril-junio 1988, pp. 349-387.

dominante de una ideología de la nacionalidad y para asegurarle el monopolio de la función política»[29].

Obviamente, la creación de símbolos e imaginarios nacionales son piezas clave en este esquema. Resoluciones como las aplicadas al manual de Tejera demuestran hasta qué punto la conciencia histórica se convirtió en un problema de Estado. La Historia Patria y el Culto a los Héroes pasan a estar directamente dirigidos y auspiciados por él. El fenómeno señalado por Carrera Damas de que lo que hasta entonces había sido el *culto de un pueblo* pasara a ser el *culto para un pueblo* se da entonces[30]. Antonio Guzmán Blanco, que llega al poder en 1870 y dirige todo el proceso de refundación del Estado, se convierte en el gran director del nuevo culto. El proceso en buena medida arranca ese mismo año con el decreto de instrucción pública y obligatoria. Junto a la construcción de aquellas famosas «mil escuelas» que se propuso fundar, a la búsqueda y formación de maestros meridianamente capaces para atenderlas, a la edición de cartillas y a la dotación al menos de pizarras (todo lo cual se hizo con una eficiencia que, viendo las condiciones de la época, no fue poca cosa), hacía falta algo más: la ciudadanía que ese sistema escolar que se trazó fundar necesitaba contenidos[31]. En alguna medida se trataba de incorporar a la mayor cantidad de venezolanos posible al *ethos* que los colegios privados de la primera hora –los nacionales, después llamados federales, eran instituciones de educación superior en la escala de entonces– inculcaron en hombres como Guzmán Blanco y sus ministros. Se trató de una ampliación del radio de acción de la elite nacional.

Así, la primera tarea es crear una iconografía. El Tito Salas llevado en hombros por el pueblo de Caracas en 1911 es el último de una cadena de «pintores nacionales». En 1873 el Gobierno contrata al mejor pintor del momento, Martín Tovar y Tovar, para que realice el retrato de treinta héroes con el fin de adornar el edificio ideológico por excelencia, el Palacio Federal. De ese modo el símbolo del poder se volvía también el altar en el que los iconos de sus fundadores

---

29 G. Carrera Damas, *Formulación definitiva del proyecto nacional: 1870-1900*, Caracas, Cuadernos Lagoven, 1988, p. 54.

30 Cfr. G. Carrera Damas, *El culto a Bolívar...*, pp. 294 y ss.

31 *Vid* Rafael Fernández Heres, *La Instrucción Pública en el proyecto político de Guzmán Blanco: ideas y hechos*, Caracas, Academia Nacional de la Historia, 1987.

recibirían las oblaciones de la República. En 1883 recibe un nuevo encargo: *La firma del acta de Independencia* y un año después los seis lienzos para decorar el Salón Elíptico. Lo que estas obras representan para el imaginario venezolano todavía no ha sido estudiado en toda su amplitud, sobre todo desde una perspectiva historiográfica y de las mentalidades, pero es innegable que reproducidas en la numismática, en los manuales escolares, en la estatuaria, en litografías repartidas en las oficinas públicas del país, les dieron una *forma* concreta, una imagen a unos hechos que ya para el grueso de los venezolanos –sobre todo entonces, mayoritariamente analfabetos y con una esperanza de vida de cuarenta años en promedio– estaban demasiado lejos como para ser recordados de forma directa.

A tal empeño se unieron las ediciones financiadas por el Estado de los *Documentos para la historia de la vida pública del Libertador de Colombia, Perú y Bolivia*, compilados por José Félix Blanco y Ramón Azpúrua en 1875, y la de las voluminosas *Memorias de O'Leary* en 1879. Esto implicó el esfuerzo de largos tirajes de más de un millar de ejemplares de unas obras de catorce volúmenes la primera, y de treinta y cuatro la segunda, por parte de un Estado empeñado en que llegaran a los anaqueles de todas las escuelas y oficinas del país. Y esto sin contar todas las otras medidas tendientes a la glorificación de los a partir de entonces llamados «Ilustres Próceres» que quedaban vivos –ya, por lo general, hombres de figuración muy menor que apenas habían podido asistir a la guerra casi en la adolescencia– y los honores que se les prodigaban o al morir, o, en el caso de los muertos, al trasladar sus restos al otro gran edificio ideológico decretado entonces, el Panteón Nacional (1876). Vieja iglesia secularizada, pasó a ser el gran templo para el culto de los héroes nacionales, relicario de las sagradas cenizas de los fundadores de la República, las de Bolívar fundamentalmente. Las fiestas públicas que conllevaba la conducción de los restos de los héroes a su nueva morada, significativamente llamadas *apoteosis*, constituyeron las oportunidades para desplegar toda la retórica en las plazas, escuelas e iglesias; para llevar la ideología nacional a las mayorías que no accedían a los libros o a los lienzos del Palacio Federal, pero que sí asistían a estas fiestas, con su deslumbramiento de pompas –generales de charreteras doradas, obispos empurpurados, ministros en paltolevitas– y sus arengas patrióticas.

Sin lugar a dudas la mayor de todas estas fiestas fue el Centenario de Bolívar en 1883[32]. Si alguna fecha hubiera que buscar para la definitiva entronización del culto a Bolívar, ésta lo sería sin lugar a dudas. La exaltación de su memoria –junto, claro, a la de la figura de Guzmán Blanco, el sumo sacerdote del rito– fue el hilo conductor a través del cual el Estado desplegó en fiestas, obras públicas y de arte, publicaciones, certámenes, actos cívicos y religiosos la nueva ideología bolivariana. Toda la intelectualidad que le sirve como su creadora y difusora asiste a un momento de esplendor, y Eduardo Blanco, entre ella, se erige como el gran rapsoda de la épica que se celebra en los fastos. Todo parece impregnado de su tono grandioso; todo parece pintado con sus mismos pinceles. Dos años antes había sorprendido a los venezolanos con la primera edición de su *Venezuela heroica*. Tanto, que no sólo en los primeros veintidós días de su salida a la calle se vendieron más de setecientos ejemplares[33] y en menos de un año los dos mil de la primera edición[34], lo que hasta hoy es muy notable en un libro de historia o de literatura, sino que todavía para 1904 la quinta edición «se agotó quizá más rápidamente que las cuatro anteriores»[35]. Para 1911 las ediciones ya eran seis[36]. Sí, «*Venezuela heroica* fue nuestra *Ilíada*, y Eduardo Blanco, el anunciado suspirado Homero de nuestra epopeya»[37]. O mejor: fue el Poeta Nacional que no habíamos tenido; o como señalamos más arriba: el Virgilio de esta nueva República. Es, como señaló Picón Salas, «uno de esos libros que de inmediato se incorporan y forman una tradición nacional»[38].

El libro salió en el momento justo. Al reseñarlo José Martí en el primer número de su *Revista Venezolana* con un texto que ha pasado a ser la introducción *canónica* de la obra –leída en muchos colegios y con su estudio incorporado a los programas de Educación Media, se

---

32 Un estudio ineludible de lo que representó el fasto: Rafael Ramón Castellanos, *Caracas 1883 (Centenario del natalicio del Libertador)*, Caracas, Academia Nacional de la Historia, 1983, dos tomos.

33 Manuel María Ponte, «Eduardo Blanco», *El Universal*, Caracas, 29 de julio de 1911, p. 4.

34 Felipe Tejera, *Perfiles venezolanos* [1881], Caracas, Fuentes para la Historia de la Literatura Venezolana, Nº 5, Caracas, Ediciones de la Presidencia de la República, 1975, p. 358.

35 S. Key-Ayala, *op. cit.*, p. 538.

36 M.M. Ponte, *op. cit.*, p. 4.

37 S. Key-Ayala, *op. cit.*, p. 281.

38 Mariano Picón Salas, *Formación y proceso de la literatura venezolana*, Caracas, Monte Ávila Editores, 1984, p. 105.

imprime año a año– estaba poniendo las cosas en su justa dimensión: «Cuando se deja este libro de la mano, parece que se ha ganado una batalla. Se está a lo menos dispuesto a ganarla: –y a perdonar a los vencidos. Es patriótico, sin vulgaridad; grande, sin hinchazón; correcto, sin alarde. Es un viaje al Olimpo, del que se vuelve fuerte para las lides de la tierra, templado en altos yunques, hecho a dioses. Sirve a los hombres quien así habla. Séale loado»[39]. *Sentir* («parece» dice Martí) que se ha ganado una batalla –que no haberla ganado en sí– y por ese sentimiento estar dispuesto a ganar una real; sentirse a la vez como transportado al Olimpo y venir de él con ganas de hacer grandes cosas: de eso precisamente es de lo que se trataba la Historia Patria como antídoto al desconsuelo, como estado de conciencia (histórica, pero conciencia al fin). Si el ejemplo sirve como verificación, lo que Martí hará en adelante bien calzaría para eso: en cuanto pudo se fue a ganar otra batalla. Una quincena más tarde, en la misma revista otro venezolano de aquella casta de repúblicos civiles que como Blanco construyen la nacionalidad entonces, Guillermo Tell Villegas, redondea el asunto:

> Su libro, embellecido con la elocuencia de su lenguaje, enriquecido con la profundidad de sus reflexiones, y autenticado con la exactitud de su relato, ha venido a sellar el proceso patrio, instruido contra los que han pensado que nuestra Venezuela científica, artística y literaria haya desaparecido, o esté desapareciendo con tantos varones ilustres, que lustre y brillo le dieron en los parlamentos y en la prensa, en las academias y la tribuna, con la pluma y el laúd, con el estudio y la reflexión.
>
> No puede decaer, ni mucho menos desaparecer del mapa de las letras el país cuyas últimas generaciones han escrito en los principales ramos del saber humano, muchas y muy importantes obras, que han merecido el aplauso de los inteligentes, que suficientes por sí son para crearle reputación, y que esparcen abundante luz, que forzoso sería ser ciego para no verla[40].

---

39 José Martí, «Venezuela Heroica, por Eduardo Blanco, Imprenta Sanz», *Revista Venezolana*, [N° 1, Caracas, julio de 1881], edición crítica, Caracas, UCV, 1993, p. 56.

40 Guillermo Tell Villegas, «Carta a Eduardo Blanco», *Revista Venezolana* [N° 2, Caracas, 15 de julio de 1881], edición crítica, Caracas, UCV, 1993, p. 86.

Y pasa a enumerar trabajos de prestigio internacional como las *Biografías de hombres notables de Hispano-América* de Ramón Azpúrua, el *Manual de urbanidad* de Manuel Antonio Carreño, *El consejero de la juventud* de Francisco González Guinán, el *Catecismo del credo* y *Cervantes y la crítica* de Amenodoro Urdaneta, por sólo nombrar, de los muchos que cita, a los que aún mantienen su fama por lo menos entre los investigadores (salvo, claro, el imbatible Carreño, cuya popularidad no cede). Lo interesante es que afirma que con este libro –como con todos los de la *intelligentsia* de la hora– «sella el proceso patrio», o sea, consolida lo iniciado por los Libertadores; y que ésta, como las otras obras que hacen estas «últimas generaciones», desmienten a «los que han pensado que nuestra Venezuela científica, artística y literaria haya desaparecido». O sea, una vez más, Juan Vicente González impugnado por sus alumnos. Impugnado por su propia obra. Sus coetáneos no fueron los últimos venezolanos: sus alumnos y lectores serían los primeros.

EL ÚLTIMO CENTAURO

«Sólo Juan Vicente González, entre nosotros, ha retratado así», dice Santiago Key-Ayala al releer los cuadros de *Venezuela heroica*, «e instintivamente se recuerda que en los bancos del colegio oyó Blanco la palabra del coloso»[41]. Efectivamente, fue su profesor de filosofía y latín[42], y como recordaría un compañero suyo del plantel, «no se cuenta que fuese muy aprovechado en sus estudios; mas con todo eso, aprendió por sí solo francés, y desde luego, dio con entrañable afición a la novela francesa que por entonces era el mayor, si no el exclusivo entretenimiento de la sociedad caraqueña»[43]. Esas novelas románticas –en su mayoría más bien rosas, simples folletines– no solían ser patentes de seriedad ni cacumen para la intelectualidad de entonces, pero evidentemente le dieron un sentido de la emoción que después le sería muy útil. Fue tal vez por esa dudosa literatura, o por su molicie estudiantil, o por su juventud llena de aventuras militares, de coleos de toros y de

---

41 S. Key-Ayala, *op. cit.*, p. 536.
42 M. Ponte, *op. cit.*, p. 4.
43 F. Tejera, *op. cit.*, p. 356.

conspiraciones políticas que lo hicieron casarse viejo[44], que en aquella
Caracas donde todos se conocían y pasaban el rato con diretes sobre el
prójimo, lo creyeron incapaz de la prosa de *Venezuela heroica*. Los rumores
que lo ponían como un vulgar plagiario fueron unos cuantos, aunque,
por la originalidad del estilo, no podían ponerse de acuerdo referente
de quién: unos decían que de Yanes, otros de Fermín Toro, otros más
de alguno de los hermanos Manrique Jiménez[45]. Y es que simplemente
no se había visto nada igual, por lo menos desde la muerte de González.

Escribidores que habían pasado la vida entre libros y promesas
de obras que no terminaban de llegar, mal podían contentarse con-
que un militar viniera a llevarse la gloria literaria que para ellos había
sido tan esquiva. La pregunta casi encerraba indignación: «¿En qué
atmósfera intelectual se preparó la transformación? ¿Cuáles padrinos
tuvieron en la pila bautismal y cristianaron al recién venido? Tejera
nombra a Hugo...»[46]. Pero junto a él y a la multitud de folletinistas
que devoró, y a «la figura estrafalaria y gordinflona de Juan Vicente
González»[47] que le dio clases, estuvo, sin lugar a dudas el impacto de
la guerra en su alma de poeta y la cotidianidad que en ella vivió con
los viejos héroes de la Emancipación.

En efecto, a los veinte años (en 1859) deja la Universidad, donde
estudiaba Derecho y se va, como tantos más, a la guerra. Pero se trata de la
Guerra Federal, es decir, de la disolución de la república, del ocaso de
los héroes de la Emancipación. En ella el destino lo pone en una posición singularmente adecuada para ver el paso de una elite política a la

---

44 Se casó en 1890, a los 52 años, con su prima Trinidad Blanco. R.J. Lovera De-Sola, «Eduardo
Blanco en su contexto (a propósito de los cien años de *Venezuela heroica*)», *Boletín de la Academia
Nacional de la Historia*, tomo LXV, Nº 258, Caracas, abril-junio de 1982, p. 446. Comoquiera
que hay una dedicatoria a sus hijos en una edición de 1883, pensamos que bien pueden tratarse de
segundas nupcias, o de la posibilidad de que en su vida de aventuras haya tenido hijos en relaciones
no matrimoniales.

45 Cfr. S. Key-Ayala, *op. cit.*, p. 271.

46 *Ibid.*, p. 274.

47 Según Key-Ayala, de niño el más atlético que intelectual Blanco «tembló alguna vez a la voz
atiplada y a la severidad un tanto mentida del maestro; pero del gran escritor, metido a pedagogo,
sólo conservó recuerdos cariñosos, picantes anécdotas, el amor a Francia y el persistente hasta incorregible descuido de los preceptos gramaticales voceados en la cátedra» (p. 275). Probablemente los
recuerdos de don Eduardo habrán sido así: González ni le dio clases de historia, ni él estaba entonces
interesado en ser historiador; pero eso no obsta –como el mismo Key-Ayala señala en la frase que
citamos más arriba– que su influencia historiográfica fuera notable.

otra: es edecán de José Antonio Páez y oye de sus labios los recuerdos de la Magna Gesta. Así todo el tiempo puede cotejar la matanza fratricida a la que se entrega entonces la nación con los altos ideales –así los ve él; así se los cuenta Páez– de la Emancipación. Pero Páez será más: será su ídolo y, como le reconocería el mismo caudillo en una carta célebre, un segundo padre[48]. Key-Ayala ha descrito en un texto que hoy es un clásico del ensayo venezolano[49], cómo su participación en el encuentro que el Centauro, jefe de las tropas gubernamentales, mantuvo con el general Juan Crisóstomo Falcón, de las federales, en el Campo de Carabobo en 1861, sellaría su destino. Pidiéndole Falcón al viejo general que narrara la batalla, todos oyeron maravillados sus recuerdos: «'Allá estaba Bolívar'... 'Por allí entramos'... 'Allá se plantó la Legión Británica'...»[50]. La historia parecía hacerse viva otra vez. El futuro Mariscal y presidente Falcón le dijo entonces a Blanco: «Joven, está usted oyendo la *Ilíada* de los propios labios de Aquiles»[51]. Y en lo sucesivo le quedará el gusto. Oír a los viejos, recoger las tradiciones de las familias, husmear en sus papeles, pasó a ser la nuez del método con el que escribirá su obra:

> Época a la vez caballeresca y brutal, de grandezas y miserias, de construcción y regresión, línea de contacto entre dos sociedades perfectamente definidas, una que se va y una que adviene. La generación que hizo la Independencia entrega directamente, sin intermediarios, a la generación que llega, sus recuerdos idealizados por la distancia. La juventud junta en una sola imagen la pintura real de la guerra que presencia y en que es actora, con la pintura idealizada de la guerra de sus padres. Mezcla de realidad y fantasía, de verismo y entusiasmo lírico, ¡ella engendrará a *Venezuela heroica*![52]

---

48 Cuando en 1863 se retira del servicio activo, Páez le escribe: «La resolución que U. ha tomado de retirarse del servicio, y consiguientemente de mi lado, confieso a U. que me ha causado sorpresa y pesar. Yo que profeso a U. el cariño de un padre, me creía querido por U. como si fuera mi hijo...». Esta carta de 1º de mayo de 1863 ha sido reproducida en varias partes; acá la tomamos de Oscar Sambrano Urdaneta y Domingo Miliani, *Literatura hispanoamericana*, Caracas, s/n, 1972, tomo I, p. 230.

49 Se trata, naturalmente, del trabajo suyo que hemos venido citando a lo largo de este artículo. Leído inicialmente como conferencia en 1916, como tributo de amistad y admiración, ha sido luego reproducido en numerosas partes.

50 S. Key-Ayala, *op. cit.*, p. 273.

51 S. Key-Ayala, *op. cit.*, p. 274.

52 *Idem.*

Claro, la gran obra no llega de una vez. «Cuando –nos narra Mariano Picón Salas– concluidas las guerras civiles de la Federación, en el tiempo del díscolo pacificador Guzmán Blanco, Don Eduardo se pone a escribir –porque no puede combatir–, aún no se desprende de la influencia alucinante de los folletinistas. Lleva –con los galicismos que espantan a su académico y honorable amigo don Felipe Tejera– a las redacciones de los periódicos aquellas historias truculentas con mucha sangre y muchos duelos que se llaman *El número ciento once, Vanitas vanitatum, Una noche en Ferrara*»[53]. Pero todo cambia en 1881. La primera edición de *Venezuela heroica* simplemente lo catapulta a otro plano. Vista desde inicios del siglo XXI, lo saca de la masa ya olvidada y casi anónima del resto de los folletinistas, cronistas y versificadores en que estaba, para volverlo un clásico; lo aleja del restringido gueto de los investigadores que cazan temas para sus tesis doctorales, y lo insertan en los programas de bachillerato, en la toponimia de calles y liceos, en la dinámica de las reediciones continuas para seguir estando en los anaqueles de las librerías –en esto tenía razón Guillermo Tell Villegas– junto a autores de la hora y sólo algunos otros decimonónicos siempre contemporáneos (¿y qué otra cosa es un clásico sino un autor antiguo que se mantiene contemporáneo?) como Manuel Antonio Carreño o ese fabuloso veterano de la guerra, masón y herbolario Gerónimo Pompa que en 1851 publica en Caracas su *Colección de medicamentos indígenas*, para no dejar de ser editado hasta hoy en toda América[54].

A partir de ella, pues –porque la gloria del libro, ya lo vimos, fue inmediata– «en Eduardo Blanco la obra y el hombre son una cosa en sí»[55]. Y la obra, como lo dijo Blanco en su apoteosis, con los años se consustanciaría con la historia que narra. *Venezuela heroica* pasó a serlo así, sin cursivas: Venezuela, el país concreto, su historia, efectivamente borlada de heroicidad. Los Padres de la Patria, el poema que los canta y el vate que nos lo recita se hacen la misma masa. Tanto, que ya al final de su vida Luis Correa ve a Blanco como el último «de la raza fuerte de los Centauros; un sobreviviente de aquellos hombres

---

53   Mariano Picón Salas, *op. cit.*, p. 104. No obstante, una lectura contemporánea ha revalorado su aporte a la literatura fantástica latinoamericana. Véase Carlos Sandoval, *El cuento fantástico venezolano en el siglo XIX*, Caracas, UCV, 2000.

54   Cfr. Mirla Alcibíades, *Manuel Antonio Carreño*, Biblioteca Biográfica Venezolana vol. 12, Caracas, Editora El Nacional, 2005, p. 69.

55   S. Key-Ayala, *op. cit.*, p. 270.

que en la mitad del pasado siglo miraron de cara los resplandores de la Epopeya y cuando volvieron del subitáneo deslumbramiento, la pintaron al vivo, de rojo y negro»[56]. Es por lo tanto el arcángel, el profeta que habiendo visto el fuego sagrado de los dioses, que habiendo rozado con la yema de sus dedos la Verdad Revelada, se la lega con los fulgores de sus metáforas a esta posteridad de hierro y barro.

«¿Qué numen –se pregunta al narrar la Emigración a Oriente–, de suyo tétrico y sombrío, nos fuera dado invocar en nuestro intento de descubrir el cuadro pavoroso de aquella peregrinación de todo un pueblo, que, huyendo de la muerte, a la muerte corría, si la tradición y más tarde la historia, aunque medrosa, no descorriera en parte el denso velo que oculta a nuestra generación tantos horrores?»[57]. La tradición, que oyó de sus padres, que le contó Páez mientras estaban en campaña, que también le contaron los viejos a los que visitaba, como ese Manuel Osti, sobreviviente de la Casa Fuerte de Barcelona y transmisor de muchos de los acontecimientos que del episodio cuenta[58]; a esa tradición hay que volverla historia. Eso es lo que se traza Blanco. Los venezolanos de hoy que reniegan de su República no se imaginan lo que costó levantarla. No se imaginan que fueron «tantos y tan dolorosos sacrificios que probaron la virtud de nuestros padres. El período cruelísimo de guerra a muerte, en los años de 13 y de 14, retempló la energía de aquellos hombres que debían perseverar en el propósito de libertar a su país...»[59]. Energía y virtudes sin par que para Don Eduardo merecían ser cantadas a las siguientes generaciones, al mundo entero de ser posible. El arcángel trae el clarín de la gloria y quiere hacerlo retumbar en la eternidad:

> Si transmitir a nuestros hijos las tradiciones épicas de las pasadas glorias de la patria, es un deber sagrado, que nos impone juntamente con el amor al suelo en que nacemos, el noble orgullo de ofrecer ante el mundo la eximia ejecutoria de nuestra nacionalidad, en la epopeya que nuestros padres escribieron con su sangre y que no cede en brillo ni en grandeza a la más alta que puedan ostentar otras

---

56 Luis Correa, «El último centauro», *El Universal*, Caracas, 31 de enero de 1912, p. 1.

57 Eduardo Blanco, *Venezuela heroica*, Caracas, Colección Palma Viajera, Eduven, 2000, p. 146.

58 *Ibid.*, p. 244.

59 *Ibid.*, p. 193.

naciones; mayormente ha de amparar nuestra justicia los nombres
venerados de aquellos ínclitos varones que por el logro de la libertad
y los derechos de un pueblo esclavizado, dieron sangre y fortuna, y
que hoy acaso yacen en el olvido, sobre mustios laureles, que envi-
diarían, no obstante, los más altivos para adornar su frente[60].

Porque es que en ellos, en sus padres, en «aquel heroico ejército,
sometido a todo género de penalidades, sin paga de ordinario, desnudo casi siempre, y a menudo sin pan»; en ese ejército que «no profería
una queja, y lleno de entusiasmo, moría vitoreando la patria»; en él,
donde «ser el más bravo, el más abnegado, el más heroico, era preferi-
ble a ser más acaudalado»[61], es que se hallan las claves de lo mejor de
nuestro ser nacional... ¡Qué diferencia con los negociantes y políticos
de 1880! Para su afrenta hay que cantar las glorias, parece decirnos
Blanco. Las del Libertador, las de sus capitanes y soldados, y sobre
todo las de Páez. Sí, «nombrarle a Páez era enardecerle el espíritu»,
recordaba Luis Correa[62]. Páez murió errante por encabezar al partido
derrotado en la Guerra Federal, por el extremo conservadurismo de
su última dictadura, de la que él mismo se arrepintió públicamente,
eso es verdad; murió lejos por empañar sus últimos años haciéndose
llamar escogido de Dios y transando alianzas con el Vaticano, el ejército y los comerciantes para ahogar un movimiento de arraigo popular.
Pero, con todo, los liberales de 1881, que no están demostrando ser
del todo mejores, deberían saber –espeta Blanco– que

> Atentar a las glorias de Páez, es atentar a las glorias de Venezuela.
> Esos muertos, a quienes maldicen hoy locas pasiones, deberían ser
> sagrados; sus faltas, si algunas cometieron, desaparecen ante el su-
> premo esfuerzo que hicieron por la patria. Obscurecer el brillo que
> irradia su memoria es desgarrar nuestra epopeya.
> Id a decir al pueblo griego, hoy degenerado y abatido, que es todo
> fábula cuanto narra Herodoto; que Leónidas fue un mito lisonjero;
> que los laureles de Maratón no pertenecen a Milcíades; que Arísti-
> des, en fin, no sintetiza el patriotismo de todo aquel gran pueblo; y

60 *Ibid.*, p. 90.
61 *Ibid.*, p. 388.
62 L. Correa, *op. cit.*, p. 1.

veréis la indignación sobreponerse a la indolencia de los descendientes de Teseo. Porque en la postración en que hoy vegetan, alientan
sólo con los recuerdos del pasado, y conculcarles su historia, que es
su orgullo, es condenarlos a entera obscuridad[63].

De Piar dice que «fue culpable. La historia no lo ha absuelto
aún y acaso no lo absuelva nunca; pero, ya en nuestros días, sus graves faltas no mancillan sus glorias, éstas son timbre de la Patria, y
con orgullo se ostentarán en nuestro escudo mientras no desaparez-
ca roída por la indiferencia de mezquinas generaciones nuestra gran
epopeya»[64]. Tal es el punto de Blanco y su poema épico: mezquinos,
descendientes degenerados de los héroes; hombres postrados que sólo
en el orgullo de su historia encuentran aliento; hombrecillos abatidos
que como miden al mundo por sus debilidades consideran fábula los
prodigios de sus mayores: ¿estamos o no oyendo otra vez a ese «bullís
como gusanos sobre un polvo heroico» que nos profirió su maestro?
Estos hombres de ahora –la gran convicción de la Historia Patria–
simplemente no son los del tiempo de los prodigios, los del momento
aquel que fuera inenarrable si no existiera la poesía capaz de decirnos
que «la guerra ha desencadenado sus violentos huracanes. El fuego de
las batallas enrojece el cielo. Ruge el bronce como el león cuando despierta. La tierra se estremece poseída de sorpresa y pavor»[65]. No son
los hombres de cuando «de cada bosque, como fieras acosadas por el
incendio, surgían legiones armadas, prestas a combatir»[66] y enfrente
tenían a un Bolívar que «no se conmueve»[67]. A un Bolívar que «surge
coronado de luz como los inmortales: es la presencia del adalid após-
tol»[68]; porque «Alejandro, César, Carlo Magno y Bonaparte, tienen
entre sí puntos de semejanza. Bolívar no se parece a nadie. Su gloria
es más excelsa. Ser Libertador, está por sobre todas las grandezas a que
puede aspirar la ambición de los hombres»[69]. Y junto a él, Ribas es

---

63 E. Blanco, *op. cit.*, p. 331.
64 *Ibid.*, p. 265.
65 *Ibid.*, p. 307.
66 *Ibid.*, p. 25.
67 *Ibid.*, p. 27.
68 *Ibid.*, p. 59.
69 *Ibid.*, p. 90.

Sansón[70], Arismendi es Plutón[71], Bermúdez es Adamastor[72] y Páez es
Aquiles[73]. ¡Caramba!, «¡qué hombres! Astros brillantes en aquel grupo de estrellas cuyo sol fue Bolívar, cada uno de ellos en lo porvenir
describirá su órbita, alcanzará luz propia, y legará a las futuras generaciones con el ejemplo de sus virtudes republicanas, honra y gloria
para la patria»[74]. Sí, ellos no son los de nuestro tiempo. No estamos
en la Edad Dorada que Eduardo Blanco oyó de sus mayores, aprendió con veneración, soñó en sus desencantos con los tonos heroicos
que su cabeza llena de romanticismo pudo ponerles y nos transmitió
con un canto épico para que nosotros, seres menores, degenerados,
abatidos, sigamos soñando. Sí, para eso: para que sigamos soñando.

En 1882 aparece su novela *Zárate*. Es una obra madura, pero
cuya ponderación le ha resultado más difícil a la crítica que la de sus
obras anteriores y posteriores. Según Pedro Pablo Barnola, que la rescató del olvido, se trata de la primera novela de tema venezolano[75]. La
emoción de sus viejos cuentos y el momento y los lugares de *Venezuela
heroica* se combinan en ella. Es una obra que al menos tiene el mérito de
dar los primeros pasos hacia el criollismo. Santos Zárate es uno de esos
bandoleros que la guerra dejó regados por montes y caminos. Soldados
desmovilizados que no sabían adonde ir –el conflicto acabó con pueblos
y haciendas enteros– o que después de diez años (piénsese que la edad
militar comenzaba a los doce) no sabían hacer más nada, y siguieron
con la vida del campamento y los asaltos, a veces travestidos (y a veces
sinceramente comprometidos) de realistas. La novela se ambienta en los
duros días colombianos de 1825. Es, acaso, el correlato pedestre a los
fuegos olímpicos de la *Magna Gesta*. Según Oscar Sambrano Urdaneta
y Domingo Miliani, «*Zárate* queda como hito y nada más»[76]. Nosotros no sentimos que sea tan fácil despacharla así; nos resulta cuando
menos sugerente que un mismo autor decida narrar las dos caras de un
mismo proceso, la heroica de las batallas y la pedestre de sus veteranos

70 *Ibid.*, p. 191.
71 *Ibid.*, p. 282.
72 *Ibid.*, p. 155.
73 *Ibid.*, p. 305.
74 *Ibid.*, p. 35.
75 Pedro Pablo Barnola, *Eduardo Blanco, creador de la novela venezolana: estudio crítico de su novela*
Zárate, Caracas, Ministerio de Educación, 1963.
76 O. Sambrano Urdaneta y D. Miliani, *op. cit*, p. 231.

desmovilizados y desempleados, aunque no lo diga así directamente. Y según ellos, también, «después de *Zárate* y de *Venezuela heroica*, el resto de la obra publicada por Blanco, carece de interés. *Las noches del Panteón* (1895) es un trabajo mediocre, y *Fauvette* (1905) no añade nada al novelista. Tampoco tienen mucho relieve sus *Tradiciones épicas y cuentos viejos* (1914?), obra póstuma publicada en París»[77]. En ese 1882, y acaso aprovechando con ojo de editor la ola levantada por *Venezuela heroica*, compila su «El número 111» y su «*Vanitas vanitatum*» en un volumen sugestivamente titulado *Cuentos fantásticos*. Tal vez se trate de otro guiño al lector: así como *Zárate* es el tema de su obra máxima desde su lado opaco y no glorioso, esta insistencia en sus viejos textos de los setenta nos señala otro aspecto de sus cuadros de la Independencia: se trata de textos fantásticos; toda su obra no es más que eso, dos aproximaciones a lo fantástico. Una desde la épica clásica y por tanto tributaria de fe; y otra desde el romanticismo. Es un tema que queda abierto para más discusiones.

En 1883, con el centenario del Libertador, la segunda edición de *Venezuela heroica* adquiere sus formas definitivas. A los cinco episodios iniciales –La Victoria, San Mateo, Las Queseras, Boyacá y Carabobo– se suman seis más: el Sitio de Valencia, Maturín, La Invasión de los Seiscientos, La Casa Fuerte, San Félix y Matasiete. Todos llevan el tono que los fastos del centenario requiere. Eduardo Blanco llega a la gloria. Se incorpora como Individuo fundador de la Academia Venezolana de la Lengua e inicia una vida pública ascendente que lo llevará dos veces a ser ministro de Instrucción Pública (entre 1891-1892; y entre 1905-1906) y también fundador de la Academia Nacional de la Historia. Escribió Picón Salas:

> El año 83 ha sido el del centenario de Bolívar. Los académicos que saben muy bien el Castellano y las reglas de la epopeya escriben sus poemas en verso. En octavas reales y con todas las máquinas alegóricas necesarias, don Felipe Tejera presenta sus dos fastidiosos poemas épicos: *La Colombiada* y *La Boliviada*. A Don Eduardo Blanco lo salva saber menos Gramática y menos Retórica; está más cerca de Víctor Hugo que del Ariosto o del Tasso (...) Una compleja y exigente sensibilidad literaria tendría muchos reparos que hacer a *Venezuela heroica*; le fatigaría a ratos, el permanente patetismo de

77 *Ibid.*

esa prosa, su idealismo heroico, donde no viven los hombres sino los titanes. Pero *Venezuela heroica* es mucho más que un libro literario, es un gran documento venezolano. Un poco de la imagen popular de la Independencia que predomina en los contemporáneos se ha formado en la lectura de este libro-himno. Obra hermana de la *Biografía de José Félix Ribas*, por el colorido y por el *pathos*, ella ha afirmado con energía viril, con elocuencia y vocación siempre presente, la historia heroica de los venezolanos. Más allá de los círculos literarios, el pueblo, el gran intuitivo, hizo suyo este libro...[78].

Venezuela heroica es aún legítimo culto del pueblo. La incorporación de su espíritu y de sus textos a los discursos y a la iconografía oficiales la volvieron un objeto de culto *para* el pueblo. Pero no por eso su emoción sigue vibrando de forma espontánea y legítima en el corazón de los venezolanos. En ese pueblo que no se cansa de amar a sus Libertadores. Tal fue la victoria del *Último Centauro*.

EL FINAL DE LA APOTEOSIS, A MODO DE CONCLUSIÓN

El *Último Centauro* muere en Caracas, seis meses después de su coronación, el 30 de enero de 1912. Muere lleno de gloria, aunque algo triste, según recordaba Key-Ayala: recuérdese que las apoteosis no lo confundían y el país seguía sin ser el de sus sueños. La sociedad entera se puso de luto. El duelo nacional fue más que un decreto; literalmente todos lo lloraron, porque todos comprendieron de qué se trataba: había muerto el último centauro; ahora sí el último de los venezolanos, al menos de los de la primera generación. De la de aquellos que «sellaron» la patria. No con las batallas de la independencia, sino sentando su alma en instituciones, leyes, símbolos o, como él, en un Poema Nacional –pensemos en la *Eneida*, en algunas sagas, en el *Cid*– que no otra cosa es *Venezuela heroica*. «Culto a la patria –escribió entonces Luis Correa– aprendió a rendir con entusiasmo quien se leyó de niño *Venezuela heroica*, –el mejor poema épico...»[79]. Ante su tumba, en el momento del sepelio, dijo Eloy G. González:

78 M. Picón-Salas, *op. cit.*, pp. 105-106.
79 L. Correa, *op. cit.*, p. 1.

Los que contamos los años de la mitad de su edad y que á la vez estamos haciendo un grande esfuerzo porque sean copiados los rasgos heroicos de alguna personalidad que se vincule al parentesco de los Bolívar y de los Páez, le debemos a este hombre la misma gratitud, el mismo reconocimiento y el mismo recuerdo que los actuales exploradores del África incognoscible les deben a los Stei, a los Liwingston, a todos los *pionners* que fueron adelante de ellos, abriendo picas a la Ciencia, al Progreso y a la Civilización. Siquiera *él* tomó en su mano la amplia y sonante bandera de los lirismos exultantes; siquiera *él* tradujo en huracanes de llanura y de montaña los viejos hexámetros de Homero, para suscitar en el sueño de una raza aletargada por 500 años, de despotismos espirituales y corporales, el incurable entusiasmo de los colores de los sonidos, para ponernos en pie la materia viviente y palpitante en cuyas fibras y cuyas entrañas vinimos a buscar nosotros el misterio de la cuna de nuestros abuelos y los datos problemáticos del porvenir de nuestros descendientes[80].

El poema había cumplido su misión. Hombres como Martí, como Villegas, como Eloy G. González sintieron todos el deseo de ganar nuevas batallas, de seguir adelante. Indistintamente de su desempeño real, el solo hecho de que Venezuela –cuya muerte decretó González con la de Toro, en 1865– siga existiendo es un éxito de su obra y la de todos los hombres de su generación. Salen al mundo público a mediados de siglo y sólo encuentran escombros; y mueren dejando una República en trance de plena consolidación. Los problemas siguieron siendo muchos, pero nunca como la disolución y la anarquía que les tocó sortear (y vencer). Textos como los de Blanco no acabaron tampoco con el desencanto, pero nos ayudaron a vivir con él, a darnos luces de esperanza, a no morir abatidos, a seguir luchando, ¿es poco? Por toda conclusión, leamos una dedicatoria que le escribió a sus hijos con ocasión de la segunda edición de su libro doblemente épico, por su contenido y por su propia historia; por las batallas que narra y por la que él mismo ganó con su prosa:

---

80 Eloy G. González, «Palabras pronunciadas por el señor Eloy G. González, en el Cementerio General del Sur, en el acto de enterramiento del señor D. Eduardo Blanco», *El Cojo Ilustrado*, año XXI, Nº 482, Caracas, 15 de enero de 1912, p. 74.

A mis hijos:

A vosotros que principiáis la vida en medio de las congojas de la Patria, sin públicas virtudes que imitar, ni ejemplos sanos que seguir, ni aspiraciones nobles que admirar, y amenazados por el descreimiento de todos los principios que enaltecen el alma y vigorizan el corazón; a vosotros dedico estos cuadros históricos, reflejo de las pasadas glorias de Venezuela, en que a pesar de la rudeza de mi pluma, brilla resplandeciente la alta virtud de aquellos héroes que, digna, altiva y respetada levantaron la Patria a la altura de los pueblos civilizados.

Cuando la simiente perniciosa de nuestras políticas pasiones germine en vuestros pechos; cuando marchite el desengaño las blancas rosas de vuestros puros sentimientos; cuando la duda penetre en vuestros corazones y el vil materialismo se esfuerce en obscurecer las radiosas claridades del espíritu; cuando cansados del batallar continuo por alcanzar un ideal que huyó de vuestro suelo, sintáis vuestro orgullo humillado, y os asalte el despecho, y como yo entréis en tentaciones de despreciar la tierra en que nacísteis y maldecir la Patria: abrid este libro, recorred sus páginas y deberéis a vuestro padre, si no la dicha que deseara ofreceros, un sentimiento noble y generoso, extraño a las miserias del presente.

Eduardo Blanco
Caracas, julio de 1883[81].

De eso, pues, se trata la épica del desencanto y en buena medida se ha tratado toda nuestra Historia Patria: de estar prevenidos para cuando nos asalte el despecho.

---

81 Citada por Sambrano Urdaneta y Miliani, *op. cit.*, p. 233. Hacen esta nota al pie: «Esta dedicatoria, escrita de puño y letra de Eduardo Blanco, permaneció inédita hasta 1954, cuando Raúl Carrasquel y Valverde la incluyó en la edición de *Las noches del Panteón*, p. 182».

Capítulo IV
LA EFIGIE DEL PADRE.
Tito Salas, la imagen del Libertador y su culto
como política de Estado en Venezuela

En Venezuela se piensa en el Libertador como piensan los ahogados en los salvavidas...

TITO SALAS, 1970

SOBRE IMAGEN E HISTORIA

En el presente capítulo intentaremos la lectura *historiográfica* de una obra pictórica. No (o no sólo) en el sentido en que lo haría un historiador del arte, cosa para la que, antes que nada, no estamos capacitados. Sino en el que lo haría cualquier otro historiador sin formación especializada en el área –p.ej. uno de la economía y la sociedad, de la política, de la cultura, de las ideas– que comprende a los testimonios visuales, ese conjunto de las llamadas fuentes iconográficas, como documentos de un valor fundamental para la construcción de su discurso histórico.

Naturalmente, sabemos que esto nos obliga a echar mano de los aportes que las teorías y los datos de la historia del arte nos puedan ofrecer al respecto, pero no para insistir en lo artístico, sino para proyectarlos y cotejarlos con los problemas específicos de nuestro estudio. Se trata de identificar a la cultura material o a las cotidianidades de otras épocas en los cuadros, los frescos o las fotografías que las reflejen, por mucho que sus objetivos iniciales no estuvieran en lo testimonial (habiéndolo sido, por ejemplo, captar la hermosura de un paisaje, el retrato de una familia de la burguesía flamenca del siglo XVII o reconstruir un más allá adecuado a la dignidad de un faraón). O, en otros casos, cuando el objetivo de la obra sí estuvo en *registrar* y *narrar* para la posteridad un hecho concreto, es decir, historiarlo, entenderlo bajo la clave historiográfica, de discurso histórico, que se merece. El punto es que en ambos casos «toda imagen cuenta una historia», como afirma Peter Burke, tal vez el que desde afuera de la historia del arte más se ha detenido a reflexionar sobre el valor de lo iconológico; en consecuencia, todo historiador que analice un pasado determinado debe tomar en cuenta, antes que nada, las imágenes que el pasado nos ha legado de sí mismo:

> ... Las imágenes tienen un testimonio que ofrecer acerca de la organización y la puesta en escena de los acontecimientos grandes y pequeños: batallas, asedios, rendiciones, tratados de paz, huelgas, revoluciones, concilios de la Iglesia, asesinatos, coronaciones, entradas de gobernantes o embajadores en ciudades, ejecuciones y otros castigos públicos, etc. Pensemos, por ejemplo, en el cuadro de Tiziano que representa una sesión del Concilio de Trento celebrada en la catedral, en la rendición de Breda pintada por Velásquez, en la coronación de Napoleón de David, en los pelotones de fusilamiento pintados por Goya y Manet, o en el castigo de los herejes en el auto de fe celebrado en Madrid en 1680 pintado por Francisco Rizi[1].

En efecto, para muchos cuando pensamos en el 2 de mayo de 1808 o en el Concilio de Trento *la imagen que nos viene a la cabeza* –acá la expresión coloquial resulta la justa– es la de los cuadros de Tiziano y de Goya. Pero para muchos más el 2 de mayo es tan sólo eso, la imagen goyesca (que en todo caso lo que retrató fueron los fusilamientos del día siguiente). Con la rendición de Breda, un episodio bastante menos conocido, la cosa es aún más clara: para la abrumadora mayoría de los que hemos oído de ella se trata solamente de un cuadro de Velásquez. Al tiempo que Tutankamón resulta, sobre todo, su máscara funeraria. De hecho, sin ella no hubiese tenido –y en rigor no tiene– ninguna figuración particular en las largas listas de los faraones, pero acá la calidad del testimonio gráfico es tal, que ha determinado la importancia histórica de lo testimoniado. Es decir, que en cuanto su eficiencia de transmisión y concepción del pasado para las mayorías, lo iconográfico puede ganarle la partida a

---

1   Peter Burke, *Visto y no visto. El uso de la imagen como documento histórico*, Barcelona, Crítica, 2001, p. 177.

lo historiográfico. Obviamente, sin leer un libro de historia no sabre-
mos en concreto qué pasó el 2 de mayo, pero lo esencial en cuanto
transmisión de una idea y de ciertos valores que encierra toda historia,
sí logra su cometido: suponemos que fue algo dramático y terrible,
que fue algo glorioso para España y de eso, de transmitir unos valores
dados, es de lo que se ha tratado –al menos vista en el plano de lo que
de producto sociocultural tiene– la historia.

Y de eso, también, es de lo que se trata nuestra tesis: de las artes
plásticas como relato visual. Es la puesta en práctica de una de las tendencias que con más fuerza ha venido desarrollándose en la última
historiografía: la del uso de la imagen como documento. No podía
ser de otra manera tras dos siglos de registros fotográficos, un siglo
de registros fílmicos, medio siglo de creciente globalización mediáti-
ca, que han sembrado una sensibilidad distinta en los historiadores;
una sensibilidad que trasciende el culto tradicional por el testimonio
escrito. Los grandes hechos y personajes, así como la cotidianidad,
ahora tienen una nueva fuente de consulta, una forma más vívida
de ser aprehendidos y, porqué no, comprendidos: siempre podremos
retornar al desembarco en Normandía, o a la llegada del hombre a la
Luna, o a los discursos de Hitler *viéndolos* y *oyéndolos*, y no sólo leyén-
dolos e imaginándolos.

Es, epistemológicamente, una forma distinta de relación con
el pasado. Implica un cambio casi tan radical en la conciencia (en la
conciencia histórica) como lo fue el paso de la *historia para oír*, que en
versos transmitían los rapsodas y luego ya en prosa se leía desde los
púlpitos y las cátedras, a la *historia para leer*, que permitió el acto ínti-
mo de que cada hombre reprodujera en su mente el hecho histórico,
generando nuevas sensaciones ante él a la vez que nuevas formas de
control (p. ej. el «disciplinamiento» del arte con la profesionalización
de sus artistas, los historiadores). Ahora estamos rescatando –porque
se trata de un rescate– la *historia para ver*. Volvamos a Normandía,
pero ochocientos años antes del Día D. Vamos a los preparativos de
Enrique El Conquistador también para un desembarco, pero esta vez
del continente al otro lado del Canal de La Mancha. Tal vez la sola
evocación del hecho remita en la mente de la mayor parte de nosotros
a su narración gráfica, que casi con la fuerza que hoy sólo tienen los
cómics, nos lega el tapiz de Bayeux.

Pocos testimonios han logrado ser aprehendidos mejor a través de imágenes como la de esos barcos y caballeros con cotas de malla triunfando en Hastings. La naturaleza ágrafa de la cultura normanda permitió un prodigio así. Fue un retorno a formas esenciales de registro y comunicación, pero por eso mismo, revelador de su sentido profundamente histórico. Desde los tiempos prehistóricos el hombre registró sus angustias, anhelos y vivencias en imágenes que los representaban y que luego, reproducidos como canon cultural, se transformaron en sus símbolos, es decir en la representación de la representación. Escenas rupestres de caza, ídolos que moldeaban espíritus en arcilla, rostros sagrados esculpidos en piedra, frescos que en el tamaño de sus personajes y en el color de sus tinturas expresaban la idea del universo, del bien y del mal, de lo bello y de lo terrible, como en la sucesión de súbditos tallados en Persépolis, como las jerarquías de Egipto plasmadas en sus sepulcros. Esos signos presentaban una imagen del universo susceptible de ser captada por todos, de afianzarse en el inconsciente, de encerrar el conjunto de los signos. La escritura pictográfica fue una evolución obvia de ello. Otra avanzó hacia el canon clásico, que se basó en principios y alegorías que no tenían otra función que graficar la heroicidad o la maldad, la santidad o el valor, el amor, la virtud, la juventud, la belleza o la muerte en un idioma común. El tapiz de Bayeux es un estadio anterior pero, insistimos, por eso mismo, más prístino de simple narración de una historia, acá bordada en sus personajes tan llenos de gracia como de desproporción.

Goya pintó su famoso cuadro de los fusilamientos seis años después de la masacre. Los orfebres que crearon las maravillas que envolvieron el cadáver de Tutankamón, lo tuvieron en frente o siguieron cánones invariables. El tejedor de Bayeux se nos antoja forzosamente contemporáneo de los triunfos de Enrique sobre Canuto. Pero en ocasiones, tal como pasa con la obra que acá se estudiará, ese anhelo narrativo fue deliberadamente ejecutado con un fin histórico, mucho tiempo después, dentro de un esfuerzo global por rescatar y difundir la historia bajo los parámetros de una versión dada –en este caso, la versión oficial impulsada por el Estado. Así, cuando la imagen no es *testimonio* sino *historiografía*[2], valorar el discurso histórico que gráficamente expone a

---

2   Acá entenderemos por tal a la reconstrucción deliberada de un hecho o proceso anterior con el fin de rescatarlo para las generaciones futuras.

través de sus lienzos o de sus mármoles es una tarea indispensable para el historiador que quiera entender un proceso cuya memoria está, por lo general, en gran medida definida por ellos. Es decir, hacer el análisis de la historia que narra, de los valores que transmite, de los intereses a que responde. Porque no es lo mismo un pintor que plasma lo que ve a uno que quiere representar algo que no ha visto buscando representar en ello claves de otra índole: la heroicidad de un Rey o de una idea (p.ej. la Patria, así, con «p» mayúscula), la grandeza de Zeus, la intemporalidad del rostro de Augusto. Es, *mutatis mutandis*, el salto que hay de la fuente primaria a la secundaria. La iconografía católica es un ejemplo contundente de ello.

Elaborada mucho tiempo después de los hechos narrados en la *Historia Sagrada*, tanto que ellos constituyen en la liturgia ese momento casi legendario y neblinoso expresado en la fórmula de *en aquél tiempo*, *in illo tempore*; su objeto fue representarla y hacerla potable para un público que mayoritariamente no podía acceder a la misma, bien por analfabeta, bien porque estaba narrada en latín. De ese modo las paredes de las iglesias pasaron a ser el gran relato visual de la historia de la Salvación: he ahí, por ejemplo, el fresco de la Capilla Sixtina. Aunque se trató de un esfuerzo deliberado y conducido por los exegetas de esa historia, en dos mil años produjo un relato visual que adquirió códigos propios, siendo su impronta tal que ya resulta imposible comprender la religiosidad (digamos, la *conciencia religiosa*) de los católicos sin tomar en cuenta el conjunto de imágenes en que se fundamenta, simbolizando sus dogmas y valores a través de las distintas advocaciones a la Virgen, de episodios de la vida de Cristo y de un extensísimo santoral para el cuidado de cuya imagen existe en la Santa Sede una congregación destinada a ello. El Nazareno, *Ecce Homo*, Humildad y Paciencia, Cristo Crucificado, Cristo Redentor: la sola pasión de Jesús se ha estructurado en un conjunto de iconos cuyo valor simbólico es tal que ya han logrado descontextualizarse de la historia, adquiriendo cada uno un peso y una devoción específicos.

Pues bien, la tesis a demostrar en este trabajo es que lo mismo pasa con la *conciencia histórica* frente a ciertas historiografías, por ejemplo en el caso venezolano con la llamada Historia Patria y, dentro de ella, su más grande expresión, el culto a Bolívar, esa épica fundacional de nuestra República. Una iconología del Libertador elaborada después de su muerte –lo que la diferencia del valor testimonial que tuvo la hecha en vida– como parte de la administración de su culto por el Estado, no sólo refleja los valores esenciales que la misma ha querido transmitir, sino que lo ha hecho con una amplitud y eficacia que los libros no han logrado igualar. Reproducida en billetes, estatuas, litografías que adornan escuelas, oficinas públicas y hasta locales privados, es a través de ella que una imagen determinada de Bolívar ha sido aprehendida por un pueblo por mucho tiempo poco escolarizado, con una formación menos que regular cuando la escolarización se generalizó y que, en general, no lee libros. Esperamos evidenciar este fenómeno a través del estudio de un caso: del que fue el más grande artífice de este esfuerzo, el pintor Tito Salas (1887-1974) en la Casa Natal del Libertador.

Obviamente, esto ni agota el tema en lo que tiene de general –antes por el contrario sólo lo plantea, porque Salas no fue ni el primero ni el último relator gráfico de Bolívar, pero sí, por un conjunto de razones que se explicarán, el más emblemático– ni en lo que tiene de específicamente relacionado con la obra de este artista: después de la Casa Natal, Tito Salas pasa a decorar el Panteón Nacional, el más grande de los templos que le rinden tributo al Libertador, pero estudiar ambos monumentos escapan del alcance de este artículo y requeriría toda una monografía en sí sola; además, tanto lo más importante de la pintura bolivariana de Salas para el imaginario venezolano, como la base de todo lo que edificará después, se ensaya primero en la casona de San Jacinto, siendo el resto, en alguna medida, variaciones que no siempre alcanzan el aliento inicial.

IMÁGENES PARA LA VENERACIÓN

El 20 de junio de 1968 apareció en la *Gaceta Oficial* de la República de Venezuela Nº 28.658, un decreto que resume todo el deseo del Estado por difundir sus principios fundamentales a través de la historia que administra. Ha sido un proceso sistemático, que se inicia al día siguiente de la separación de Colombia, cuando no ya en medio de la guerra de Independencia, y que no ha parado hasta el día de hoy: la república que en 1968 decreta la «Ley sobre el uso del nombre, la efigie

y los títulos de Simón Bolívar»[3] para cuando se escriben estas líneas
(2004) ya, franca, legalmente, recibe el cognomento de *Bolivariana*.

Pero volvamos a la ley. Alineada dentro del espíritu de la que
regula el uso de los Símbolos de la Patria –el escudo, el himno y la
bandera, promulgada en 1954– demuestra hasta qué punto la iconografía producida como expresión –como *ilustración*– de la Historia
Patria contiene la intención de expresar simbólicamente a esa Patria,
de traducirla en imágenes susceptibles de llegarles a todos. Propuesta
una año antes por la Sociedad Bolivariana de Venezuela, vale la pena
transcribir las siguientes líneas de su exposición de motivos:

> Se ha considerado como de necesidad inaplazable que el nombre y
> las efigies de Simón Bolívar, así como sus títulos de Libertador y Pa-
> dre de la Patria, se encuentren debidamente amparados desde todo
> punto de vista legal, como lo están los símbolos patrios: la Bandera,
> el Escudo y el Himno.
>
> En realidad, desde el punto de vista patriótico, tal omisión legis-
> lativa no tiene razón de ser desde el momento en que se consi-
> deran al nombre y a las efigies de Bolívar así como sus títulos de
> Libertador y Padre de la Patria, como símbolos gloriosos dignos de
> figurar en el mismo plano en que están los símbolos indicados ante-
> riormente. Por estas razones, la Sociedad Bolivariana de Venezuela,
> estatutariamente guardiana oficial de las glorias del Libertador, ha
> visto con patriótico interés y verdadera preocupación ante hechos
> censurables en diversas localidades del país, la falta de una efectiva
> protección legal del nombre, las efigies y cognomentos del Padre de
> la Patria...[4].

En este sentido, e impelido por tan altas razones, el Congreso
de la República decreta:

> Artículo 1º –El nombre y la efigie de Simón Bolívar, así como sus
> títulos de Libertador y Padre de la Patria, son patrimonio histórico

---

3   «Ley sobre el uso del nombre, la efigie y los títulos de Simón Bolívar», en G. Carrera Damas,
Historia de la historiografía venezolana (textos para su estudio), Caracas, Universidad Central de
Venezuela (UCV), 1997, tomo II, pp. 411-414.

4   G. Carrera Damas, *op. cit.*, p. 411.

de la Nación, en cuyo territorio deben ser venerados por los venezolanos y respetados por los extranjeros.

Artículo 2º –La efigie de Simón Bolívar deberá ser colocada en lugar
de honor en todas las oficinas públicas y los establecimientos docentes y culturales.

No se permite su exhibición en lugares o centros de actividades re-
ñidas con la moral[5].

Obviamente, no podía ser de otra manera: se trata de una imagen para *venerar*, de un icono prácticamente en el sentido religioso
de la palabra: se trata, en fin, de los iconos de aquello que Elías Pino
Iturrieta ha definido como esa suerte de religión de Estado en Venezuela que es la «religión bolivariana»[6]. Y es obvio que un icono así no
puede estar en cualquier establecimiento donde se practiquen actividades de dudosa moralidad... Ni tampoco puede ser coto de tan sólo
una parcialidad de sus feligreses: por el Artículo 4º de la misma Ley
«Se prohíbe usar la efigie y el nombre de Simón Bolívar ni sus títulos
de Libertador y Padre de la Patria en propaganda política proselitista
o en actividades análogas». En consecuencia hay penas para los herejes:
«quien de alguna manera irrespete, ultraje o menosprecie el nombre
o la efigie del Libertador, así como sus títulos de Libertador y Padre
de la Patria, será penado con multa de ciento a un mil bolívares», es
decir, de unos veinte a unos doscientos dólares al cambio de la época,
o sufrirá «arresto proporcional».

El Estado, subsecuentemente, deberá encargarse del cuidado de la
imagen, como en rigor había venido haciendo desde hacía un siglo aunque sin un marco de regulación legal. Al respecto, el decreto alega antecedentes tan lejanos como gloriosos a guisa de jurisprudencia patriótica:
«Cabe asimismo recordar –advierte en su exposición de motivos– que,
en dos oportunidades el Gobierno Nacional puso en vigencia disposiciones legales para perpetuar la memoria del Padre de la Patria: una en
el Decreto dictado por el Congreso Nacional, el 29 de abril de 1842,
mandado a ejecutar el día 30 de los mismos mes y año, por el Poder
Ejecutivo, y la otra, en el Artículo 5º de la vigente Ley de Educación,

---

5   *Ibidem*, p. 413.
6   Cfr. Elías Pino Iturrieta, *El divino Bolívar. Ensayo sobre una religión republicana*, Madrid,
Catarata, 2003.

el cual dispone que dicha efigie junto con los Símbolos de la Patria, ocupen un lugar preferente en todos los establecimientos docentes»[7].

En efecto, basta con hacer un breve recorrido desde aquella disposición de 1842, promulgada en medio de los fastos de la rehabilitación de la figura de Bolívar con el traslado de sus restos a Caracas, para percatarse como, paralelamente a toda la legislación destinada a exaltar su memoria, se planteó (y ejecutó) construir una iconografía que le sirviera tanto de sustento como de vehículo de difusión. Como era de esperarse, Antonio Guzmán Blanco fundó lo esencial de la misma. Su dilatado dominio entre 1870 y 1888 sirvió de marco para la creación de un *imaginario* de la Patria como sustento simbólico del Estado Nacional que se propuso edificar; como representación de lo que esperaba ser y aseguraba haber sido. Un imaginario que encontró en el Libertador la encarnación perfecta de todos sus ideales más altos. Un imaginario, en fin, que impulsado desde el Estado, con pintores y litógrafos pagados por él, reproducido en monedas, en estatuas y colgado en las paredes de sus edificios calará hondamente en el venezolano. Un imaginario que siempre tendrá a Bolívar como centro.

En torno suyo gravitarían el resto de los Padres de la Patria en una especie de Corte Celestial donde el Libertador reinaba desde el centro de su trono, cual Zeus en el firmamento: «Con la excepción de Bolívar, los otros próceres recibieron un modesto reconocimiento y homenaje a lo largo del pasado siglo [XIX]. Los que escribieron sobre esos temas, establecieron un riguroso sistema para hacerlo, cuya norma central era la valoración de las acciones de cada uno, considerando, entre otras cuestiones fundamentales, la lealtad al Libertador en los momentos cruciales del proceso de emancipación. Por eso Santiago Mariño, Manuel Carlos Piar y otros que no 'cuadraban' en la crónica bolivariana oficial fueron casi ignorados»[8]. Cuando en 1873 Guzmán Blanco se enfrenta a la necesidad de decorar el Capitolio Federal, a partir de entonces la «arquitectura del poder» por excelencia de Venezuela, contrata al que sería desde ese momento el gran «pintor nacional» del país, Martín Tovar y Tovar (1827-1902), para que haga treinta retratos heroicos de los Padres de la Patria. Pintados a lo largo de la siguiente década, su sola

---

7   G. Carrera Damas, *op. cit.*, p. 412.

8   Napoleón Franceschi, «El culto a los héroes: una visión del problema a partir de una muestra de la producción intelectual venezolana del siglo XIX», *Tiempo y Espacio*, Nº 14, 1990, p. 18.

disposición en las paredes del Salón Elíptico del Capitolio demuestra esa condición gravitatoria que, en torno al Héroe Máximo, tienen en la imaginación del venezolano. Rodean su retrato, que los domina tanto por ubicación como por tamaño. Se trata del realizado por José Gil Castro en Lima, en 1825, sin duda de los mejores que existen. Tanto, que la importancia de este retrato amerita una breve explicación.

En su empeño de controlar la efigie del Libertador, el Estado venezolano ha privilegiado unas imágenes frente a otras. Alfredo Boulton[9], haciendo una genealogía de los distintos retratos que se han elaborado de Bolívar, encontró varias «filiaciones» entre los mismos. La primera es la que sigue el grabado realizado en Londres en 1819 por un tal M.N. Bate. Se trata del Bolívar de bigotes y cabello crespo tan ampliamente difundida, reproducida e imitada en Europa durante el siglo XIX. Para el grueso de los europeos *ese* sigue siendo Bolívar. Después tenemos la «filiación Figueroa», basada en el conjunto de retratos que elaboró Pedro José Figueroa en Bogotá entre 1819 y 1822. Imitada y reproducida infinidad de veces, nos muestra al hombre prematuramente maduro (el general treintañero de entonces, parece bordear los cincuenta), con bigotes y largas patillas muy afianzada en la conciencia de los colombianos. Por último, tenemos la filiación Gil Castro. Basada en los extraordinarios retratos que este pintor le hizo en Lima, nos muestra los mismos rasgos de Figueroa pero con una novedad a partir de sus últimos cuadros: el Bolívar que se afeita el bigote en 1825 y empieza a acusar calvicie.

Será ese Bolívar sin bozo, con una línea de cabello –siempre crespo e indócil al peine, como en todos sus retratos– ya bastante retirada del final natural de una frente, para entonces surcada de arrugas, y con el mentón que acusa una barba tan apretada que la navaja de afeitar no logra eliminar del todo; es ese Bolívar del último lustro de su vida el que ha asumido el Estado venezolano. Es el Bolívar que esculpe Pietro Tenerani para la estatua de Bogotá (1846), con reproducciones en toda Colombia y Venezuela; y para su monumento funerario de Caracas. Es el Bolívar del medallón de David D'Angers y del perfil de Carmelo Fernández que desde 1879, por resolución de Guzmán Blanco, aparece en las monedas venezolanas. Es el Bolívar de la estatua ecuestre de Aldo Tadolini que está en Lima y una de cuyas reproducciones, una vez más por resolución de Guzmán Blanco, se inauguró en 1874 en la

---

9   Cfr. *El rostro de Bolívar*, Caracas, Ediciones Macanao, 1982.

que desde entonces es la Plaza Bolívar de Caracas. Todos esos «Bolívares» son de la filiación de Gil Castro, aunque habría que determinar en qué medida siguieron directamente al pintor peruano o se inspiraron del natural al mismo tiempo y de allí su gran semejanza. En 1961 un retrato que sí fue evidentemente inspirado por Gil, aunque algo edulcorado, el de Jean-Baptiste Guerin, se imprimió en cuarenta mil litografías de tamaño original por orden del Estado para ser distribuido en todo el país: de eso es de lo que se trata la administración de su efigie y su veneración. No en vano, tanto el fenómeno en sí de que cada país tenga su imagen de Bolívar le hizo escribir a Guillermo Meneses:

> El Libertador. Es necesario hablar de él con la completa genuflexión que se debe al dios laico de Venezuela. Con la rodilla en tierra y gacha la cabeza y el corazón rendido. Es el padre, el fundador, el que arma la casa y da a la vida dignidad de sitio libre. Simón de Caracas para quien toda palabra de justicia tiene que ser humilde ya que no hay correspondencia entre lo que nos dio y nuestra más sincera acción de gracia. Por donde quiera que pasaba, su pie hacía el lugar de la libertad. Simón de Caracas hacho pueblo, sólo por el pueblo dominado. Cierto que lanzó el resplandor de su fe por un gran trozo de América; iba haciendo nacer naciones, gentes libres, tierras libres. Los pueblos lo tomaron para sí. ¡Padre! Y surgían gozosos, inflamados de gracia imperecedera. Los pintores se acercaban a él y miraban en su rostro rasgos de pueblo. El retrato hecho en Haití es haitiano, indio el del Ecuador, rudamente venezolano el de Venezuela. Simón de Caracas entra al torrente bravo del cual surgirá la arena de las multitudes como estrellas iguales, como granos de la espiga –exactos unos a otros en su nivel. Retratos de Bolívar serán siempre espejos de pueblo, imágenes que se imprimen en el acero de las espadas, en el brillo de los pozos, en las encendidas laderas de los cerros, hasta en los lomos de las olas donde sintió que araba en vano...[10].

Sí: cada retrato una imagen del pueblo que lo mira. O del pueblo para el que fue hecho, la mayor parte de las veces como acción deliberada del Estado para su pedagogía cívica y política. Tovar y Tovar fue el gran

---

10 Guillermo Meneses, *Libro de Caracas*, Caracas, Concejo Municipal del D.F., 1967, p. 113.

«pintor historiador» de la gesta épica venezolana. A los retratos de los héroes le siguió el ciclo de las grandes batallas que terminan de decorar, como gritando desde sus paredes los mitos fundacionales de la nación, el Salón Elíptico del Capitolio: Boyacá, Junín y el monumental plafón de Carabobo. Después de Guzmán y de Tovar y Tovar el Estado sigue encargando retratos y disponiendo los parámetros de su veneración. Un siglo más tarde, el Artículo 62 de la Ley de Educación de 1980 recoge el espíritu de la anterior con aquello de que «la efigie del Libertador y los Símbolos de la Patria, como valores de la nacionalidad, deben ser objeto de respeto y de culto cívico en los planteles oficiales y privados, en los cuales ocuparán lugar preferente». Seis años después, según lo dispuesto en el Artículo 66 del reglamento de la misma ley, se establece que «dentro de la enseñanza de la Historia de Venezuela se dará atención preferente a la Cátedra Bolivariana», a la que se destina todo el curso del noveno grado. Ya en 1971 se había decretado la Semana Bolivariana en todos los colegios y la creación de Sociedades Bolivarianas entre los alumnos. En fin, la combinación del estudio de los documentos del Libertador con la veneración de su efigie han de coadyuvar a resaltar «los fundamentos de la nacionalidad venezolana» (Art. 49). Sí, el Estado sigue encargando retratos y administrando el culto, pero ya no aparecerá una dupla igual a la de Guzmán y Tovar. Arturo Michelena deslumbra a los venezolanos con su *Miranda en la Carraca* en 1894, en medio de la exposición nacional por la Apoteosis del Precursor. Después la gran pintura histórica y anecdótica se va haciendo esporádica. En su último episodio, sin embargo, se rescatan destellos del viejo esplendor. La consolidación definitiva del Estado venezolano así lo requiere durante el gomecismo. Bolívar vuelve a tener un culto con tanta fuerza como en los días de Guzmán. Por eso ya no habrá más batallas u otros héroes autónomos; ahora todo se reconcentra, toda la historia, en el Héroe Máximo, en el Libertador: eso es lo que hace Tito Salas en su Casa Natal y en el Panteón Nacional. En ellos el relato visual de la Historia Patria adquiere su más completa dimensión.

LA «VERA EFIGIE» Y SU CREADOR, TITO SALAS

En 1911 el pueblo de Caracas se congrega en la estación del ferrocarril que venía de La Guaira para esperar a un héroe. Ganador de premios en Europa, merecedor de notas extremadamente elogiosas por parte de hombres como Rubén Darío, Enrique Gómez Carrillo y Ventura García Calderón, a través de la prensa una nación orgullosa había seguido la senda de sus triunfos como si se tratara de una novela por entregas. Cuando al fin llega, todos se congregan a ver el hijo pródigo, la multitud literalmente se le echa encima y como si se tratara de un torero en la mejor faena de su vida, en la mejor faena de todas cuantas hayan sido vistas en aquella plaza, lo levantan en hombros. Nunca en la historia un pintor recibió un homenaje así: en hombros el pintor es llevado hasta su casa. Se trataba de Tito Salas.

No obstante –*sic transit gloria mundi*– a casi un siglo de aquel evento ya olvidado por una ciudad que en su tráfago no tiene demasiado tiempo para la memoria, aquellas mismas razones que un día lo hicieron pasear en hombros hoy se alegan para fundamentar las dudas sobre su arte. Parece ser el típico contraste que sistemáticamente ofrece la historia al genio incomprendido en vida y rescatado después: el del genio que sí disfruta las mieles de la fama y luego, en la generación siguiente, su memoria es rechazada. En ocasiones recibe una nueva valoración mucho más adelante, como Boticelli en el siglo XIX; pero en otras muchas, en las más, queda perpetuamente como el «malo» de la historia, como el cómodo y casi burocrático representante del orden establecido.

Por eso Tito Salas resulta un personaje difícil de evaluar. Pocos artistas han logrado una huella tan grande en el imaginario de su pueblo, y pocos, a la vez, han recibido tan poca atención como él. Acaso no por críticas radicales a su obra, ni condenas a la moral de un hombre de probada honradez en su vida pública e intelectual, pero sí por una cierta pátina de olvido. Es que por estilo y vocación, ferozmente figurativo hasta muy entrado el siglo XX, épico en las temáticas, pagado por incesantes encargos del Gobierno, su suerte se asemeja un poco a la de los pintores del «realismo socialista» de la Unión Soviética: una Venezuela fascinada por el vigor de su abstraccionismo, capaz de producir cifras de escala mundial como Armando Reverón, Jesús Soto y Cruz Diez, o de integrar las artes modernas en un conjunto como el de la Ciudad Universitaria de Caracas, hoy ya Patrimonio de la Humanidad, no pudo sino ver en él a una reliquia de tiempos pasados, a un decimonónico extraviado en una época que ya no era la suya; a un incorregible conservador al servicio de una Historia Oficial que aquella misma generación que empezaba a ser abstracta en lo artístico, también empezaba a demoler con una crítica historiográfica colosal. En el mejor de los casos fue visto como una bisagra entre el gran academicismo del siglo XIX y la modernidad que arranca con el Círculo de Bellas Artes en ese 1912. Para Enrique Planchart «cierra la serie de nuestros pintores de formación enteramente europea»[11], de Boggio, Rojas y Michelena. Para Alfredo Boulton:

> Se puede pensar que la obra de Tito Salas es como el complemento narrativo de la de nuestros pintores clásicos, en la evocación de nuestro pasado histórico. Con Salas concluye el ciclo que había comenzado magníficamente en un Juan Lovera y que adquirió altos vuelos con Tovar y Michelena. Salas continúa y remata la obra de aquellos artistas, y su voz quedará en los muros de la Casa Natal del Libertador y en las bóvedas del Panteón Nacional. En esas pinturas se puede estudiar la trayectoria del artista y si les agregamos un grupo de lienzos ejecutados en Europa, antes de la Primera Guerra Mundial, lograremos tener una buena muestra del importante significado que su obra tiene en nuestra trayectoria pictórica. Salas es quien concluye la elipse de nuestros pintores clásicos, y quien inicia también un nuevo idioma artístico[12].

Para Juan Calzadilla, «aunque no formó parte del Círculo de Bellas Artes, Tito Salas perteneció por edad a la generación de Monsanto, Cabré, Reverón, Monasterios. Nacido en Caracas en 1887, estaría llamado a prolongar la tendencia épica que en nuestro país iniciaran Lovera y Tovar y Tovar. Pero Salas fue más que todo un realista, en cuyo estilo revivió la pintura de género aplicada a cuadros de costumbre como los que ejecutara en París entre 1907 y 1913 bajo la influencia de su maestro de la Academia Julian, Lucien Simon y de los llamados pintores de la 'banda negra', que habían logrado destacarse en el Salón (...) La influencia española también dejó huellas en el período formativo de Salas»; influencia que se nota en su gusto por lo costumbrista y por lo colorido[13]. Incluso «Mariano Picón Salas hizo

---

11 Enrique Planchart, *La pintura en Venezuela*, Caracas, Equinoccio, 1979, p. 87.
12 Alfredo Boulton, *Historia de la pintura en Venezuela*, Caracas, Editorial Arte, 1968, tomo II, p. 250.
13 Juan Calzadilla, *Pintura venezolana de los siglos XIX y XX*, Caracas, Inversiones Barquín, 1975, p. 60.

la misma observación cuando, en 1940, escribió sobre Salas: 'cierto pintoresquismo español, su propia facilidad narrativa, su tendencia a considerar el arte más como impresión que como forma, no han permitido, sin duda, que el pródigo talento de Tito Salas se realice en la más perdurable calidad. Frente al arte de los antiguos pintores venezolanos, a la grave honradez de un Tovar y Tovar, al clasicismo lineal de Michelena, al patetismo atormentado de un Cristóbal Rojas, Tito Salas se erigió aun pintando cuadros con su animada fiesta bohemia'»[14].

Esa tibia percepción de su arte se repite una y otra vez en los críticos. Rafael Pineda en el estudio más amplio y documentado que sobre el pintor existe, asegura que «Tito marcó, con donosura, la transición entre la vieja pintura y la nueva, por lo que respecta a Venezuela; es decir, entre los Tovar y Tovar, los Michelena, los Rojas, y los más jóvenes, los que en Caracas se agruparon en el Círculo de Bellas Artes y con los instrumentos del impresionismo descubren el paisaje criollo, hasta culminar en Armando Reverón. Tito se atiene al papel de mediador»[15]. Desde su nacimiento parecía predestinado a este rol. Su padre, José Antonio Salas, era pintor, fotógrafo y socio, nada menos, que del famoso estudio de Martín Tovar y Tovar. Su madre, Dolores Díaz, era a su vez hija del controvertido Ramón Díaz, colaborador –en un porcentaje que aún se discute, pero que debió haber sido algo así como el de un asistente de investigación actual– del *Resumen de Historia de Venezuela*, que enviaría a la fama, al escándalo y luego al destierro a Rafael María Baralt, pero que con el tiempo se convirtió en la gran obra clásica sobre el tema. De modo que esa confluencia de historia con pintura heroica corría por las venas de Tito y definiría el entorno de su infancia[16].

Pero hay más en la fragua de ese destino. La verdad es que Británico Antonio –Tito entre los familiares– nace con auténtico don de artista. Sus dibujos sorprenden incluso a una familia de por sí acostumbrada al arte. Eso, junto a sus desventuras en la educación formal –es alumno del célebre colegio «Santa María», de Agustín Aveledo– le hacen seguir el consejo que su atribulado profesor de matemáticas le daría alguna vez:

---

14 Citado en *idem*.

15 Rafael Pineda, *La pintura de Tito Salas*, Caracas, Ernesto Armitano Editor, 1974, p. 115.

16 Junto al estudio de Pineda, los dos cuadernos de Rafael Páez, *Tito Salas* (Pintores venezolanos Nº 1, Edime, Madrid, 1979) y *Tito Salas: pinturas bolivarianas* (Pintores venezolanos Nº 19, Edime, Madrid, 1979), son los otros textos que de forma más completa analizan su vida y obra.

deje en paz a Pitágoras y dedíquese a Apeles. En efecto, «el tiempo vino a demostrar el buen ojo clínico del maestro Soriano y a dar la razón a un consejo sin el cual acaso no tendríamos hoy pintor»[17]. Entra así a la Academia de Bellas Artes, entonces dirigida por Emilio Maury. Allí es un estudiante aventajado. Pronto se destaca con una escena de herrería conocida como *La fragua de Vulcano* o *Los herreros*, datada en 1906, que llama la atención del que es entonces ministro de Educación y amigo de la familia, el gran historiador épico Eduardo Blanco. Ciertamente es un cuadro que acusa un dominio de la técnica superior al de cualquier adolescente. Se plantea una beca para estudiar en París, dentro de una tradición iniciada por Guzmán Blanco para premiar a nuestros grandes talentos pictóricos, pero la sufrida historia venezolana atraviesa entonces por otro de sus consuetudinarios despotismos: manda Cipriano Castro y hay que agradar al Jefe. Así, un cuadro con tema estratégicamente escogido, *La batalla de La Victoria*, una de las últimas victorias del caudillo –en rigor la que perfila a su sucesor, Juan Vicente Gómez– termina de otorgarle el boleto a la capital de la cultura. De ese modo ya todas las piezas de su *dramatis personae* estaban completas: Tito pintando un tema heroico, Gómez a la sombra del poder, Eduardo Blanco como mentor –después se diría que su obra constituye la puesta en pinceles de sus cantos– y París, siempre París en los anhelos de nuestros artistas. Cuando cayera Castro *La batalla de La Victoria* es, nuevamente con tino estratégico, «desaparecida» hasta que en 1974 reapareció en los escaparates de un anticuario. «¡Qué pendejada tan grande!», al enterarse le exclamaría Tito a Rafael Pineda[18]. Pero no, Don Tito, los antojos de la política y del poder para Usted no fueron nunca pendejadas. Todo lo contrario: fueron el sustento y el sentido de su pintura. Veámoslo con lo que le pasó inmediatamente después.

De lo que hizo en Europa es mucho lo que se ha escrito y no entra en los objetivos del presente trabajo. Va a la Academia Julian, de París, entonces muy célebre. Recibe clases de viejos maestros que ya habían formado a Cristóbal Rojas y a Arturo Michelena. Gana en 1907 la tercera medalla del Salón de aquel año con una escena campestre italiana, *San Genaro*, que dispara su fama a ambos lados del océano. Caracas recibe orgullosa la noticia. En París se codea con el gran mundo. Se convierte en el primer latinoamericano al que el Museo de Luxemburgo le compra

---

17 R. Páez, *Tito Salas*, p. 4.
18 R. Pineda, *op. cit.*, p. 35.

un cuadro. Se hace amigo de Rubén Darío, conoce a Unamuno, trata a Rodin. Su talento y sobre todo su talante, que lo encaja tan bien en la movida nocturna y bohemia de los estertores de la *Belle Epoque*, como después lo harían en la alegre tropicalidad noctámbula de Caracas, le abren las puertas de todos los círculos. Además pinta. Pinta mucho y cada vez mejor. Recibe muchos encargos, vende bastante bien sus lienzos, vive incluso una incipiente prosperidad en sus bolsillos. De lejos ve a Picasso y la revolución que inicia; aunque alternan en ciertos cafés, coinciden en no pocas reuniones, se conocen, se saludan... Pero tal vez la más importante de sus decisiones vitales fue la de no sólo mantenerse al margen, sino incluso oponerse a lo que representaba el genio andaluz y el arte moderno que despuntaba con la aurora del siglo. «Parecen locos», dice entonces y repetirá toda su vida[19]. Picasso, aseguró en una entrevista, «antes del Cubismo, pintaba muy bien. Después se puso en esa categoría... No sé por qué le ha tomado el pelo a todos los que lo han aplaudido frenéticamente. Tengo para mí que él ha debido seguir pintando y escondiendo cosas muy buenas, como las que hacía antes. Lo recuerdo como un tipo corriente de español, poco comunicativo que andaba por París con una rusita...»[20]. En otra entrevista espetó:

> Entonces conocí a Picasso. En ese momento era uno de los tantos pintores que visitaban los cafés. Mira, yo creo que Picasso, en el fondo, es un *mamador de gallo*[21]. Un grupo de artistas, de los que frecuentaban en Montmartre un café llamado *El Conejo Hábil*, buscó un burro, le amarraron de la cola un pincel, le acercaron una tela y el burro «pintó». Este acto fue asistido por un notario, quien hizo acto de presencia a petición de los más jóvenes artistas. El cuadro fue llamado *Puesta de Sol en el Mediterráneo*, y enviado al Salón de Otoño. Un crítico dijo de este cuadro: «se levanta un nuevo genio francés».
> —¿Qué perseguían ustedes con eso?
> —Ridiculizar el Cubismo –respondió Tito Salas[22].

19 R. Páez, *Tito Salas*, p. 17.
20 R. Pineda, *op. cit.*, p. 115.
21 Mamador de gallo: persona que dice bromas o burlas a los demás (coloquialmente). *Diccionario del habla actual de Venezuela: venezolanismos, voces indígenas, nuevas acepciones*, Caracas, Universidad Católica Andrés Bello, Centro de Investigaciones Lingüísticas y Literarias, 2005.
22 *Ibidem*, pp. 115-116.

En fin, su pleno encuentro con el destino llega con el Centenario de la República, en 1911. En medio de los fastos, el general Gómez le encarga una obra monumental para el Capitolio Federal. Fama y relaciones le sobraban para obtener el contrato. Se trata del *Tríptico*. Para pintar sus plafones se va expresamente a Italia a estudiar los pintados en el Renacimiento. Se prende tanto de ellos que ya no podrá sustraerse de su influjo. Como diría Uslar Pietri en un programa televisivo[23]:

> a su escala y en su momento, será para Venezuela lo que los pintores del Renacimiento italiano serían en sus respectivas repúblicas o en los territorios pontificios. Su decoración de la Casa Natal del Libertador y del Panteón Nacional sólo es equiparable, para la Historia Patria, con lo que para la Sagrada fue la obra de, por ejemplo, un Miguel Ángel en el Vaticano. Así, revelándose el fervoroso bolivariano que será el resto de su vida, en la composición mimetiza la historia venezolana con Bolívar, recogiendo la esencia del culto bolivariano que la definía. La historia es Bolívar. Sí, a través de tres episodios de la vida del Libertador: «Juramento de Bolívar en Roma», «Paso de los Andes» y «Muerte del Libertador», intenta narrar la que para él, como para el resto de los venezolanos de entonces, era *la* historia de Venezuela: la Independencia y la gesta del Libertador.

Pero así crea, al mismo tiempo, otra cosa más poderosa y trascendente: la imagen de Bolívar que el Estado terminaría por asumir en buena medida gracias a los innumerables cuadros que le encarga por más de cincuenta años. El *Tríptico* presenta por primera vez a un hombre, a un rostro, a una expresión que se harían célebres.

> Para los rasgos físicos del rostro del Libertador, Salas se inspira sobre todo en el retrato de Gil de Castro, que, no obstante su debilidad de factura, le parece el de más carácter. Aún no se había hecho ningún estudio sobre la vera efigie del Libertador, como el que mucho después hará el historiador Alfredo Boulton, de modo que en la elección del cuadro de Gil de Castro hay que ver un acierto de la intuición de

---

23 Arturo Uslar Pietri, «Tito Salas», *Valores Humanos*, programa transmitido por Venezolana de Televisión, 1983.

Salas. También se inspira en el busto de Tenerani porque le da un perfil que le parece muy bueno. Buscando la fidelidad en todo, Salas pide que le hagan apuntes de los sitios donde tuvieron lugar los acontecimientos históricos que piensa pintar, y hasta solicita fotografías de caballos criollos, pues los franceses tienen otra planta y no le sirven...[24].

Detengámonos en una frase, reveladora: *la vera efigie*. Es la de la filiación Gil Castro, obviamente, ya entonces la común para los venezolanos. Es una «vera efigie», sin embargo, que reproducida por Tito Salas infinidad de veces en cuadros que luego, en manuales escolares y litografías, volvieron a ser reproducidos con igual amplitud, y resulta a la larga más bien hechura suya; esa imagen de un Bolívar intemporal que en todos los momentos es más o menos igual a como lo vio Gil Castro en Lima en 1825, y que se afianza en el imaginario popular prácticamente por obra de sus pinturas: son sus cuadros, entonces, los que socialmente representan la «vera efigie». Es algo parecido a lo que ocurrió cuando en un momento dado a Cristo empezaron a representarlo con barba y cabello largo, en contra de sus representaciones paleocristianas de cabello corto y barbilampiño estilo romano. En el *Tríptico*, el muchacho que a los veintiún años jura en el Monte Sacro liberar América frente a su maestro, tiene la cara del estadista de cuarenta y dos años, tan envejecido que aparenta bastantes más, que Gil Castro pinta en Lima mucho tiempo después. Así, en el «Paso de los Andes» no aparece el hombre de bigotes, bronceado por el sol de los llanos y el resplandor de los páramos que Figueroa retrata cuando ya tiene conquistada Bogotá, sino, otra vez, el hombre pintado en Lima. Y así sucesivamente, el hombre de Lima es el de todos los momentos en sus cuadros.

Pero con ello cumplió su misión. Ese Bolívar intemporal logra convertirlo en lo que Uslar Pietri llama el último «pintor nacional», por ser el último de los «ilustradores de emociones colectivas» que desde el siglo XIX le fueron narrando nuestra historia a través de sus grandes cuadros. «En este sentido eran pintores nacionales que representaban al país, que expresaban al país, y que le hablaban al país y le presentaban las imágenes colectivas, totémicas casi; que la colectividad quería contemplar y ver para entenderse a sí misma». De ese modo,

---

24 R. Páez, *Tito Salas: pinturas bolivarianas*, p. 511.

Tito Salas es el creador de «la más entrañable iconografía que el pueblo venezolano tiene de su pasado»[25]. De, en efecto, su «vera efigie»; al menos para su imaginario nacional, emocional.

El *Tríptico* generó un revuelo general, deslumbró a todos. El colectivo acababa de hallar a *su* Bolívar, a *su* versión de la historia y al hombre capaz de narrársela como ninguno otro había podido hacerlo hasta entonces. Nada de extraño tiene pues que cuando llega la multitud lo busque en la estación del ferrocarril y lo lleve en hombros hasta su casa. Esa multitud celebra a un pintor capaz de expresar escenas heroicas y de transmitir una emoción que sentían, pero que no habían visto plasmada en ninguna parte; una emoción expresada en los términos tan claros que sólo el arte académico puede ofrecer, por mucho que tales cualidades sean, precisamente, las que hoy desalientan a los críticos e historiadores. Ellos hubieran preferido a un hombre que, unido a Picasso, llegara con anuncios de un cubismo que, seguramente, lo habría hecho pasar desapercibido en la Estación de Caño Amarillo. A un hombre que, enfrentado al mundo, haya recibido el desdén de sus contemporáneos, que jamás recibiera un encargo del Estado: es decir, la versión canónica que el arte moderno nos ofrece de sus héroes. Acaso haga falta ahora, cuando muchas de las certezas modernas ya están en duda, una nueva interpretación de la historia que valore mejor el significado de que en 1911 una ciudad entera haya esperado a un pintor como a su héroe y lo haya llevado en hombros como si del mejor matador de aquella plaza, ¡como si del mejor matador de Sevilla, se tratara!

EL «GLORIOSO PINCEL»

Hacia 1920 un Tito Salas ya famoso y en plena faena narrativa de la saga bolivariana, ensaya algunos caminos nuevos que, no obstante, a la larga no prosperan en su obra. Pinta entonces siete paneles con temas mitológicos y con figuras estilizadas, no sin cierto guiño de Art Decó. Son, según Rafael Pineda, «los primeros y únicos ejercicios del desnudo realizados por Tito. El otro será la india en el 'Padre de las Casas, Protector de los indios', tan púdica que quien se siente en

25 A. Uslar Pietri, *op. cit.*.

cueros es el espectador...»[26]. Por eso es que este ejercicio nos resulta tan afortunado: porque logra romper aunque sea por un instante la férula pudibunda que ató al resto de su obra.

Dentro del conjunto, la *Alegoría de la pintura* merece especial mención. Es una mujer con un pincel y una paleta, uno en cada mano, cubierta de la cintura para abajo por un clámide que evidentemente acaba de desabrocharse y rodar hacia sus pies, como si en trance de entrega al amor estuviera; dejando a la vista un torso tan primorosamente moldeado que por la forma –así como por el gesto hierático de su mirada– más parece reproducir rigidez escultórica que el dinamismo que caracterizó a sus cuadros. Tras ella, como en la penumbra de un templo tan fantástico como minoico, el fondo es una pared con frescos de meandros griegos. A sus pies, dos lámparas, una de aceite y otra votiva, y tres libros sobre los que descansa la alegoría. El conjunto es brumoso y onírico. Oscuro y sensual, como corresponde a todo símbolo salido del inconsciente mítico. No se parece a nada de lo pintado antes ni después y sin embargo, consideramos, que es precisamente desde esa distancia que podemos aprehender lo que en la Casa del Libertador, bajo temas y estilos tan distintos, estaba haciendo entonces.

La Bella –la bella pintura– descansando sobre los libros, montada sobre ellos, superándolos, dándoles luz, iluminándolos –he ahí las lámparas– ayudándolos en la oblación –he ahí, en particular, la lámpara votiva– que predican. De eso es de lo que se trata lo hecho en la Casa Natal del Libertador; esa fue la relación con la historia y su *culto*, la oblación a Bolívar presente en las páginas de nuestra Historia Patria. Tanto, que cuando en 1921 se inaugura la Casa, en su famoso discurso el padre Carlos Borges afirmó que «el Gobierno se complace en ofrecer hoy, 5 de Julio, a la veneración de los pueblos esta casa, cuyos sagrados muros son como páginas de *Venezuela heroica*, donde al margen de la epopeya pone sus maravillas el glorioso pincel de Tito Salas»[27]. Así, como cerrando un ciclo, aquél muchacho que un día consiguió la beca que lo lleva a París y a su destino por impresionar a Eduardo Blanco, ahora sigue su senda de cantor épico de la Patria, pintando lo que aquél describió con deslumbrante y a trechos exorbitante prosa poética.

---

26 R. Pineda, *op. cit.*, p. 165.
27 Vicente Lecuna, *La Casa Natal de Bolívar*, Caracas, Ediciones Centauro, 1980, p. 76.

Pero sus pinturas, bien que sinfonía visual de la Historia Patria, van más allá. Antes que nada, su mentor en el trabajo no es Blanco, sino Vicente Lecuna (1870-1954). El dato es fundamental. Lecuna es el más grande historiador bolivariano de todos los tiempos. Su obra, sin embargo, puede interpretarse como el afán de darle fundamentación documental a la Historia Patria, de dar una versión *razonada* –como de ex profeso advierte– de lo que Blanco cantó. De allí el ciclópeo esfuerzo de toda su vida por reunir la mayor cantidad posible de papeles del Libertador con los que no sólo creó su vasto archivo, sino que usó de base para las *Obras completas* de Simón Bolívar, editadas en dos volúmenes en 1947 y para su *Crónica razonada de las guerras de Bolívar*, en tres volúmenes, aparecidos en 1950. Cumbre de sus numerosas monografías sobre el tema, este último estudio representa, en buena medida, algo así como la traducción documental de *Venezuela heroica*, basada en cartas del Libertador y otros próceres, los *Boletines del Ejército Libertador* y otras fuentes documentales, testimoniales y hemerográficas de la época. El sentido, pues, es más o menos el mismo que animó a Eduardo Blanco –exaltar la heroicidad del Libertador y los otros Padres de la Patria como *la* historia de la nación– pero el método es otro. Es el de un ingeniero y banquero con un muy, digamos, *rankeano* culto al documento. En este sentido el aporte de Lecuna es fundamental, porque no sólo dedicó sus inmensas fortuna y capacidad de trabajo para rescatar, compilar y concordar documentos esenciales para la historia de Latinoamérica, sino que en el ínterin espantó una cantidad importante de los fantasmas legendarios que la tradición, la exaltación poética y la singular capacidad discursiva de los venezolanos –sobre todo de los decimonónicos– fueron tejiendo en torno al Héroe Máximo.

Pues bien, así como Eduardo Blanco tuvo su correlato visual en Tovar y Tovar y Michelena –al que hasta le sirvió de modelo para su celebérrimo «Miranda en La Carraca»–, Lecuna lo tendría en Salas. Fue aquella dupla feliz de los caracteres opuestos y a la vez complementarios que se da tantas veces. Tito siempre recordará a Lecuna con cariño casi filial. Lecuna, riguroso, arquetipo del banquero ascético que no malbarata un cobre; que de viejo desarrollará la también usual combinación del hombre bueno y justo, pero con carácter irascible; metódico en su vida como en su obra donde destila una y otra vez los hechos por la crítica documental, le irá diciendo al espíritu más bien dionisíaco de Salas qué y cómo pintar: «... mientras el pintor trabaja, sin renunciar a la plenitud de la vida en que se encuentra, y fuerza que también lo arrastra al holgorio bien comido y bien bebido con los amigos después de ocho y diez horas continuas de sesión pictórica, Lecuna insistirá en imponerle un régimen disciplinario, en predicarle austeridad, en sermonear al hombre que, en su concepto, no tiene derecho a medrar a expensas del artista. Tito lo deja hacer, se emparranda otra vez, cuantas veces se le antoja, pero asimismo pinta y pinta desaforadamente; o sea que cumple a cabalidad con la palabra empeñada al historiador, al historiador rigurosísimo en documentos y conducta personal...»[28]. Esa autonomía de Salas no sólo se da en su vocación rumbera, sino también en lo que pinta. «Tito acepta la asesoría de Lecuna, pero de ninguna manera adopta, para escucharlo, una actitud pasiva. El historiador sugiere ideas generales. El pintor, por su parte, las reduce a argumentos particulares, a un momento específico, a un instante. Esto significa aquello, sí, pero sucedió de esta otra manera. Y así por el estilo»[29].

Autonomía que, sin embargo, no lo sustrae de la esencia de lo que busca Lecuna. Se trata de la misma pintura heroica de nuestros academicistas mayores, pero con una luz, un dinamismo, un realismo que la ponen en otro plano. «Para mi gusto –concedió en una entrevista– la gente [de los cuadros de Tovar] está demasiado seria y bien vestida para ser venezolana»[30]. Lo suyo será, entonces, un intento por captar mejor la realidad con un sentido similar al anhelo documental que despliega Lecuna en sus estudios. Bolívar en sus cuadros deja de ser tan solemne, tiene una expresión de abatimiento y barba de dos días en *La emigración a oriente*, casi se manotea con el fraile dominico en *El terremoto de 1812*, expresa clara tensión en el *Abordaje del bergantín* 'Intrépido'; sus ojos son tan vivos y expresivos como los describieron todos cuantos los conocieron en vida... Tal vez, no obstante, esa claridad y vivacidad de los colores y de la luz, así como de los gestos, le den un cierto sabor esquemático, *patético* en el sentido de expresar ideas y emociones de forma demasiado evidente, que a algunos les resulte algo esquemático, acaso infantil, bordeante con el cómic. Dice un historiador del arte: «este facilismo, advertido ya

28 R. Pineda, *op. cit.*, p. 201.
29 *Ibidem*, p. 196.
30 *Ibid.*, p. 197.

por Picón Salas, resta valor a la pintura histórica de Salas para resistir un parangón con el serio y metódico esfuerzo cumplido en este género por Tovar y Tovar, con quien se ha querido comparar a Salas. Se podría decir que Tovar representa a la historia mientras que Salas la ilustra. Aquél es un historiador; éste, un cronista»[31]. Pero tal vez por eso mismo logró su gran cometido de presentarle al pueblo una historia susceptible no sólo de ser entendida fácilmente, sino de despertar sus emociones más hondas, básicas y patrióticas. Es, visto así, un hombre que si no ideológicamente –en lo político– similar, sí estilística y hasta éticamente (por el deber asumido de llevar el discurso de la Historia Oficial al pueblo) hermano de los maestros del muralismo mexicano.

En este sentido, su obra no logra escapar de la polémica que aún envuelve la remodelación de la Casa del Libertador. En algo coinciden todos los especialistas: aquello no fue una restauración, en el sentido de ponerla tal como estuvo a finales del siglo XVIII, sino una creación nueva para conformar un «gran santuario del recuerdo del Libertador», como agudamente lo llama Uslar Pietri, después de definirla como una «restauración muy desafortunada»[32]. Una creación tan nueva que según Ciro Carballo inaugura uno de los primeros estilos que la nueva burguesía que de la mano del petróleo y surgida en la década de 1920 impondrá en sus modernas casa-quintas: el neocolonial[33]. Transición entre las quintas modernas de las nuevas urbanizaciones y las casonas que dejan esos nuevos (y algunos no tan nuevos) ricos en el centro de las ciudades; son casas en el mejor estilo *American Way of Life*, que en Venezuela se difunde tan ampliamente por los campamentos petroleros, pero adosadas con tejas, rejas forjadas en las ventanas y hasta portones y frontispicios más o menos barrocos.

Así, cuando en 1910 dentro de los fastos del Centenario el Estado decreta la adquisición de la Casa Natal por suscripción pública –cosa que se logra dos años más tarde con el concurso de todos los venezolanos, cada uno de los cuales colaboró con lo que pudo– y pone a Vicente Lecuna a la cabeza de la restauración, éste la concibe, según Carballo, «como un rescate de la nacionalidad, entendiendo por 'nacionalidad' la

31 J. Calzadilla, *op. cit.*, p. 60.
32 A. Uslar Pietri, *op. cit.*
33 Ciro Carballo, «Bolívar en envoltorio neocolonial», *Boletín del Centro de Investigaciones Históricas y Estéticas*, Nº 28, 1994, pp. 12-17.

valoración de todo aquello que durante el último cuarto del siglo XVIII había pasado a formar parte de la burguesía caraqueña, de la cual Bolívar era principal producto; se identificaba así como 'nacional' y 'venezolano', sólo una pequeña parte de la historia colonial del país; aquella propia de la centralista capital. La arquitectura 'colonial' era la arquitectura de Caracas»[34]. Lo cual amerita de dos o tres precisiones. Antes que nada, se pone de manifiesto una de las grandes certezas de la Historia Patria: se asimila toda la historia «nacional» a Bolívar como su consumación, tal como lo plasmará Salas en las paredes de su salón principal. Consecuentemente, es obvio que el núcleo de la nacionalidad, haya sido identificado en la elite caraqueña del momento, que es de donde brota el Libertador y, por lo tanto, en su arte y su arquitectura. El autor citado no emplea, a nuestro juicio, correctamente el término «burguesía» para definir a aquélla elite mantuana, por tratarse de una categoría histórica que corresponde a otra realidad socieconómica, pero al mismo tiempo es cierto que la burguesía –ésta sí de verdad– que surge a principios del siglo XX efectivamente trató de apropiarse, de hacer suya esa tradición: el neocolonial de sus nuevas quintas es el mejor ejemplo de ello. Las imitaciones del barroco hechas de concreto armado, que a veces se atrevían hasta a portones rematados –justo como pasó con esta Casa– con escudos inventados para el gusto de familias recién enriquecidas sin heráldica ni genealogía que argumentar, muestran su deseo de vivir como si fueran mantuanas, imaginando que esa elite había vivido tal como escenográficamente lo presentaba la Casa Natal restaurada. Otros, los que no pudieron irse a las nuevas urbanizaciones, siguieron un camino aún más singular: con cemento volvieron a sus viejos caserones coloniales en quintas «neocoloniales».

Esta Casa hubo de ser, en sus días de esplendor, forzosamente distinta a como la vemos hoy. Luego pasó a estar destinada a fines comerciales desde el último tercio del siglo XIX, cuando la mudanza del mercado al espacio que en otro tiempo ocupó el convento de San Jacinto, ubicado frente a ella, hizo al sector poco propicio para la vida de familias encumbradas. En el ínterin de su paso de vivienda aristocrática a almacén –destino de casi todas las casonas de lo que, con la expansión iniciada a finales del siglo XIX, se fue convirtiendo en el *Centro* de Caracas– la Casa fue adquirida por Guzmán Blanco, quien le puso la lápida de mármol que

---

34 *Ibidem*, p. 14.

aún existe, explicando que el Libertador había nacido allí. No obstante ello, él y sus sucesores la rentaron continuamente para distintos comercios que le hicieron numerosas intervenciones, dañando grandemente la estructura original. Aunque Caracas aún estaba para 1910 llena de casonas coloniales, todas tenían niveles similares de intervención o deterioro y el recuerdo de su estado posible para finales del siglo XVIII estaba más o menos perdido. Por ello Lecuna tuvo que organizar una Junta Asesora que emprendió el primer estudio sistemático de arquitectura colonial realizado en Venezuela, integrada por los historiadores Manuel Landaeta Rosales y Manuel Segundo Sánchez, el anticuario Christian Witzke, fundador del Museo Bolivariano, y los arquitectos Luis Malaussena, Antonio Malaussena y Alejandro Chataing. La verdad es que sus hallazgos fueron francamente notables, sobre todo los de la dupla Landaeta Rosales-Witzke, pero, en un síntoma revelador de su tiempo, Lecuna en general siguió un criterio distinto a la restauración fiel a como estaba el inmueble a fines del siglo XVIII[35], según parece, hasta para escándalo incluso de estos investigadores[36].

> Las obras culminaron en 1921, convirtieron la discreta y destrozada casa burguesa del siglo XVII en un palacio, digno del más exigente Capitán General de la otrora Provincia de Venezuela. Magnificar la vivienda era magnificar al Héroe, por lo que se rehicieron los techos y los pisos; se reconstruyeron las puertas y las ventanas en nobles maderas; mientras que las paredes interiores se tapizaron con lienzos, donde en romántico estilo el pintor Tito Salas narraba la vida del Libertador. Mas el verdadero espíritu del monumento se reflejó en su remozada fachada, donde los desnudos muros encalados se revistieron de mármol imitando sillería, armonizando con una portada de piedra, coronada por el recién inventado escudo de armas de la familia Bolívar, el cual permitía recordar al pueblo venezolano que el prócer provenía de noble cuna. El Libertador seguramente se revolcaría

---

35 Para una valoración ponderada de lo que eran las viviendas coloniales en el sector, véase Orlando Marín, «La casa de la familia Blanco en la plazuela de San Jacinto de Caracas: la consolidación de una morada mantuana (1610-1713)», *Anuario de Estudios Bolivarianos*, Nº 9, Caracas, Universidad Simón Bolívar/Instituto de Investigaciones Históricas Bolivarium, 2000, pp. 169-203.

36 Una crítica severa a la restauración, así como una amplia valoración de las investigaciones de Landaeta Rosales y Witzke, las encontramos en Carlos F. Duarte, *Historia de la Casa Natal de Simón Bolívar y aportes documentales sobre la Cuadra Bolívar*, Caracas, Fundación Cisneros, 2003.

en su tumba, pero la nueva «Casa Natal» pasaba a ser paradigma de la arquitectura «colonial» en la Venezuela de la década del veinte[37].

Lecuna se defendió diciendo que sólo se atenía al espíritu del decreto del 28 de octubre de 1916 que ordenaba *reconstruir* y *embellecer* –dos verbos polémicos, si los hay: o se reconstruye tal como era, o se embellece– la casa «con la magnificencia digna de un monumento consagrado a la veneración pública como recuerdo del Libertador». En consecuencia, ante la disyuntiva de reconstruir y embellecer, procedió salomónicamente:

> Estas disposiciones –asegura– no dejaron duda sobre la manera de proceder, embelleciendo la Casa con «la magnificencia digna de un monumento consagrado a la veneración pública». En consecuencia los pisos y zócalos debían hacerse todos de mármol imitando ladrillos de la época, y lo mismo otros detalles semejantes, por brevedad no anotados aquí. Sin embargo, considerando el director de la obra necesario presentar la Casa en su mayor parte como era, sólo usó los mármoles en la fachada y en los pisos de la sala y de la entrada y todo el interior se reconstruyó exactamente como era: pisos de ladrillo, fabricados como los antiguos, puertas y ventanas, las mismas remendadas con la parte sana de maderas de los techos, y estos últimos reconstruidos exactamente iguales a los originales con madera de cedro incorruptible como el nuestro. Consultado el Gobierno en diferentes ocasiones, aceptó este plan como el más lógico. En él se da la magnificencia del edificio y se conserva su integridad el primitivo[38].

Es difícil para nosotros, desde la perspectiva de las actuales normas de restauración, comprender a través de qué criterios llegó Lecuna a esta conclusión, ¿de dónde sacó, por ejemplo, que «embellecer» equivale a poner mármoles? Pero ya nada se puede hacer: a un siglo, esa imagen de la Casa Natal tal como la concibió es en sí misma un patrimonio de los venezolanos –por eso trabajos como los de 1988, dirigidos por Alfredo Boulton y Carlos Federico Duarte, sólo se limitaron, en aquello

---

37 C. Carballo, *op. cit.*, p. 14.
38 V. Lecuna, *op. cit.*, p. 30.

que no fue específicamente estructural, a ajustes muy pequeños– y ha cumplido, plenamente, con su objeto de ser un monumento «bello» para la memoria de Bolívar. Un monumento cuyo último toque se lo dio el «glorioso pincel» de Tito Salas. Y en esto igualmente nos resulta algo difícil entender de dónde sacó Lecuna que había que decorarla con cuadros que explicaran la vida de Bolívar, si nos atenemos a la idea de «restauración» y no al deseo, expresado en el decreto, de hacer un monumento para la «veneración». Escribió Lecuna:

> Deseando que toda la reconstrucción fuera obra de venezolanos, tuvimos la fortuna de encontrar en el señor Tito Salas un artista venezolano a la altura de los mejores de Europa. Se le encargó la ornamentación de la Casa por medio de cuadros históricos que el Gobierno le iría indicando. La colección, de un mérito artístico insigne, contiene el resumen de una historia de España y algunos períodos de la Colonia, la Conquista, la Protección de los Indios por el Padre de Las Casas, El Dorado, la Fundación de Caracas, Guaicaipuro, el 19 de Abril. En uno de los frisos aparece Colón recibiendo las joyas de Isabel la Católica; los primeros pasos del Descubridor, y se recuerda la Conquista de Caracas por las figuras de Guaicaipuro y Diego de Losada. La Sociedad Patriótica, quedó representada en otro friso.
> Luego vienen los grandes cuadros: La Apoteosis en la Sala Principal, el Desembarco de Colón, el 19 de Abril, el Bautizo de Bolívar, la Confirmación, una Lección de Andrés Bello, la Muerte de la Esposa, el Terremoto de 1812, la Batalla de Araure, la Emigración, el Combate Naval, la Toma de las Flecheras por Páez. Esas obras costaron Bs. 238.400 y representan varios años de trabajo. El cuadro del Matrimonio no está incluido en esta suma: fue regalo del Comercio de Caracas[39].

Este cuadro del matrimonio lo encargó la colonia española. La anécdota no deja de ser reveladora. Para sufragarlo hizo fundir un grupo escultórico que representaba el abrazo entre Bolívar y Morillo que, realizado con verdadero realismo, manifestaba la gran diferencia de tamaño entre ambos y por eso era considerado «inconveniente». Con la venta del bronce le pagaron a Tito. Se trató, acaso, de la metáfora de todo lo que

---

39 *Ibid.*, p. 41.

pasó en aquella malhadada restauración: fundir todo lo que no convenía a la Historia Patria, a la Magnificencia del Héroe, e *inventarse* –en el sentido que Eric Hobsbawm le da a la invención de la tradición– otra, más a su altura deseada: una casa de mármol, un escudo de armas «descubierto» en medio de los trabajos de restauración y desconocido hasta entonces, una iconografía donde aparezca mayestático y no breve de estatura.

Esa es la iconografía que pinta Salas entre 1913 –*La emigración a oriente*– y 1930, cuando culmina uno de los más emblemáticos iconos del Bolivarianismo venezolano: *Mi delirio sobre el Chimborazo*. El Centenario de la Independencia, celebrado en el bienio 1910-1911, el de la Batalla de Carabobo (1921) y el de la muerte del Libertador (1930), ofrecieron el marco de pompa y festejo adecuado para sus sucesivas develaciones. Como con el *Tríptico*, en ellos la historia se resume en Bolívar. Todos los hitos anteriores: Colón, la Conquista, Guaicaipuro, Losada, la Colonia, el 19 de Abril, desembocan en él, en esa Apoteosis que preside la sala en donde penden. El resto de la Casa es el relato visual de su vida, que a partir del momento en que dejamos el salón principal y, con él, la conquista y la colonia, se convierte en *la* historia en sí, desde su bautismo hasta la gloria. Si aceptamos la tesis de Calzadilla, se trata de la crónica, y a lo mejor la vitalidad y el colorido de los cuadros, el patetismo casi de cómic o mural mexicano que vemos en algunos, le dan la razón: el relato no es adusto como en Tovar o como en los cantos de Blanco, sino una dinámica que de la mano lleva al espectador por toda la Casa, mostrando la heroicidad con pedagogía de plática piadosa o de juego didáctico. Su impacto en el imaginario del venezolano le demostraron el acierto didáctico de Salas y Lecuna. Como la Alegoría sensual de 1920 tan claramente nos señaló, en ellos la pintura montada sobre los libros –en este caso de historia– para iluminarlos y mostrarnos mejor los valores que nos quieren transmitir.

LA ICONOGRAFÍA DEL PADRE Y SUS ADVOCACIONES, A GUISA DE CONCLUSIÓN

Para 1970 Tito Salas ya estaba ubicado en un lugar muy lejano de lo que el resto de los artistas hacían. El cinetismo había catapultado el arte venezolano a los principales salones del mundo. Picasso, para su perplejidad, había triunfado. El arte figurativo era cosa de estudio para los historiadores y él, en general, algo así como un recuerdo vivo del pasado. Pero el Estado sigue requiriendo efigies del Libertador para su administración. Una institución educativa, el INCE, le hace uno de los últimos encargos de su vida. Aunque el movimiento artístico desde hace tiempo no se detiene en sus obras, el resto de la sociedad sí lo hace. La develación de este retrato le vale una entrevista televisiva. Aunque sin editar, la cinta puede consultarse en la Biblioteca Nacional. El periodista, Edgardo de Castro, de entrada le pregunta porqué tanto empeño en Bolívar, a lo que un Salas aún vigoroso a sus más de ochenta años, capaz de la charla animada y llena de chascarrillos que lo hicieron célebre toda su vida, responde con un gran alegato de Bolivarianismo, pero remata con una frase tan sintomática de su culto como de su fino humor: «En Venezuela se piensa en el Libertador como piensan los ahogados en los salvavidas...»[40].

Ya en los textos citados de Luis Castro Leiva, Germán Carrera Damas, Napoleón Franceschi y Elías Pino Iturrieta sobre el tema, se ha insistido con suficiencia en esa relación si se quiere patológica de la sociedad venezolana con Bolívar. De una sociedad que insatisfecha con sus logros actuales se refugia en la gloria del pasado como –válgase la expresión marxista– una suerte de opio que la haga sentir mejor. Aunque a veces estas críticas a la «religión bolivariana» van al otro extremo y descuidan lo que, también, de positivamente inspirador pueda tener el Libertador para los venezolanos, eso no desdice lo que, precisamente, el gran creador de sus iconos señala: Bolívar como pábulo de salvación, como dios, porque en efecto los naufragios son de las pocas circunstancias en las que nadie es, tajantemente, del todo ateo... Un dios cuyas estampas e ídolos requieren veneración. Un dios para una sociedad náufraga, que busca a qué asirse. Una sociedad náufraga que ve a Bolívar como su salvavidas. La imagen es tremenda. Más aún: la imagen es terrible.

Y es dentro de este tremebundo marco, de ese objetivo del Estado como Pontífice Máximo del culto por crear una iconografía del Libertador que, convertida en su «vera efigie» –es decir, en su «verdad oficial»– permitiera un control más efectivo de su «veneración», que Tito Salas pinta. Por eso su pintura, pintoresca, «patética», colorida,

---

40 Entrevista otorgada a Edgardo de Castro. Material audiovisual sin editar. Televisora Nacional de Venezuela, Canal 5, 1970.

atractiva, encerraba, más allá de las aprehensiones más o menos justificadas de la crítica contemporánea, las dotes pedagógicas ideales para tal cometido. La Casa Natal «embellecida» con criterios similarmente pintorescos, creando una imagen de gran poder evocador, inventando un porte mayestático para la cuna del Libertador, no sólo se convierte, al mismo tiempo, en el recipiente idóneo para ello, sino que encierra otra cosa más vital: encierra una relación entre ambos, entre Tito y la Casa, similar a la de Miguel Ángel con la Capilla Sixtina, como la del ilustrador de la Historia Sagrada que se venera en el templo.

O incluso como más. Pintando los episodios que le va encargando Lecuna bajo un criterio del que no tenemos una explicación expresa ni del pintor-cronista ni del historiador, pero que suponemos alineados en la idea de aquello considerable emblemático en el forjamiento y paulatino ascenso a la gloria del héroe, terminó produciendo imágenes de un valor simbólico que ya valen por sí solas en la conciencia del venezolano. *La Batalla de Araure*, pintada entre 1927 y 1928, que es, por ejemplo, una de las composiciones de más fuerza y dinamismo de la colección de la Casa, ha ejercido sobre el hecho histórico un efecto que pudiéramos llamar de «máscara de Tutankamón»: el testimonio –más bien, en este caso, el relato histórico– es de tal calidad e influencia, que es el que ha determinado la importancia de lo historiado. Más allá de lo brillante de la victoria, que aplastó momentáneamente al ejército realista, y del alto valor que tiene para la historia militar por los quilates tácticos demostrados por el Libertador; de la ferocidad del combate y la siega de vidas que cobró o del evento del *Batallón sin nombre*, siempre tan evocador, aquélla acción, dentro del marco general de la prolongada guerra y en particular frente a lo ocurrido inmediatamente antes –nada menos que la Campaña Admirable– e inmediatamente después –la insurrección de Boves– no tendría la fama que tiene a no ser, muy probablemente, por el celebérrimo cuadro que todos hemos visto aunque sea en los libros de primaria. Lecuna, no obstante, en su *Crónica razonada de las guerras de Bolívar*, ilustrada, por cierto –y como si hicieran falta más pruebas de su rol de ilustrador– con fotograbados de los cuadros de Salas, le dedica un amplio estudio a la coyuntura general en que ocurrió el combate[41].

---

41 V. Lecuna, *Crónica razonada de las guerras de Bolívar*, Nueva York, The Colonial Press, 1950, tomo I, pp. 139-186.

Pero un ejemplo más claro de la forma en que Tito Salas creó iconos de honda huella en el imaginario venezolano es, sin lugar a dudas, *Mi delirio sobre el Chimborazo* (1929-1930). La imagen de un Cronos de venerables barbas blancas, una guadaña y alas de Arcángel terciando a un pensativo Libertador encaramado en una morrena o bien pintado a una escala tan gigantesca que puede tener al pico Chimborazo de trono: ese icono *es* el «Delirio...» para la abrumadora mayoría de los venezolanos y no el poema en prosa titulado así y atribuido, habría que ver si para su gloria o su desgracia, a Bolívar. El icono se volvió en un símbolo en sí mismo, solapando lo que quiso representar. La representación pasó entonces a ser representada. Tanta celebridad adquirió la imagen que Salas volvería sobre el tema en el Panteón Nacional. Guiado por Lecuna, sin embargo, hay que insistir en que la apuesta en los cuadros de la Casa fue hacia la verosimilitud documental. Todas las escenas anteriores a la guerra de la vida de Bolívar tratan de ser testimonio fidedigno de la vida colonial, cuidando detalles tales como que el *bouquet* en su boda lo lleve él y no María Teresa Rodríguez porque así se estilaba cuando el marido era menor que la novia[42]. Un esfuerzo similar, aunque algo menos convincente en cuanto verosimilitud, se percata en los grandes cuadros de la guerra. Es decir, por mucho que hoy nos parezcan representaciones más o menos fantasiosas, su objetivo en 1920 era captar la realidad, cosa que nos dice mucho de los alcances de la «objetividad» histórica pregonada entonces. Contimás si pensamos que a Salas le pareció fantasiosa, «teatral», la «objetividad» de Tovar, así como a Lecuna le parecía simple creación literaria lo de Blanco...

Sí, el Salas de la Casa Natal quiere ser realista. El del Panteón Nacional da un salto hacia el idealismo. En 1942, con la conmemoración del centenario del retorno de los restos del Libertador a Caracas, se reinaugura este templo destinado desde 1874 por Guzmán Blanco a las cenizas de los héroes de la patria. Completamente transformado por el arquitecto Manuel Mujica Millán, por cierto maestro del neobarroco y del neocolonial en Venezuela, le tocaría a Salas replicar el trabajo hecho en la Casa, pero ahora en una escala verdaderamente monumental. Plafones pintados entre 1936 y 1950, momento de otro fasto que le valen unos cuantos encargos, el del Bicentenario de

---

42   Observación que se la debemos a nuestro colega Alexander Torres.

Francisco de Miranda, llenan sus techos con un aliento no visto desde el Renacimiento –porque en este caso el Muralismo Mexicano es otra cosa en cuanto estilo y composición, aunque no en objetivo– narrando no ya la vida en sí de Bolívar, sino la simbología de lo que su culto evoca; de valores esenciales de la Patria encarnada en él. El cronista pasa a ser un ideólogo y sus iconos ahora representan dogmas: Bolívar aparece, si equiparamos este esfuerzo con la iconología católica, en determinadas advocaciones, cada una de las cuales es expresión distinta de la Fe. Como pasa con la Virgen o con los episodios de la Pasión de Cristo, el culto bolivariano se manifiesta ahora en las diversas formas que requiere el espíritu nacional. Es un Bolívar ya plenamente mitificado, lleno de alegorías, vuelto él mismo una alegoría, una advocación de las múltiples gracias que a través suyo nos dio el Cielo.

Así, los laterales de la nave principal despliegan dos procesiones que el espectador puede transcurrir mientras camina hacia el altar mayor. Una representa el traslado de los restos del Libertador a Caracas en 1842 y la otra su entrada triunfal tras Carabobo en 1821. Son dos momentos en la relación con su ciudad signados por la gloria. Y ambos llevan al altar, lo que es en sí una metáfora de su ascenso glorioso a los cielos: ya en él, constelando el monumento funerario de Tenerani y su sarcófago, está una nueva versión de la Apoteosis, pero esta de ciento cincuenta metros cuadrados. Es un canto lleno de destellos alegóricos. Tramontando el empíreo en un triunfal Carro de Helios, el Libertador más allá de los tiempos, señor del mundo, se erige sobre la Historia que desde la conquista hasta la paz y el trabajo actual (siempre hay que hacerle su respectivo guiño al gobierno), pasando por una Independencia dirigida por la misma Libertad de gorro frigio y seno desnudo que dirigió a los franceses, pero que acá, enarbolando el tricolor nacional, se postra a sus pies. Cada momento es un piso distinto de la cordillera de los Andes. Hay indios, hay un conquistador con yelmo emplumado, hay frailes dominicos, está el escudo de Santiago de León de Caracas; hay negros y mestizos; están Miranda y Páez y los lanceros del llano; hay banderas de las repúblicas liberadas por el Libertador.

El resto de las pinturas sigue ese esquema simbólico de advocación: *El tiempo grabando el nombre del Libertador en la piedra*, *Inspiración del istmo de Panamá*, *Ascenso al cerro del Potosí*, *Alegoría a la liberación de los esclavos, La noche de Casacoima, Bolívar y Humboldt en París*, la nueva versión –menos lograda– de *Mi delirio sobre el Chimborazo*. Revisando estas obras y las anteriores, Ana María González Salas y Mónica Jiménez Marcano, identificaron las estaciones del camino a la gloria del Libertador –de su *pasión*, pudiéramos decir– extraíbles del relato visual que Salas construye: «Bolívar aprendiz», en *La lección de Andrés Bello*, que está en su Casa Natal y que representa, tal vez, la más famosa de sus pinturas sobre la infancia y juventud del Libertador. Al lado de un joven Bello, bajo el samán de La Trinidad y terciados por un misterioso, casi tenebroso padre Andújar, la aurora formativa del Grande Hombre se expresa magníficamente en ella. Al «Bolívar idealista» lo ven en el *Juramento del Monte Sacro*; «Bolívar en transición» en el *Terremoto de 1812*, momento liminar del salto del héroe a la vida pública. «Bolívar soñador» en *Mi delirio sobre el Chimborazo*. Y finalmente «Bolívar glorificado» en la *Apoteosis de Bolívar*[43].

Estas advocaciones a Bolívar completan la lectura historiográfica de su obra. Gran cronista visual de la epopeya bolivariana, le aportó al país no sólo la «vera efigie» del Libertador, sino también la narración sencilla y asequible de sus grandes hechos. El patetismo y colorido de sus cuadros que desaniman a los críticos subyugados por la modernidad abstracta, enamoraron a un pueblo que gracias a ellos ha aprendido lo más entrañable de su historia. «Tito Salas no sólo representó el Bolívar que podía ser captado más fácilmente por el público. Es decir, el heroico, sino que supo también plasmar el espíritu civilista, estadista, guerrero, humano del hombre. Quiso que por medio de sus obras, le llegaran al pueblo venezolano aspectos muy profundos de la vida del Libertador que él descubrió y conoció gracias a sus estudios e investigaciones»[44]. Ese rostro captado por Gil Castro en Lima en 1825 y asumido por el Estado venezolano halló en Tito su gran difusor. «Empeñado en ser un narrador veraz, Salas sabe situarse en el momento y el lugar y ver los acontecimientos como los hubiera podido contemplar un testigo contemporáneo cualquiera»[45]. El ilustrador de Lecuna no podía sino actuar así. La imagen como correlato de la historiografía, el uso de

---

43 Cfr. Ana María González Salas y Mónica Jiménez Marcano, «Tito Salas», tesis para optar al título de Licenciadas en Comunicación Social, Caracas, UCAB, 1983 (mimeo).

44 *Ibidem*, pp. 53-54.

45 *Ibid.*, p. 54.

ambas como ideología, y la necesidad de estudiarla para comprender la historia, sus múltiples interpretaciones e impacto social, como acá se manifiesta con el culto bolivariano, tienen en Salas su evidencia más completa. No en vano el pueblo que lo lleva en hombros en 1911 lo llora y entierra con pompa oficial en 1974, más allá de la displicencia de la crítica contemporánea. El pueblo estaba llorando a *su* artista, a su último pintor nacional, al intérprete y forjador de sus emociones. Tito no pintó para los críticos, pintó para su pueblo y para su historia, y por eso ahora que la historia quiere comprender a aquél pueblo, vuelve sobre su pintura, que no sólo lo supo interpretar, sino que moldeó sus valores más caros. Mejor que ninguno, fue el portavoz del culto fundacional.

Tercera parte

Las tradiciones inventadas

(El nacimiento de una

república bolivariana)

Capítulo V
GUIADOS POR BOLÍVAR.
López Contreras, bolivarianismo
y pretorianismo en Venezuela

> Puede Ud. estar satisfecho de que el Ejército de 10.000 hombres que ha tenido la gloria
> de asistir al Campo de Carabobo bajo las inmediatas órdenes de Ud., fiel a la República
> y a sus tradiciones históricas, fortaleció su espíritu de disciplina, lealtad y patriotismo,
> después de recorrer el itinerario de marcha que siguieron las Huestes Libertadoras, y
> vivaquear bajo esa comba celeste que se apoya en crestas de montañas que circundan
> el Santuario de la Libertad, a la vez que forman la Vía Sacra por donde remontaron en
> ascensión gloriosa e inmortal, *guiados por Bolívar*, los soldados de la Gran Colombia.
>
> E. LÓPEZ CONTRERAS, 1930[1]

HIPÓTESIS INICIALES

Pocos hombres estuvieron tan asociados a la creación del moderno ejército venezolano como Eleazar López Contreras. No solamente fue uno de sus líderes y organizadores fundamentales en el período que va del fin de la Revolución Libertadora en 1903 hasta el momento en el que llega a la presidencia de la república en 1935, es decir, en los años de su creación, sino que además se convirtió en su ideólogo más importante, sentando las bases de una doctrina que, como intentaremos demostrar, resultó de mucho mayor alcance al sospechado hasta el momento.

En el presente estudio se procurará, por lo tanto, configurar la naturaleza y las consecuencias más notables de la misma. Y para ello partiremos del dato, para nada casual, de que además de militar exitoso, López Contreras fue un historiador de abundantes y bien compuestas obras. Esa doble condición de militar-historiador no resulta extraña a la de ideólogo, y antes por el contrario, su periplo intelectual nos dibuja algunas de las cualidades más características que adquieren los discursos históricos cuando

---

1   Informe al Ministro de Guerra sobre la Conmemoración del Centenario de la Muerte del Libertador, 27 de diciembre de 1930. En Eleazar López Contreras, *Páginas para la historia militar de Venezuela*, Caracas, Tipografía Americana, 1944. [Las cursivas son nuestras, n. del a.].

pasan del gabinete y la cátedra del investigador a su utilización por el resto de la sociedad. Dos aspectos notables hallaremos al respecto: primero, observamos en el sentido general de su esfuerzo la forma en la que una institución nueva, nuestro ejército, se «inventa una tradición», en el sentido de Eric Hobsbawm, para dotarse de legitimidad; y segundo, ya en la naturaleza misma de esa tradición, encontramos cómo en ella se manifiestan muchas de las claves esenciales de un pensamiento que andando el tiempo se convertiría en la base argumental de las prácticas *pretorianistas* –que ya definiremos– en los momentos en que las ha habido de forma franca de Venezuela, pero con un aspecto notable: la relación estrecha de ese pensamiento con la «religión cívica nacional», el *Bolivarianismo*. El nuevo ejército, por obra de discursos como el de López Contreras, se declara heredero directo de las glorias del Ejército Libertador; ello, en buena medida, para presentarse como epígono de sus cualidades profesionales, aspecto de absoluta importancia entonces cuando se pugnaba por sustituir las viejas prácticas caudillistas por los valores propios de la profesionalización castrense.

Es un aspecto que en buena medida ya Germán Carrera Damas había identificado[2], pero en el cual queda todavía mucho por recorrer. El punto es que, más allá de tan loables intenciones (y nada indica que López Contreras, hombre de cuya estatura moral y profesional nunca han habido dudas serias, cosa muy singular en un venezolano recalado en la política, haya querido ir más allá), el otro filo del discurso fue anunciando, casi imperceptiblemente, que un ejército heredero del que fundó a la patria, ha heredado, también, el derecho de seguirla haciendo. O sea, de dirigirla. Aunque escapa de los límites temporales del estudio, basta una lectura superficial de este discurso para identificar, al menos, muchos de los argumentos esgrimidos por la generación de militares siguientes, la de Marcos Pérez Jiménez, que en la década de 1950 hará uno de los primeros ensayos desarrollistas de Latinoamérica. El punto, pues, es que un discurso profesional logra, por esas cosas de la vida, devenir en uno pretoriano.

Cuando ocurre esa suerte de subproducto del *profesionalismo militar*[3] que Alfred Stepan llama el «nuevo profesionalismo militar»,

2 Germán Carrera Damas, *El Bolivarianismo-militarismo. Una ideología de reemplazo*, Caracas, Ala de Cuervo, 2005, pp. 28-30, 65, 182-189.
3 Acá usaremos la concepción clásica de Samuel Huntington que define al profesionalismo militar como la neutralidad política militante y protagónica del sector castrense, que restringe sus funciones a la defensa de la sociedad.

y la oficialidad siente que precisamente por profesional tiene el deber y, sobre todo, el derecho de intervenir en los asuntos internos del país, como pasó con la totalidad de las dictaduras desarrollistas de América Latina entre la década de 1960 y la de 1980[4], cuando eso ocurre, pues, Bolívar es vuelto a ser traído a colación: ¿no fueron él y el resto de los Padres de la Patria al fin y al cabo «alfareros de repúblicas»? Pérez Jiménez y hasta, como veremos, López Contreras fueron precursores de este discurso. Aunque el Movimiento Bolivariano Revolucionario 200 (MBR-200) es una vertiente que aún está por estudiarse, responde al mismo criterio de que los militares son los que pueden y deben desencadenar los grandes cambios del país; bien que sean ahora con una connotación distinta a la perezjimenista y la lopecista: ahora se trata de cambios revolucionarios.

Pero lo señalado por Stepan no es sino otra forma de nombrar un fenómeno más amplio, el *pretorianismo*[5]. Nuestra hipótesis, entonces, es que el *Bolivarianismo*, dentro de esa mimetización Bolívar-Patria que se da en Venezuela, donde un concepto tiende a contener al otro, le permitió a la Fuerza Armada Venezolana deslizarse hacia esa autopercepción de custodia de la «sustancia sagrada», de esa *sancta santorum* que es la Patria y, por tanto, de convertirse en su suprema administradora, tal como lo describe Brian Loveman en su agudo estudio *For la Patria. Politics and the Armed Forces in Latin America*[6]. El Ejército Libertador hizo la patria; su heredero por lo tanto debe continuar haciéndola. De allí, entonces, que consideremos al Bolivarianismo militar como susceptible, con una manipulación que no debe

---

4   Cfr. Domingo Irwin, *Relaciones civiles-militares en el siglo XX*, Caracas, El Centauro Ediciones, 2000, pp. 113-114.

5   Por tal entenderemos su acepción *mínima* –hay numerosas, muy elaboradas– de «una abusiva conducta militar para con la sociedad en general y particularmente la gerencia política de una sociedad dada». Véase Domingo Irwin, «Usos y abusos del militarismo y el pretorianismo en la historia y la política: unos comentarios generales sobre su uso en la literatura política venezolana de la segunda mitad del siglo XX». En Hernán Castillo y otros: *Militares y civiles. Balance y perspectivas de las relaciones civiles-militares venezolanas en la segunda mitad del siglo XX*, Caracas, Universidad Simón Bolívar/UCAB/UPEL, 2001, p. 250.

Nota bene: Irwin insiste en remarcar la diferencia, nada sutil, entre pretorianismo y militarismo. Mientras el primero es una influencia de los militares excesiva sobre los civiles, por ejemplo como árbitros o como gobernantes, pero sin que los civiles dejen de ser tales; lo segundo es una política por la cual todas las formas de organización de la sociedad se alinean a principios militares, como Japón y Alemania desde finales del siglo XIX hasta 1945.

6   Wilmington, Delaware, SR Books, 1999.

ser muy elaborada, de convertirse en una poderosa justificación para el desarrollo de sus tendencias *pretorianas*.

INVENTANDO AL EJÉRCITO

Convencionalmente se toma el año de 1910 como el del inicio del ejército moderno venezolano. Una reforma militar con aliento suficientemente largo como para sentirse hasta el día de hoy, se inicia entonces. Lo que ella implicó en cuanto expresión de un proceso mayor de consolidación del Estado, y los retos culturales e ideológicos que paralelamente conllevó, es lo que se va a analizar en el presente acápite.

Tras la derrota de los caudillos en la última guerra civil, la Revolución Libertadora (1901-1903), el gobierno de Cipriano Castro se da a la tarea de reorganizar a su ejército. Bajo la premisa de que «...revolución que no se pelea crece y Gobierno que se atrinchera está perdido», levanta el «pie de fuerza elevado a treinta batallones, como no los ha mantenido otro Gobierno», y se ocupa de rearmarlo, uniformarlo y reglarlo[7]. Este trabajo después lo continuará y consolidará quien había sido precisamente el jefe de esa fuerza y artífice de sus victorias, el ya llamado entonces «Padre de la Paz»: Juan Vicente Gómez. De sus sorprendentes éxitos derrotando a la Libertadora en todo el país, irá escalando con tino, con astucia, pero con eficiencia las posiciones necesarias para darle a su compadre y hasta entonces jefe Castro, un golpe en 1908 que la sociedad recibió con alegría y con alivio. Su larga dictadura (1908-1935) crea, entonces, el moderno ejército nacional como su brazo sostenedor, y subsecuentemente como el del Estado moderno que edifica y que es, con sus variantes, el que aún tenemos. No es que en el siglo XIX no hubiera habido un ejército profesional y algunas escuelas militares –Domingo Irwin ha estudiado el tema con detenimiento[8]– sino que en un Estado tan débil y descoyuntado como aquél era imposible que éstos fueran eficientes.

---

7   Las frases vienen de dos mensajes distintos de Cipriano Castro, en 1901 y 1902. En Inés Quintero, «La reforma militar restauradora», *Boletín de la Academia Nacional de la Historia*, N° 288, Caracas, octubre-diciembre 1989, p. 144.

8   Domingo Irwin, *Relaciones civiles-militares en Venezuela. 1830-1910 (una visión general)*, Caracas, s/e, 1996.

Hasta los días del gobierno del General Ignacio Andrade (1898) –nos dice Ramón J. Velásquez–, el llamado ejército nacional (la nacional, decían en los pueblos) que se alojaba en los cuarteles, mal atendido y peor dotado no tuvo ninguna significación como factor de poder nacional. La verdadera fuerza para la defensa del Gobierno estaba constituida por los ejércitos particulares que los jefes locales reclutaban en los momentos de peligro. Al volver la paz, regresaban los soldados a las haciendas y a los hatos en donde ejercían tareas de peones y medianeros. «Las tropas de Mendoza», «los negros de Fernández», «los indios de Montilla», «los corianos de Riera», «los orientales de Rolando», «los hombres de Peñaloza», «los lanceros de Loreto Lima» se decía para hacer el cálculo de los contingentes antes de ir a la batalla[9].

Del caudillismo es mucho lo que se puede hablar como factor de poder efectivo en un país donde el Estado en la práctica no existía y el ejercicio de la violencia radicaba en quien tuviera las fuerzas y los arrestos suficientes para ejercerla. Desde los estudios clásicos de Virgilio Tosta en 1954, Antonio Arráiz, Robert Gilmore y John Lynch, hasta estudios más recientes como los de Irwin[10] o el de Inés Quintero, es mucho lo que se ha escrito al respecto[11]. Baste decir, por ahora, que los caudillos eran los directores de un sistema patriarcal y rural, propio de las relaciones semifeudales imperantes en el campo y del aislamiento regional, donde realidades de la modernidad, como un Estado centralizado y una integración nacional, una burguesía con suficiente musculatura para controlarlo y un mercado para absorberlo, no se habían cristalizado[12].

---

9   Ramón J. Velásquez, *La caída del liberalismo amarillo*, Caracas, s/e, 1977, p. XI.

10   Domingo Irwin, «Notas sobre los empresarios políticos de la violencia en la Venezuela de la segunda mitad del siglo XX», *Tierra Firme*, Nº 29, enero-marzo 1990, pp. 15-20; y «Ejército y caudillismo en el siglo XIX: el caso venezolano», *Montalbán*, Nº 23, 1991, pp. 309-334.

11   Virgilio Tosta, *El caudillismo según once autores venezolanos. Contribución al pensamiento socio-lógico nacional*, Caracas, Instituto Pedagógico de Caracas, 1999; Antonio Arráiz, *Los días de la ira. Las guerras civiles en Venezuela, 1830-1903*, Valencia, Vadell Hermanos, 1991; Robert Gilmore, *Caudillism and Militarism in Venezuela, 1810-1910*, Athens, Ohio, Ohio University Press, 1964; John Lynch, *Caudillos in Spanish America, 1800-1850*, New York, Oxford University Press,1992; Inés Quintero, *El ocaso de una estirpe. (La centralización restauradora y el fin de los caudillos históricos)*, Caracas, Fondo Editorial Acta Científica/Alfadil Ediciones, 1989.

12   Un modelo interpretativo clásico sobre el punto: Diego Bautista Urbaneja, «Introducción histórica al sistema político venezolano», *Politeia*, Nº 7, 1978, pp. 11-59.

Esto, sin embargo, empieza a cambiar con la llegada de los andinos y la derrota del caudillaje histórico en la Libertadora, ambas cosas, expresiones de las transformaciones modernizadoras desencadenadas una década atrás. El primer paso, como se dijo, lo dio Castro una vez derrotada la Libertadora. En desbandada las últimas montoneras caudillistas, su misión siguiente fue transformar al «Ejército Restaurador», es decir, a la montonera propia con la que el gobierno había tomado el poder en 1899 y se había sostenido durante cuatro años de combates, con las lógicas adhesiones de lo que halló de «la nacional» y algunos aliados nuevos, en un Ejército Nacional. Ya en 1900 se reforma el Código Militar, se inicia la reparación de los cuarteles y se empeña en mejorar el poder de fuego de su ejército, dotándolo, conjuntamente con los consabidos máuseres, de winchesters y cañones hotchkiss y krupp[13]. Para 1903 se pauta un uniforme para todos los componentes del ejército –hasta el momento, limitado de forma más o menos sistemática a la oficialidad– y se restablece la Inspectoría General dentro de una línea de mando cada vez más vertical donde los batallones (entonces las unidades básicas) sólo debían responder al poder central, dejando para los jefes de los estados la coordinación de la Milicia Nacional. En 1905 se va más allá, y tomando una medida de gran trascendencia para el proceso de integración nacional directamente asociada al ejército, es conformada una comisión por Felipe Aguerrevere, Luis Muñoz Tébar, Luis Ugueto y Ricardo Razzetti, es decir, cuatro de las mejores cabezas del Colegio de Ingenieros, para que inicien un levantamiento exhaustivo de la geografía y la hidrografía (determinar los ríos navegables era de primera importancia para las comunicaciones) del país[14]. Es en ese estado de cosas cuando en 1908 Gómez da su golpe y decide imprimirle mayor celeridad al proceso. Trae al coronel Samuel Mac Gill (en realidad, McGill, pero preferimos esta castellanización, popularizada en la época), militar chileno que estaba de cónsul de Venezuela en Panamá para que consumara la reforma militar. Mac Gill ya antes había desempeñado trabajos similares en Nicaragua, Honduras, El Salvador y Ecuador. A esas credenciales se sumaban la siempre buena recomendación que, en términos castrenses, significaba ser chileno: venía de un país con el ejército mejor organizado de América Latina, probado y victorioso ya en unas cuantas guerras.

13 I. Quintero, *op. cit.*, p. 145.
14 *Ibid.*, pp. 150-151.

Mac Gill se decide por el modelo prusiano, cosa que como veremos implicó bastante más que la adopción de su uniforme (que todavía se ve en nuestros cadetes) o de las marchas a «paso de ganso» que practican en sus paradas[15]. Implicó todo un proceso ideológico que ya había vivido Chile –obvio: de allá lo traía Mac Gill– y que bajo el nombre de *prusianización* representó unas tomas de posturas políticas bien importantes en el mundo castrense, tales como el antisocialismo[16]. Con el cargo de Instructor de la Inspectoría General, Mac Gill ve cómo en 1910 entra en funcionamiento la Academia Militar moderna, en el emblemático edificio ubicado en el cerro de La Planicie en Caracas, así como la Escuela de Aplicación Militar, para profesionalizar a los oficiales de extracción montonera; la Escuela de Cabos de Mar, Cabos Cañoneros y Timoneles; la Escuela de Clases; y la Escuela de Oficios de Tropa. En dos años los resultados son sorprendentes: la Gran Parada Militar de 1912, hecha en el Hipódromo de El Paraíso en Caracas, deslumbró a todos. Acostumbrados como estaban los venezolanos a ver esmirriadas montoneras que ni marchar acompasadas sabían, prácticamente vestidas con harapos y descalzas, en fin, como andaban los peones y conuqueros de entonces, con alguno que otro oficial con un quepis, quedaron boquiabiertos ante aquel ejército reglado, bien uniformado, armado y organizado. Gómez olfateó rápidamente el poder disuasivo de este asombro: «a partir de ese momento, nos dice una historiadora, los desfiles militares van a formar parte importante de los espectáculos conmemorativos de distintos acontecimientos»[17].

Pues bien, con esto Venezuela inicia la formación de un ejército institucional, bien organizado y armado, con criterios técnicos modernos, en el que la oficialidad fuera formada específicamente para ello y constituyera un cuerpo especializado que administrara la violencia legítima del Estado, defendiera sus leyes y su soberanía. En fin, un ejército moderno. Chile, México, Argentina y Perú estaban a la vanguardia de este proceso, con academias de formación de oficiales, cuerpos de tropas disciplinados

15 De todo este proceso, además del texto testimonial de Mac Gill, *Poliantea, Memorias del coronel McGill*, Caracas, 1978, es indispensable el estudio de Ángel Ziems, *El gomecismo y la formación del ejército nacional*, Caracas, Ateneo de Caracas, 1979. Tan enjundioso es este estudio que remitimos a él los aspectos esenciales del proceso.

16 *Vid* Genaro Arriaga, «El ejército chileno, la 'prusianización' y la primera oleada antisocialista (1900-1931)», en Eduardo Devés y otros: *El pensamiento chileno en el siglo XX*, México, FCE/IPGH, 1999, pp. 17-63.

17 Yolanda Segnini, *La consolidación del régimen de Juan Vicente Gómez*, Caracas, Academia Nacional de la Historia (ANH), 1982, p. 68.

y entrenados, uniformes al estilo europeo y un parque militar de la última generación posible. Quepis, máuseres, ametralladoras y cañones de campaña harán imposible desde entonces que las montoneras de lanzas y machetes les agitaran demasiado la vida republicana. Del mismo modo, guerras internacionales, como la de la Triple Alianza de Argentina, Brasil y Uruguay contra Paraguay entre 1864 y 1870; la primera Guerra del Pacífico en la que las escuadras de Perú, Chile, Ecuador y Bolivia derrotan a la española entre 1865 y 66; y sobre todo la segunda Guerra del Pacífico, entre 1879 y 1884, en la que Chile derrota a Perú y Bolivia, ocupando al primero e imponiéndole una paz deshonrosa con significativas amputaciones territoriales a ambos, no hicieron sino consolidar a las instituciones castrenses en toda la región, demostrando su necesidad para la integridad del Estado.

Todo esto, obvio, dentro del marco general de modernización en el que se inserta el continente a partir de esas fechas, y que en las reformas de Guzmán Blanco (1870-1888, aunque el modelo siguió hasta la llegada de los andinos, en 1899), tuvimos en Venezuela una versión menor. La consolidación de los Estados Modernos, sobre todo en su unidad nacional frente a las fuerzas centrífugas de los caudillos y los localismos, que en Chile vemos desde el triunfo conservador en 1833, en Argentina desde el de Bartolomé Mitre en 1862 y su gigantesca expansión económica y cultural del siguiente medio siglo; o en México con la *pax porfidiana* entre 1876 y 1910; esa consolidación primero requirió, y después posibilitó con su bonanza económica e inversiones del capital imperialista subsiguientes, la formación de tales ejércitos. Ellos eran parte integral de las reformas liberales y modernizantes que se propician en todos los niveles de la sociedad. Junto a una codificación moderna, a unos ferrocarriles, un sistema educativo de inspiración liberal, unos bulevares y teatros en las capitales como propuesta simultánea de urbanismo y urbanidad en las costumbres, unos intelectuales positivistas, un proceso de desclericalización de la vida e incluso unos espectáculos de variedades con coristas, preferiblemente galas y dispuestas a enseñar sus muslos, es decir, junto a esa «cultura modernizada internacionalista» que se da entonces, hacían falta unos militares de quepis a la francesa o de cascos unicornios a la prusiana. Eran el correlato de la modernización en lo militar y, en gran medida, el soporte, la garantía de que su orden y progreso se mantuvieran en el tiempo. Guzmán Blanco es un ejemplo extraordinario de lo que podía pasar con tales reformas si no se amparaban en una fuerza armada eficiente: tras su salida, el país entró en una turba de problemas, y si bien las fuerzas que creó lograron imponerse, no lo harán sino hasta treinta años después de su partida.

La idea de «cultura modernizada internacionalista» es, en este sentido, muy importante en el proceso. Se la debemos a Ángel Rama; y viendo en qué consistía, podemos ponderar hasta qué punto los ejércitos modernos respondieron a ella:

> Atendiendo a la intensidad que a partir del último tercio del XIX adquieren los procesos de modernización socioeconómica (y su correlato, la modernización cultural), Ángel Rama designó el período general que va de 1870 a 1930 (ambas fechas aproximadas) con el nombre de «Cultura modernizada internacionalista». Los indicadores que permiten definir las líneas de fuerza de este período global son, entre otros: la irreversible consolidación de la moderna cultura urbana y la intensificación de la concentración demográfica en las ciudades; la diferenciación de los sectores sociales y el surgimiento de nuevas camadas de población que ya no se dejaban alinear en las tradicionales divisiones que moldearon la sociedad barroca; el liderazgo de la sociedad urbana sobre la rural, que resulta así incorporada al proyecto de «unificación nacional» concebido según pautas y orientaciones dictadas desde la primera; los cambios en la función del equipo intelectual y la internacionalización de las referencias teóricas y doctrinales que pasaron a manejar macizamente en el marco de las inéditas tareas que fueron llamados a desempeñar a medida que la modernización avanzaba[18].

Es ostensible que al menos en dos de sus directrices, la imposición del orden propuesto por las elites urbanas como forma de integración nacional al campo, y la internacionalización de las referencias teóricas, el ejército se manifiesta como fiel ejecutor de la misma. Lo primero se evidencia en su principalísima misión de acabar con el caudillismo rural, de sojuzgar al campo. Lo segundo, en su organización a la francesa o a la prusiana, mantenida hasta la década de 1930, cuando uniformes, armas y doctrinas empiezan a ser estadounidenses. Se europeíza, pues,

---

18 Agustín Martínez, «La Ilustración latinoamericana y la modernización de la sociedad», en Beatriz González Stephan *et al.*: *Esplendores y miserias del siglo XIX*, Caracas, Monte Ávila Editores/USB, 1995, pp. 498-499.

como se europeizaron la legislación, la pedagogía, el arte, el pensamiento, las ideas económicas y el resto de la vida de las elites.

Una vez más, México y Chile son dos ejemplos contundentes de ello. Tanto que, sobre todo el segundo –recuérdese que se trae un militar chileno para organizar el nuestro– resulta referencia insoslayable para el caso venezolano. En un texto clásico sobre México, leemos que

> un nuevo ejército, moderno en apariencia, surgió en las postrimerías del porfiriato. Los cadetes del Colegio Militar lucieron nuevos y vistosos uniformes y los más destacados de ellos viajaron a Europa para conocer las academias militares famosas. Armamento moderno, idéntico al que Francia usaría más tarde en la Guerra Mundial, se exhibía en los desfiles ante el asombro popular. Sin embargo, la corrupción y el mal empleo del ejército no desaparecieron. La dura leva, la represión constante de los campesinos y la crueldad de los *rurales*, eran medios que no se apegaban al ejército moderno[19].

Tal vez... Pero hay que ver, atendiendo a lo global del proceso, que los rurales, por ejemplo, que en Venezuela tuvieron su correlato en «La Sagrada», una suerte de grupo paramilitar o parapolicial, carabineros de difícil ubicación dentro del organigrama de los institutos del Estado, si bien eran el punto medio entre esas tropas modernas (que para ciertas misiones siempre generaron desconfianza en tipos bien curtidos en pleitos macheteros como el Benemérito y Don Porfirio) y las montoneras; que si bien, pues, eso era así, estaban destinados casi exclusivamente a controlar el campo.

Pero comoquiera que el viejo ejército del porfiriato a la larga poco pudo contra las guerrillas, mejor balance es el que aporta el ejército chileno, que en esto también triunfó. En Chile, como en casi todas las demás repúblicas latinoamericanas, los sectores agrícolas se opusieron a las reformas manchesterianas, que beneficiaban a los comerciantes de los puertos y a los intereses imperialistas que solían representar. De tal modo que eso que los historiadores chilenos llaman el «movimiento *pipiolo*» expresa bien la naturaleza del problema: «Surgido de la tierra y orientado por objetivos de carácter anti-mercantil... [el movimiento pipiolo] Frente a la lógica elitista de los mercaderes, opuso su lógica 'de

---

19 Jorge Alberto Lozoya, *El ejército mexicano (1911-1965)*, México, Colegio de México, 1970, p. 31.

mediopelo' y de 'advenidizos'. Y frente al centralismo elegante y militar de aquél, opuso sus rollizos aires provincianos, su caudillismo disperso, sus lejanos cabildos y acaloradas asambleas (...) Y no era menor el antagonismo entre la tendencia pipiola de pastorear cuerpos de serenos y vigilantes municipales y las centralizadas 'milicias cívicas' y el 'Ejército de la Nación' que organizaban los mercaderes»[20]. Y que finalmente se impuso.

Así las cosas y dentro de la misma lógica, uno de los principales problemas del ejército de Gómez, cuyos cuadros iniciales venían casi todos, del Comandante en Jefe para abajo, de las montoneras, fue precisamente convencerse a sí mismos, y convencer a los demás, de que no sólo eran algo químicamente distinto, sino irreconciliablemente opuesto a las guerrillas caudillistas. Ante esto, evidentemente, la profesionalización debía ir más allá de la formación técnica en estrategia y armamento, o del azul prusia de los uniformes y las botas de charol. No sólo verse, sino sentirse distinto al montonero debía el nuevo militar.

Pues bien, cuando hablamos de la «cultura modernizada internacionalista», señalamos que los ejércitos eran manifestación de ésta en al menos dos aspectos, el de la imposición del orden propuesto por las elites urbanas como forma de integración nacional al campo, que ya vimos; y el de la internacionalización de las referencias teóricas, que sólo tocamos en los aspectos técnicos. Pero acá entró también lo ideológico, eso de la *prusianización*: se siguió el modelo europeo en el que el ejército era el ejército de la patria. Puede sonar paradójico, pero el discurso patriota (no pocas veces deslizado hacia patriotero) fue, en buena medida, un subproducto importado igual que los diseños del vestuario y los cañones. En Venezuela, no obstante, donde la idea de patria se empalma con algo que sí es específicamente venezolano, el *Bolivarianismo*, esto requirió de una reflexión algo más compleja. Y López Contreras fue quien estuvo en condiciones de hacerla.

INVENTANDO LA TRADICIÓN

El 14 de julio de 1939, después de veinticinco años de servicio continuo —y si no descontamos el paréntesis de diez años de vida civil entre 1904 y 1914, de casi cuarenta metidos en las lides castrenses—

---

20   Gabriel Pinto Salazar, *Historia contemporánea de Chile I*, Santiago, Ediciones Lom, 1999, p. 141.

Eleazar López Contreras asciende a General de División. Era mucho lo que había visto desde que siendo adolescente (tenía dieciséis años recién cumplidos) se enroló en las huestes de la Revolución Restauradora. Todos los combates y sobresaltos del periplo que llevó y consolidó en el poder a Cipriano Castro los había pasado en uniforme. Todo el gobierno de Gómez, todo el proceso de profesionalización del ejército que se desarrolla bajo su larga dictadura y durante la cual asciende a sus más altas responsabilidades, más su propio gobierno, el paso tormentoso a la democratización, el cambio del país por el impulso del petróleo... De todo ello había sido no sólo testigo, sino protagonista de primer orden; y de todo ello estaba, en balance, orgulloso: un país unido, pacificado, en franco progreso material y dando pasos importantes hacia la democracia[21], dejaba ya casi al cierre de su carrera. Ese mundo de caudillos y montoneras del que había salido, ya era un recuerdo lejano y ajeno para 1939. Y así se lo hace saber a la Cámara del Senado aquel día de su ascenso:

> La Institución de las Armas impone que el mejor galardón para el soldado es la hora del deber cumplido; mas la generosidad con que se me ha recompensado, a la vez que un estímulo para mí, repercutirá en mis compañeros, por ser una expresión elocuente de cómo la acción del Poder Legislativo estrecha el acercamiento con el Ejército Nacional, ya que éste también trabaja y actúa, dentro de su misión, por el más franco desenvolvimiento del Gobierno Republicano.
>
> Yo puedo aseguraros que el militar efectivamente profesional, es y será siempre igual al más virtuoso ciudadano amante del civismo. La historia demuestra que sólo del grupo de audaces ciudadanos

---

21   Guillermo Morón, en el tomo V de su *Historia de Venezuela*, p. 332, afirma redondamente que López Contreras fue «el fundador de la democracia». Esta tesis ha ido adquiriendo numerosos adeptos en los últimos años... Ciertamente que sus esfuerzos por liberalizar al país fueron encomiables, contimás si pensamos en que venía del gomecismo. La dimensión de lo que representó la libertad de expresión, el excarcelamiento de los opositores, el retorno de los exiliados y el funcionamiento de un cierto juego de partidos y sindicatos, sólo se puede medir en relación con lo que era Venezuela un año, seis meses antes de su llegada al poder. Ahora, de allí a confundir democratización con democracia efectiva, hay un buen trecho. Sin elecciones generales, con algunos partidos proscritos y los principales líderes de la oposición expulsados después de 1937, por mucho que efectivamente estaban pujando por derrocarlo, y, sobre todo, sostenido por el ejército como estaba, por más que haya gozado de indudables legalidad y legitimidad, así como de una honradez personal intachable, es difícil decir que hubo una democracia como la que se inicia en 1958.

convertidos en audaces conspiradores urbanos o rurales y más tarde en guerrilleros, adquiriendo grados de hecho, muchos de ellos por indiscutibles actos de valor, salieron y se destacaron como los actores principales de los diversos asaltos al poder público. No así los militares profesionales, pues ellos serán siempre y en todo momento la mejor garantía de la independencia y libertad de las instituciones republicanas, cuya amplia y honrosa existencia se basa en los principios democráticos[22].

Glosemos estos párrafos, porque en ellos están resumidas las cuatro décadas anteriores de discurso militar de López Contreras. Todas y cada una de sus ideas, obsesiones y argumentaciones están allí. Veamos: el soldado profesional es el que se somete a las instituciones, el que respeta el civismo y la democracia, defendiéndolos con sus armas. Un concepto prácticamente igual al de Samuel Huntington[23]. Quienes, por el contrario, usan su fuerza para someter la república a sus designios, son los *otros*, los enemigos a vencer: los viejos caudillos, con sus grados de hecho. De ese modo, qué tan tarde haya llegado a General de División, y que de paso el grado no haya sido ni autoimpuesto, ni dado por un superior sobre el campo aún humeante de la batalla, sino por el soberanísimo Congreso de la República, es más que «un estímulo para mí, repercutirá en mis compañeros»: indica el camino a seguir.

Indica el *deber ser* de la tradición castrense que se funda en 1910. López Contreras dedicó su vida y talento a ello; es más, se aseguró de predicar con el ejemplo. No obstante, como sabe hasta el más oscuro profesor de ética y el menos ilustre de los abogados picapleitos, las buenas intenciones a veces terminan en resultados muy distantes de los esperados... No en vano, de ellas «está empedrado el Infierno». No se percató, en rigor *no podía* percatarse en su irreprochable intención e intachable conducta que, como en aquella frase que alguna vez fue famosa, su discurso profesional llevaba implícito «el germen de su propia destrucción». Y lo llevaba, precisamente, en aquello que buscó para sostenerlo. De cómo un discurso profesional puede conducir a uno pretoriano es de lo que vamos a discurrir en las siguientes páginas.

---

22 E. López Contreras, *Páginas para la historia militar...*, pp. 378-379.
23 *The Soldier and the State: the Theory and Politics of Civil-Military Relations*, Cambridge, Harvard University Press, 1957; nosotros hemos seguido en esto a Irwin, *op. cit.*

La tradición del ejército profesional venezolano, como la de toda institución joven que aún no tiene una y siente que la requiere para legitimarse, hubo de buscarse en algún lado, y si no se hallaba en ninguno, que inventarse. Es decir, una «tradición inventada» en el sentido que Eric Hobsbawm[24] le da a la categoría. Digámoslo de una vez: la tradición venezolana en el rubro de lo castrense era, hasta entonces, la caudillista. Hubo ciertamente, según se dijo, militares profesionales desde la Independencia, y unas Academias Militares de Matemática, una Escuela Náutica y al final una Escuela de Artillería de vida más o menos accidentada a lo largo de todo el siglo XIX; pero los oficiales egresados de ellas, en la casi totalidad de los casos, tuvieron una figuración más bien menor en la conducción y usufructo de las consuetudinarias guerras venezolanas de entonces. Es decir, la violencia y su administración estaba en manos de los «empresarios» de la misma. Pero como de lo que se trataba era precisamente de eliminar el caudillismo, para el ejército que se estaba inventando había que buscarse una tradición distinta. No se le podía decir a los cadetes que los «caracortadas», que los «chopo e'piedra» eran caminos a seguir. Que el Agachao, Martín Espinoza, Picayjuye, el literario Juan Pablo Guarimba o el Brujo Tiburcio eran ejemplos dignos de emulación. Pues bien, la solución hallada fue de una sencillez pasmosa: a falta de ejemplos mejores a la mano, echaron mano de la «tradición inventada» nacional: el Bolivarianismo.

Del Bolivarianismo, como fenómeno de consciencia colectiva, ya se han ocupado, en sendos estudios hoy célebres, cerebros de la talla de un Germán Carrera Damas y un Luis Castro Leiva[25]. Del que desarrolló López Contreras como particular ideología política, lo ha hecho Luis Cipriano Rodríguez[26]. Del que se manifiesta como específico problema historiográfico, Napoleón Franceschi[27]. Y del que está presente

24 «La 'tradición inventada' –nos dice–, implica un grupo de prácticas, normalmente gobernadas por reglas aceptadas abierta o tácitamente y de naturaleza simbólica, que busca inculcar ciertos valores o normas de comportamiento por medio de su repetición, lo cual implica automáticamente continuidad con el pasado». Eric Hobsbawm y Terence Ranger, *La invención de la tradición*, Barcelona, Crítica, 2002, p. 8.
25 Germán Carrera Damas, *Culto a Bolívar*, Caracas, UCV, 1973; y Luis Castro Leiva, *De la patria boba a la teología bolivariana*, Caracas, Monte Ávila Editores, 1984.
26 Luis Cipriano Rodríguez, «Bolivarismo y anticomunismo en Venezuela (1936)», *Tiempo y Espacio*, Nº 5, 1986, pp. 51-62.
27 Napoleón Franceschi, *El culto a los héroes y la formación de la nación venezolana*, Caracas, s/e, 1999.

en las expresiones de las culturas populares venezolanas, en un trabajo benemérito, el equipo de antropólogos que coordinó Yolanda Salas en la Universidad Simón Bolívar[28]. Luis Castro Leiva define al *Bolivarianismo* como nuestra «tradición cívica muy idiosincrática»[29] en la cual Bolívar es la encarnación de todas las virtudes republicanas. Entiende al «patriotismo en general y el Bolivarianismo en particular como encarnaciones 'ejemplares' de una moral política y de una moral general»[30]. De sus últimas manifestaciones bajo la Revolución Bolivariana, también han dado cuenta, en textos de gran polémica y difusión, Carrera Damas, Elías Pino Iturrieta, Manuel Caballero y Guillermo Morón[31]. Es por esta vía que vamos a seguir nosotros: el Bolivarianismo como filosofía político-moral. Este Bolivarianismo arranca en los mismos orígenes republicanos, lo que hemos venido llamando el culto fundacional; es decir, el que se produce en la guerra de Independencia y sus años inmediatamente posteriores, e implicó su asimilación a la idea de *patria*. En buena medida, ese constructo que llamamos Historia Patria[32] fue el vehículo difusor de todo esto.

---

28 Yolanda Salas con la colaboración de Norma González Viloria y Ronny Velásquez, *Bolívar y la historia en la conciencia popular*, Caracas, USB, 1987.

29 Luis Castro Leiva, *Sed buenos ciudadanos*, Caracas, Alfadil Ediciones/IUSI, 1999.

30 Luis Castro Leiva, *De la patria boba...*, p. 117.

31 Véase el capítulo I.

32 Hemos desarrollado el tema en el capítulo IV. Carrera Damas define a la Historia Patria como aquella que «entiende a la Independencia como una ruptura más o menos total y drástica con el pasado colonial. Es decir, la Independencia marca el inicio de algo que es esencial, radical o absolutamente diferente de lo que existió antes. Desde este punto de vista es venezolano aquello que se produce a partir de ese momento: lo anterior se denomina colonial, sin entrar a precisar si es venezolano o qué cosa es». Por ello, en la Historia Patria la Independencia es el tema nodal, el proceso básico de nuestro devenir hasta llegar a convertirse en *la* historia misma de Venezuela. G. Carrera Damas: «Para una caracterización general de la historiografía venezolana actual», en *Historia de la historiografía venezolana*, tomo I, Caracas, UCV, 1996, pp. 9-10. La Historia Patria se escribió esencialmente en el siglo XIX, en principio por los mismos partícipes en la Guerra de Independencia. Pronto tuvo un gran impulso por el romanticismo literario, que en su emotividad logró insuflarle el tono necesario para despertar los *sentimientos* patrióticos que se esperaba tuvieran los ciudadanos. Aunque la llegada del positivismo cambió las cosas en los ambientes académicos, su impronta en la consciencia venezolana, así como en los manuales escolares y en el *discurso parahistórico* (ritos cívicos, monumentos, discursos políticos y otras instancias que coadyuvan a crear una consciencia histórica), se ha mantenido incluso hasta hoy. Franceschi en *op. cit.*, identifica su *corpus mayor* en los grandes historiadores decimonónicos: Feliciano Montenegro y Colón, Rafael María Baralt, Francisco Javier Yánes, José de Austria, Juan Vicente González, Felipe Larrazábal y Eduardo Blanco. El *corpus menor* está constituido por obras parciales, generalmente dispersas en la prensa, y una abundante folletería, que en ambos casos recogían piezas oratorias.

La Historia Patria ocupó el espacio de la historia sagrada, de la gran epopeya fundacional de la República, con toda su panoplia de arquetipos y valores; con toda su fuerza de educadora moral. Traer, por lo tanto, a colación sus *lecciones* para sostener los más diversos proyectos se convirtió en un medio algo más que socorrido en nuestros discursos políticos. En el mismo que López Contreras pronuncia ante el Senado con el que comenzamos, se lo demuestra muy bien:

> Acaso esa idea [la del militar profesional] esté positivamente dentro de la influencia de lo que pensaba de sí mismo el Libertador, al considerar que su vida y sus esfuerzos estarían mejor empleados en el campo de la guerra que en las actividades políticas inherentes a la administración pública. Efectivamente, él como conductor de tropas, aun con las derrotas completó el éxito de sus grandes triunfos guerreros, en tanto que en la política no pudo ser comprendido ni secundado con la eficacia y desinterés que requerían su capacidad y esfuerzos en la obra por realizar, sintiendo íntimamente, y sufriendo primero en su espíritu y en su carne, los padecimientos que vendrían más tarde a los Estados que él forjó con su espada y con su genio incomparable.
>
> No toméis estas sinceras palabras mías como una expresión de vanidad, si creéis que al hacer tal recuerdo pretendo comparar mi situación con la de nuestro Héroe Máximo, pues bien sabéis que por temperamento y por devoción bolivariana, sería incapaz de llegar a tal profanación: pero como todo en nuestra magna epopeya representa una enseñanza, ya aspiro a que se me comprenda y se apoyen mis buenas intenciones de Magistrado, y así unidos, corrigiendo las diferencias existentes, prosigamos sin vacilar la vida sacra bolivariana, en la seguridad de que la República será fuerte, será digna y será gloriosa, como fue la aspiración suprema de nuestro Padre y Libertador[33].

Así de mal les va a los militares en la política –insiste precisamente él, a quien le fue tan bien– que hasta Bolívar se estrelló en ella. No nos detengamos tanto en el contenido, sino en la dirección y estructura de esto, que es donde llega al extremo opuesto al que quería llegar; vemos cómo se desliza hacia el pretorianismo. Detengámonos en otros dos ejemplos.

---

33 E. López Contreras, *Páginas para la historia militar...*, pp. 379-380.

En 1931, cuando se reabre la Escuela Militar –había sido cerrada tras el intento de golpe por los cadetes en 1928– con un Curso Militar y de Perfeccionamiento Naval, y egresan dieciséis cadetes militares y seis navales en un acto al que asiste el mismísimo general Gómez, López Contreras les dice que después de «obtener el primer grado efectivo en el Ejército y la Armada (...) mayor será vuestra responsabilidad, mayor tiene que ser vuestra capacidad técnica, y necesariamente mayor vuestra *autoridad moral*»[34]. Las cursivas son nuestras, porque véase lo que se esperaba de estos militares:

> Sostened vuestra personalidad en el servicio, fuera del servicio, en actos públicos y sociales y en la intimidad del hogar. Sed en todas partes modelo de corrección, porque la Nación entera y el Magistrado que rige sus destinos, tienen su mirada constantemente fija en la Institución Armada, por ser ella la más segura garantía de orden, moralidad, paz y progreso. Concretad una parte de vuestras energías al estudio de la historia militar de nuestras guerras de independencia. En esa rica fuente de enseñanza aprenderéis a honrar a la Patria y a defenderla, a la vez que a venerar la memoria de nuestros héroes, cuyas virtudes os harán consagrados con toda fidelidad al servicio de la República. En fin, estudiad nuestra historia contemporánea, y podréis apreciar los esfuerzos realizados por el Gobierno para el desarrollo de la Institución Armada, y vuestros sentimientos de respeto y fidelidad se unirán a los profundamente arraigados en el corazón de los oficiales antiguos, unos, procedentes del mismo instituto, y otros, formados en los campamentos[35].

Aquí la ecuación está clara: la patria prácticamente existe por el ejército, que es su paz, su orden, su progreso; el ejército es la vitrina de sus más altas virtudes republicanas; y esas virtudes han de aprenderse de los héroes de la Independencia; de los, no en vano, Padres de la Patria. El próximo paso será el obvio: «Los ejércitos –dirá años más tarde– no se miden muchas veces por sus grandes efectivos ni por la cantidad de su material bélico, sino por su moral. Los ejércitos de nuestros países bolivarianos, por su tradición y por su moral, que no han perdido nunca, siguen las normas gloriosas que les señalaron sus fundadores Bolívar,

---

34 *Ibid.*, pp. 204-205.
35 *Ibid.*, p. 205.

Páez, Santander, Miranda, Sucre y otros muchos»[36]. ¿Sus *fundadores*? ¿Cómo así? ¿Y no es que fueron Gómez y acaso él mismo sus fundadores? Pues bien, López Contreras redactó un artículo bajo el título de «Campaña patriótica», que al incorporarlo a sus *Páginas para la historia militar de Venezuela* no le coloca la fecha de redacción y/o publicación inicial (nosotros la calculamos *circa* 1930), y que es todo un manifiesto al respecto:

> Para la época en que se inició la reforma de la Institución Armada del país, la noble carrera militar había sido llevada a un lastimoso estado de desprestigio, de manera que solamente algunos veteranos se mantenían, como reliquia histórica, en medio de un crecido número de oficiales de partida, formados por el torbellino de nuestras pasadas convulsiones políticas.
>
> Hoy cuenta la República con más de un centenar de oficiales que han cursado estudios en nuestra Escuela Militar, y con algunos que recibieron preparación similar en las escuelas de Chile, Perú y Colombia; éstos y aquéllos, se encuentran sirviendo en las filas del ejército activo en unión de quinientos oficiales más, ya fogueados, que han alcanzado durante muchos años de servicio y de práctica, suficiente capacidad para el comando de unidades[37].

En este contingente de oficiales «la educación moral que ha recibido no ha tenido menor desarrollo que su preparación técnica», de tal manera que son ellos «...*los únicos capaces de coordinar los medios de defensa y de aplicarlos de manera consciente*, a fin de expulsar del territorio al terrible invasor». Por eso «en la actualidad, el ejército, comandado por su reformador [el Benemérito, claro], es la más segura garantía de la paz, bajo cuya sombra se desarrollan las ciencias, artes e industrias...», y «Esta abnegación merece ser recompensada con el aprecio y la consideración de los buenos patriotas...». En consecuencia,

> Considero muy oportuno hacer mención de aquellos tiempos de efectiva grandeza patria, en que los Libertadores, al empuje de los he-

---

36 E. López Contreras, *Temas de historia bolivariana*, Madrid, Edt. J.B., 1954, p. 70.
37 E. López Contreras, *Páginas...*, p. 373.

chos heroicos e imponiendo rigurosas medidas de justicia y equidad, levantaron la carrera militar a la mayor gloria y brillo conocidos.

El Ejército Patriota copió, para su organización y empleo, las ordenanzas y métodos tácticos en uso en el Ejército Realista, cuyas modificaciones, muy limitadas, se fueron haciendo en virtud de las necesidades impuestas por la naturaleza del terreno, con la difusión de modernos conocimientos traídos por los oficiales europeos al servicio de la República, y por la acción personal de algunos caudillos nacionales.

Los ascensos se conferían en rigurosa escala, bien por méritos sobresalientes, importantes servicios prestados en campaña, o por hechos heroicos ejecutados en el propio campo de batalla. La reglamentación a tal fin no podía ser quebrantada, ni aun por aquellos jefes de mayor autoridad y prestigio, porque la enérgica actitud del Libertador se imponía para hacer respetar las ordenanzas[38].

Como se ve, el mismo discurso que dio ante el Senado casi una década después. En esta ocasión el énfasis es en el otorgamiento de los grados; en aquélla la subordinación al poder civil; al fin y al cabo dos caras de una misma moneda, el profesionalismo militar. Pero en ambas se sostiene con el mismo argumento infalible: así han de ser las cosas porque así Bolívar ya lo había dispuesto. En un salto de garrocha ideológico, se apartó de más de setenta años de guerras civiles y montoneras, y cayó a 1830, partiendo de allí el origen, la tradición de un ejército que, en términos reales, arrancó a principios de siglo y por la profesionalización de hombres más cercanos a los «caracortadas» decimonónicos que a los héroes de la Magna Gesta. A aquellos hombres de cuando la Patria era grande; y lo era así, con *P* mayúscula.

DEL EJÉRCITO DE LA PATRIA A LA PATRIA DEL EJÉRCITO

El pretorianismo parte de la convicción de que es el ejército el que debe llevar a la patria a la grandeza. No sólo y más humildemente como López Contreras se esforzó en aclarar: dotándola de la paz necesaria para que florezcan las industrias y defendiendo sus leyes e

---

38 *Ibid.*, p. 375.

instituciones, sino haciéndolas florecer directamente, dictaminándole, incluso, las leyes. Poniendo orden, su orden, allá donde el resto de la sociedad, evidentemente, no pudo. Tomando (¿usurpando?) sus funciones, pues. Pero no militarizando la sociedad, como en la Alemania del III Reich, donde a todos hubo de metérsele en algún uniforme, sino teledirigiendo desde los cuarteles lo que el resto de los paisanos hacemos.

Al inventársele al ejército moderno la tradición que lo empalma con los Padres de la Patria, se le estaba dando una carga ideológica que escapaba, largamente, de las sanas intenciones (insistimos: nada indica lo contrario) que siempre tuvo López Contreras. Por ejemplo en 1929, cuando tras la eliminación de la Escuela Militar se crea la Escuela de Aspirantes a Oficiales con cincuenta hombres tomados de La Sagrada, López les dice al graduarse: «Conocido, pues, el fin que se propone el Jefe del País con la organización de esta Escuela de Aspirantes a Oficiales, bien saben los alumnos el deber que se imponen ante el altar de la Patria, de la gloria de los Libertadores, de la Institución Armada y de sus propias consciencias de venezolanos...»[39]. ¿Y qué es lo que quería el Jefe más allá de los «sentimientos de lealtad» que López Contreras siempre remacha? Pues que «...el ejército, que es el organismo vital de la Nación, de seguridad política y social, de inviolabilidad de su territorio y de sus gloriosas tradiciones históricas, tiene que descansar bajo tales principios y prácticas...»[40].

Repasemos tres de estas frases: «organismo vital de la Nación», «de sus gloriosas tradiciones históricas», y el deber ante «la gloria de los Libertadores». Es decir, sin ejército no hay patria, sin él se muere: ¡es el órgano vital! Se disuelve no sólo en guerras intestinas o por dentelladas exteriores –he allí los ejemplos de Bolivia o Ecuador, «la Polonia de América»– sino también porque hasta la memoria histórica, o lo que entonces, bajo la égida de la Historia Patria, se tenía por tal, es decir, la gloria de los Libertadores, está bajo su resguardo. El ejército es algo así como el relicario del espíritu de la patria. Así por ejemplo, se explica porqué algo que en principio nos puede parecer hoy muy, pero muy llamativo, entonces resultaba lógico: responsabilidades que hoy recaerían en el Instituto del Patrimonio Cultural o en la Dirección de Ceremonial y Acervo Histórico y Documental de la Nación, adscrita al Ministerio

---

39 *Ibid.,* p. 167.
40 *Ibid.,* p. 166.

de Interior y Justicia, o en menor grado a la Academia Nacional de la Historia o a la Sociedad Bolivariana de Venezuela, por nombrar sólo cuatro órganos estatales encargados de resguardar la memoria histórica de los venezolanos, entonces recaían en el Ministerio de Guerra y Marina.

Por ejemplo, en 1932 el Ministro de Guerra y Marina de Ecuador le informó a su homólogo de Caracas que los restos del Mariscal Sucre «habían sido trasladados del cofre en que estaban depositados, desde el feliz día de su hallazgo, al mausoleo monolítico definitivo que la gratitud y la lealtad clásica del noble pueblo ecuatoriano erigieron en la Iglesia Metropolitana de Quito»[41]. Ante esto, es López Contreras, su homólogo venezolano, quien «contestó la prenombrada comunicación el 25 de noviembre, significando la complacencia y el reconocimiento nacionales por el suceso (...) aprovechó la oportunidad para hacer presente, además, al Excelentísimo Señor Sotomayor, que Venezuela no ha renunciado, de ninguna manera a los legítimos derechos que la asisten para querer guardar las veneradas cenizas del Mariscal Sucre, derechos ya invocados desde 1875 por el Gobierno del General Antonio Guzmán Blanco...»[42].

El rescate de las cenizas de un prócer, como si fuera el rescate de los cadáveres del campo enemigo en la batalla, resultaban, por lo que se ve, asunto del Ejército. Revisando las Memorias de Guerra y Marina de este período se ve hasta qué punto el esfuerzo destinado a esto fue notable para el despacho. Primero, había una relación directa con la *historia*, sobre todo en su acepción tradicional, donde ésta equivalía a *historia militar*; heredada del siglo XIX a través de un aspecto administrativo, pero de mucha carga ideológica: las pensiones a los Ilustres Próceres –tal es el título que se les daba a quienes habían participado en la Emancipación, generación cuyos últimos representantes mueren hacia 1880– y sus descendientes inmediatos se pagaban por allí debido a que, inicialmente, eran pensiones para veteranos. De ese modo, pocas ocasiones se nos ofrecen en la historia institucional venezolana para ver tan claramente manifestada la lógica de la Historia Patria. Al estar la Historia centrada en la *guerra* –no en el pensamiento, la legislación u otra cosa– de la Independencia, resulta que el ministerio del ramo era el único que podía alegar un contacto inmediato con la epopeya; un origen tan remoto hasta tocar los tiempos primigenios y

---

41 *Ibid.*, p. 209.
42 *Idem.*

heroicos; una ilustre nómina de personajes (para los efectos prácticos, «los» *personajes históricos* de Venezuela) asociados a la fundación de la patria... En consecuencia, resultaba más que obvio que sus detentores de cien años después se sintieran herederos directos de aquellas glorias.

Aún tan tarde como en 1920 –según vemos en la memoria de ese año (pp. 93 y ss.)– hubo erogaciones en el rubro de las pensiones de los Ilustres Próceres (y que además las siguiera habiendo por un tiempo considerable más): de algún modo, con ellas, se cumplía el sueño aristocrático del Libertador de crear una casta de descendientes de los Padres de la Patria esbozada en su proyecto Senado Hereditario. Por ejemplo, en 1924 es éste el ministerio –y no a Obras Públicas o al de Instrucción o a la Gobernación del Distrito Federal– al que se le asigna la tarea de resolverle una vivienda a las sobrinas-bisnietas del Libertador:

> Habitación para las sobrinas del Libertador.
> Consecuente con las ideas que han inspirado siempre los actos del Gobierno de la Rehabilitación con relación a la memoria de nuestros Libertadores y Próceres, y especialmente en lo que se refiere al Libertador y Padre de la Patria Simón Bolívar, el Ministerio de Guerra y Marina, cumpliendo instrucciones del Ciudadano Presidente de los Estados Unidos de Venezuela, General Juan Vicente Gómez, dispuso que se hicieran a la casa número 10, Calle Norte 4, de esta ciudad, perteneciente al Gobierno Nacional, las modificaciones y reparaciones necesarias, a fin de destinarla para habitación de las sobrinas solteras del Libertador, señoritas Benigna Camacho y Bolívar y Antonia Esteller y Bolívar, y así se hizo por el Ministerio de Obras Públicas, amueblándola además convenientemente y poniéndola a disposición de las agraciadas la fecha del Natalicio del Libertador, 24 de julio.
> Conjuntamente, por disposición del Ciudadano General Juan Vicente Gómez, se aumentó a dichas señoritas la pensión que disfrutaron los ley[43].

Antonia Esteller (1844-1930), por cierto, tuvo un largo y extraordinario desempeño como educadora hasta pensionarse en 1898, y fue autora de dos manuales célebres: *Catecismo de historia de Venezuela* (1885) y

---

43 *Memoria de Guerra y Marina*, pp. VII-VIII.

Compendio de la historia de Cristóbal Colón (1893), con los que estudiaron unas cuantas generaciones de venezolanos. De tal modo que la casa que le habilitó el Ministerio de Guerra tiene aún más significación: maestra, autora de manuales de historia y descendiente indirecta de Bolívar, es decir, siendo casi la encarnación de la memoria colectiva, ¡son los militares y no el Ministerio de Instrucción pública quienes se encargan de su suerte!

Pero hay más. En la página 131 de la ya tantas veces citada *Páginas para la historia militar*, aparece una foto sorprendente. Como si se tratara de algún tipo de misa negra, en un pomposo y empapelado salón del Ministerio de Guerra, posa el alto mando, el ministro Jiménez Rebolledo y algunos otros dignatarios en torno a una calavera puesta sobre un escudo y una bandera. Según reza la leyenda, se trata de la «entrega al Doctor C. Jiménez Rebolledo, Ministro de Guerra y Marina, de los restos de un soldado de Ayacucho, y de tierra y otras reliquias recogidas en el Campo Inmortal». Quien hace la entrega es el jefe de la Misión Militar venezolana enviada al Perú para la celebración del Centenario de la batalla, Eleazar López Contreras. Viendo el espacio que le dedica a tal cosa en su autobiografía, podemos ponderar la importancia que le dio en su vida. En el informe que presentó una vez vuelto al país, lo explica:

> Como tuve el honor de comunicar a Ud., la visita que hice como parte de la Misión Militar al campo histórico de Ayacucho, fue acogida con entusiasmo insólito, como expresó el propio Prefecto del Departamento, pues la población se sintió feliz al conocer los soldados de Venezuela, descendientes de Bolívar y Sucre. En el acto público y solemne en que el señor Prefecto hizo tal manifestación, cumplí con el grato deber de declinar todo honor hecho al personal de la Misión Militar en la persona del Jefe del Ejército de Venezuela. Es motivo de júbilo para el suscrito y los demás miembros de la Misión Militar, haber realizado un acto de trascendencia en el Campo de Ayacucho, no solamente al rendir homenaje a los héroes de la gloriosa jornada, sino al recibir una porción de tierra de dicho campo, donde lucharon con tanto denuedo nuestros antepasados, y recoger los despojos de un combatiente representativo de los soldados que, bajo las órdenes del Libertador y de sus tenientes, desde Venezuela al Potosí, fueron derramando su sangre y rindiendo sus vidas con tanto espíritu de abnegación y sacrificio.

La conducción a Venezuela de tan preciosas reliquias, a fin de glorificar en ellas al Soldado de Ayacucho, viene a reparar una injusticia, ya que no ha debido olvidarse al pobre hijo del pueblo, que también tuvo su gran parte de esfuerzo y así debe tenerla de compensación en la gloria. Toca, pues, a Venezuela, ser la primera que reivindica los derechos del humilde soldado, y en esto no debía tampoco dejar de tener el primer lugar, como lo tuvo en los sacrificios por la emancipación de América[44].

Se cerraba el ciclo: los descendientes de los soldados de Bolívar, los soldados de Gómez –véase cómo López Contreras declina el honor propio en pos del de su Jefe– como acto supremo de homenaje extraen las cenizas de un soldado que cayó en el heroico combate y las traen para rendirle honores. Como por ley no pueden enterrarse en el Panteón Nacional, se propone un monumento al Soldado Desconocido en el campo de Carabobo, donde cada 9 de diciembre (no sabemos si se cumplió este rito) le rendirían honor los soldados y los niños de las escuelas cercanas[45].

Testimonios así pudiéramos traer a colación por montones. Pero todos conducen a una cosa: la identificación de las ideas de ejército y de patria. Ya en el gobierno, al que siempre definió de *bolivariano*, proponiendo al *Bolivarianismo* como oposición al comunismo, el más temible fantasma que vio en todos lados, el lopecismo demostrará el efecto real de esto en la práctica política. Bajo la premisa de que «Todo está sintetizado en el Libertador. Sencillamente todo», como escribió un epígono en *El Heraldo*[46]:

Todo: Patria, Dios, Ley, Bandera, Escudo, República, Religión, Democracia, Paz, Libertad, sus valores asimilados a Bolívar. Por supuesto, también son importantes otras ideas y valores representados por instituciones como el Ejército que constituye la herramienta coercitiva básica para sostener el proceso de transición. Estamos en 1936, y en lo inmediato, el objetivo político es muy concreto: superar la Dictadura de un modo democrático, legalista, patriótico y bolivariano. Para el logro de tal meta, el Ejército es garantía de orden, fuerza y patriotismo inspirado en la herencia de el Libertador[47].

---

44 E. López Contreras, *Páginas...*, p. 130.
45 Cfr. *ibid.*, p. 139.
46 Luis Cipriano Rodríguez, *op. cit.*, p. 57.
47 *Idem.*

En un enjundiosísimo estudio, Brian Loveman[48], ha demostrado cómo tal enfoque es el que consuetudinariamente ha justificado la
intervención de los militares en la política latinoamericana.

> ...leaders of military coups and their civilian allies usually justify
> their apparent breach of dicipline and subordination to civilian
> authority as sponses to government illegitimacy and innefficacy that
> imperil la patria, not as claims that the armed forces permanently
> assumed the role of sovereign (...) La patria, its «way of life», its
> sovereignty, and its destiny armed forces special mission[49].

Esta defensa de la forma de vida, tan cara para López tanto en
los días del gomecismo, cuando esto se traducía en conservar la paz y
el orden, como en su gobierno, cuando lo era en combatir al comunismo, según Loveman, fue insuflada en buena medida por los asesores
europeos que en todo el subcontinente se contrataron para organizarlas
en el entresiglo, por ejemplo por la prusianización.

> Lessons learned from foreign military missions were not strictly
> military. Armies in Prussia, France, Spain, Italy, and Russia engaged
> not only to in preparations for external defend (ando offense) but also
> in internal missions to defend the social order against revolutionary
> doctrines and movements[50].

Casos como el del ejército francés ante la Comuna de París en
1871, fueron elocuentes. Pero surgida precisamente de aquella coyuntura, la fama del ejército prusiano, que germanizó a todas las fuerzas
armadas del continente –en Venezuela su Jefe se dejó, incluso, los

---

48 *Op. cit.*, *vid supra* nota 6.

49 *Ibidem*, p. XV: «...los líderes de los golpes militares y sus aliados civiles usualmente justifican su
evidente ruptura de la disciplina y subordinación a la autoridad civil promovida por la ilegitimidad y
la ineficiencia del gobierno imperante en *la patria*, no como la afirmación de que las fuerzas armadas
permanentemente asumen el rol de soberanas (...) *La patria* es una forma de vida, esta soberanía y
este destino es la misión específica de las fuerzas armadas».

50 *Ibid.*, p. 77: «Las lecciones dadas por las misiones militares extranjeras no fueron únicamente
militares. Los ejércitos de Prusia, Francia, España, Italia y Rusia no solamente se dedicaron a la
preparación para la defensa (o la ofensiva) externa, sino que también lo hicieron en misiones internas
para defender el orden social contra las doctrinas y los movimientos revolucionarios».

bigotes del Káiser– trajo otra forma de enfrentar el problema: la de Bismarck. «In Latin America, likewise, military officers somentimes promoted social legislation and tutelary role for the state to ameliorate worker-employers conflicts»[51]. En fin:

> Modernizations and professionalization in Latin America via foreign missions imbued military institutions with highly politicized military lore. Everywhere this lore recounted the urgency of «rescuing» *la patria* from the politicans incompetence, naiveté, corruption, and lack of patriotism. The foreing missions introduced the sort of geopolitical thought on internal development and external idiological enemies (...) They molded offiers and installed the belief that «the word PATRIA encapsulates... our family, our companions, our possessions, our memories, our history, our lives, in short, everything we have and everything we are». The missions injected the armed forces with a near-religious zeal and professional mysticism: «the officier's profession must be a preisthood (*sacerdocio*) [of the *patria*]»[52].

Las frases que están entrecomilladas son citas de un texto de deontología militar guatemalteco de 1964, lo que ya casi dice todo lo que se pueda decir sobre el punto: las cruentísimas consecuencias que tales deontología y sacerdocio conllevaron en la derrota de la guerrilla. No obstante, el comunismo fue derrotado. El objetivo de salvar a la patria como salvación de una forma de vida se cumplió.

En efecto, esto era tan así que a todo lo ya dicho, hay que agregar que en las *Memorias de Guerra y Marina*, en la exposición del titular

---

51 *Ibid.*, p. 79: «En Latinoamérica frecuentemente los militares promueven legislaciones sociales y un rol tutelar del Estado para los conflictos obrero-patronales».

52 *Ibid.*, p. 97: «La modernización y la profesionalización por la vía de misiones extranjeras en América Latina, imbuyó sus instituciones castrenses de una ciencia militar altamente politizada. En todas partes esta ciencia señaló la urgencia de 'rescatar' a *la patria* de los políticos incapaces, *naiveté*, la corrupción, y de la falta de patriotismo. Las misiones militares introdujeron una especie de pensamiento geopolítico sobre el desarrollo interno y las ideologías enemigas extranjeras (...) Ellos moldearon oficiales e instalaron la creencia de que 'la palabra PATRIA encierra... nuestra familia, nuestros compañeros, nuestras posesiones, nuestra memoria, nuestra historia, nuestra vida, en suma, todo lo que tenemos y todo lo que somos'. Las misiones inyectaron a las fuerzas armadas un entusiasmo casi religioso y un misticismo profesional: 'la profesión de oficial es casi un sacerdocio [de la patria]'».

del despacho al Congreso, el punto de las fiestas patrias gozaba de un aparte, si no tan largo, al menos de igual ponderación que, por ejemplo, la Escuela de Aviación Militar. «Ha puesto siempre el Ministerio de Guerra y Marina particular empeño que en la celebración de las grandes festividades nacionales no falte digna representación del Ejército, pues considera que uno de los medios, y no el menos eficaz para la educación del soldado, es recordarle las virtudes de nuestros gloriosos antepasados, para que admirándolas como es debido pueda inspirarse en ellas y trate de imitarlas. Y qué mejor recuerdo sino la celebración de sus heroicos hechos?...»[53]. Sobre todo, cuando el soldado promedio era analfabeto y si no era así difícilmente podía enterarse de los prodigios, vida y milagros presentados por la hagiografía patriótica, que así como la cristiana busca formar buenos creyentes, aquélla busca formar buenos ciudadanos. «Ciudadanos soldados», gustaba decir López Contreras. «*No existen buenos o malos soldados, sino reclutas bien o mal preparados*» dijo al inicio del Curso de Clases en 1927, agregando a renglón seguido: «...tenemos en nuestra historia militar muchos ejemplos de valor, abnegación y espíritu de sacrificio del personal de clases...» y se lanza con una anécdota borlada, obviamente, por el Libertador[54]. Cuando tres años después publica su ineludible *Bolívar, conductor de tropas*, acaso su mejor texto historiográfico y tal vez el primero de historia militar venezolana con un nivel técnico tan alto en cartografía y análisis de tácticas y estrategias, escribe:

> En nuestra consagración al servicio de la Institución Armada de la República, bajo la experta dirección del Benemérito General Don Juan Vicente Gómez, creador del moderno Ejército Venezolano, hemos recibido el mayor estímulo para orientar nuestro criterio y espíritu militar, por medio del estudio de las campañas preconcebidas y desarrolladas por el genio incomparable de Bolívar donde actuaron de manera brillante Antonio José de Sucre, Rafael Urdaneta, Anzoátegui, Soublette, Salom, Córdova, Girardot y tantos otros ilustres próceres de la Magna Epopeya, realizando ejemplarísimos hechos de heroísmo y dejando enseñanzas militares para aquellos que aspiramos a sostener las gloriosas tradiciones del Ejército Libertador.

53 *Memoria de Guerra y Marina*, 1920, p. XII.
54 E. López Contreras, *Páginas para...*, pp. 144 y 145.

Efectivamente, las campañas bolivarianas constituyen la mejor escuela de guerra y de patriotismo para los hijos de las seis Repúblicas fundadas por Bolívar, que se desarrollan al amparo de su nombre, de su gloria y de sus doctrinas internacionalistas...[55].

Partiendo, como se dijo, «de la idea de que el Ejército no está al servicio de una camarilla regional, sino del gobierno central y del ordenamiento constitucional legalmente establecido (...) se refuerza la concepción de que las funciones de los militares deben ser permanentes y profesionales, tanto en tiempos de guerra como en tiempos de paz». Buena parte del esfuerzo pedagógico y doctrinal desarrollado por los mandos se enfocó en esa dirección:

Coyunturalmente, esta actividad es reforzada con las celebraciones centenarias del 19 de abril de 1810 y del 5 de julio de 1811 y otras fechas patrias. Las fiestas fueron meras justificaciones para acelerar el proceso reformador porque, según los jefes del régimen, «... correspondía al ejército la misión honrosa de cooperar con su presencia en las demostraciones patrióticas». Se buscaba un paralelismo entre el Ejército comandado por Simón Bolívar y los pasos iniciales que se estaba dando con la Reforma Militar. Durante esos años fue una constante la carga ideológica de la guerra independentista, quedando así entrelazados los preceptos institucionales de la función militar moderna con la herencia heroica del Ejército venezolano, lo cual daba un sentido de unidad político-institucional a la Reforma Militar puesta en práctica[56].

Acaso para los mismos fines, en 1918 se crea el cargo de profesor de Geografía e Historia en la Escuela Militar[57], que ejercería por varios años Francisco Jiménez Arráiz (1868-1927). Es un dato interesante. El sueldo de bolívares 120 mensuales, que era el de un profesor de bachillerato, dice algo acerca de la categoría del instituto, que aún

55 E. López Contreras, *Bolívar, conductor de tropas*, Caracas, Editorial Elite, 1930, p. 9.
56 Ángel Ziems, «Un ejército de alcance nacional», en Elías Pino Iturrieta, *Juan Vicente Gómez y su época*, Caracas, Monte Ávila Editores, 1998, pp. 146-147.
57 «Decreto 1 que crea cuatro cargos de profesores y autoriza el crédito adicional correspondiente», *Memoria de Guerra y Marina*, 1918. Los otros tres profesores eran de Castellano, Matemática e Inglés.

no era de carácter superior. Jiménez Arráiz –padre de José Tomás, el de la Generación del 28– tenía ya alguna experiencia docente como profesor de filosofía en un colegio de niñas, amén de haber escrito algunos versitos parnasianos; cargo y actividad que a pocos podían hacerle augurar talento militar, cuando se une y combate, incluso con méritos sobresalientes, en la Revolución Restauradora. De modo que así sería aquella Escuela Militar, que hasta su profesor de historia había sido montonero. Ahora bien, ese paso por la guerra fue el que le abrió la puerta por la que más se le conoce en la historia. No por su valor sobresaliente en Tocuyito, sino por las relaciones que le granjeó para montarse en la primera ola de concesiones petroleras, y gozar del poco atractivo honor de que la «Concesión Jiménez Arráiz», que rápidamente transfiere, como era rigor entonces, a transnacionales, tenga un lugar sobresaliente en la «Danza de las Concesiones» que da Castro hacia el año siete. En otros tiempos y en ciertos círculos, aquello lo equivaldría a simple vendepatria.

Pero a nosotros lo que nos interesa es otra cosa. Siendo profesor otra vez y director de la Biblioteca del Congreso, vuelve a la pluma y escribe dos obras históricas, si descontamos su testimonial *Del vivac* (Caracas, 1900; se trata de recuerdos de sus correrías de montonero): *Hojas de laurel* (1921) y *Camino de gloria* (1925). Ambas dicen mucho de lo que aprendieron aquellos cadetes en el curso de primer año que les daba, porque ambas son tributarias del espíritu épico de Eduardo Blanco, de la más «cruda emotividad» (Carrera Damas, *dixit*) de la Historia Patria. El curso que dictaba, de hecho, era de veinte temas que iban de Colón hasta la creación de Bolivia. Dieciséis estaban asociados a la Independencia, uno al Descubrimiento, dos a la Conquista y uno a los trescientos años de la Colonia. Ninguno de historia republicana[58]... En fin, la Historia Patria en todo su esplendor.

Las obras de López Contreras son del mismo talante, aunque hay que reconocerles unos cuantos méritos. López Contreras intentó (y no sería audaz decir que logró) una verificación técnica –en términos de tácticas, de cartografía– de los cantos epopéyicos. Como estudios militares son muy solventes y hablan bien del esfuerzo autodidacta del autor. A su vez, y aunque puede sorprender, no acusa, hasta donde sepamos, recibo de las corrientes positivistas que tanto esfuerzo

---

58 *Memoria de Guerra y Marina*, 1921, p. 25.

hicieron para justificar al régimen. Nada de Gendarme Necesario ni de determinismos geográficos o raciales. Lo suyo sigue siendo Eduardo Blanco, pero, eso sí, no comparando a los Libertadores con Aquiles y Patroclo, sino demostrando lo acertado de un movimiento retrógrado, de cierta diversión por el flanco izquierdo o de la disposición de la artillería en determinada batalla. Con los actos conmemorativos del centenario de Ayacucho, el Ministerio de Guerra extiende sus funciones en el patrimonio histórico e inaugura el Museo Militar de San Mateo, aún hoy uno de los mejores del país[59]. Y en 1932, ya siendo ministro, el Museo Militar «24 de Julio» en Maracay, «en homenaje a la fecha natalicia de nuestro Padre y Libertador Simón Bolívar y del Benemérito General Juan Vicente Gómez»[60].

Este ejemplo ya pareció decirlo todo. No haría falta insistir demasiado más. Sólo una última palabra antes de finalizar. En 1921, el ministro Jiménez Rebolledo en la exposición que le dirigió al Congreso, demuestra con meridiana claridad de qué se trató todo esto: «Huelga hablaros de la utilidad e importancia del Ejército. Basta recordar que es el sustentáculo del orden público, sostenedor de la integridad de la patria y, por tanto, símbolo del Patrio Honor...»[61]. Es decir, el ejército es la patria; sin aquél no hay ésta. La mesa, pues, estaba servida: pronto, en retribución, la patria sería del ejército. Sin proponérselo nadie, el discurso pretoriano había nacido.

---

59 *Memoria de Guerra y Marina*, 1925, p. IV.
60 *Memoria de Guerra y Marina*, 1933, p. XVI.
61 *Memoria de Guerra y Marina*, 1920, p. X.

Capítulo VI
BOLÍVAR Y LA HISTORIOGRAFÍA ECLESIÁSTICA, O CÓMO UN DISCURSO HISTÓRICO SE CONVIERTE EN UN DISCURSO PASTORAL

A Pedro Leturia, s.j. (1891-1955), *in memoriam*

LA IGLESIA BOLIVARIANA

Al igual que el ejército y en rigor que el conjunto del Estado venezolano, la Iglesia que se *restaura*[1] en las primeras décadas del siglo XX, tuvo que enfrentarse al mismo reto de hacerse –y también de asirse– a una tradición que la vinculara con el devenir del conjunto de la república donde no sólo actuaba, entonces con más del 90% de sus ciudadanos católicos, sino de la que también formaba parte por el Patronato Eclesiástico, que en términos administrativos la hizo una dependencia estatal hasta 1964.

Naturalmente, en esto, como en lo demás, Bolívar será el pábulo de esta tradición. Si en los capítulos anteriores hemos visto en torno a él ejercicios, a veces francos malabarismos, político-historiográficos en áreas tan disímiles como la creación de un cuerpo castrense moderno,

---

1 Por «Restauración» llama la historiografía eclesiástica al proceso iniciado hacia 1890, pero que tuvo su gran despliegue bajo el gomecismo (1908-1935), en el que la Iglesia recupera gran parte del terreno perdido por las reformas liberales del siglo anterior. Aunque no logra reimponer la cristiandad como forma de vida global, que es su objetivo, sí alcanza, a través de una institucionalización paralela a la del Estado laico, un poder ascendente social considerable, sobre todo en áreas tan sensibles como la educación. Esta «Restauración» debe entenderse como parte de la institucionalización y organización del Estado moderno, a la que apoyó en aspectos tales como la modernización de los sistemas educativos y de salud, el control de las fronteras y el apoyo ideológico a la idea del «orden». Hemos estudiado el caso en Tomás Straka, *Un reino para este mundo. Catolicismo y republicanismo en Venezuela*, Caracas, UCAB, 2006. Véase también Manuel Donís, *El báculo pastoral y la espada. Relaciones entre la Iglesia católica y el Estado en Venezuela (1830-1964)*, Caracas, Bid&Co. Editor/ UCAB, 2007.

la instauración del socialismo o la justificación del Gendarme Necesario, en éste los veremos en un capítulo menos trajinado, incluso insospechado por muchos, del fenómeno: en su capítulo eclesiástico.

Estudiaremos, pues, el culto a Bolívar. Pero la forma a través de la cual lo intentaremos será por una vía hasta el momento poco transitada: la historia eclesiástica. Diversos motivos –y no todos extra-eclesiales– han generado importantes suspicacias, cuando no prejuicios, sobre la pertinencia de su análisis por quienes no se ocupan directamente de lo religioso. Las páginas que siguen esperan desmentirlos. Se tratará de demostrar que si bien hay excesos (el *eclesiocentrismo* desaforado de algunos autores, la pretensión teológica o teologizante de otros, el carácter de sermón o la aspiración hagiográfica de otros más) que razonablemente ahuyentan a muchos potenciales investigadores de sus libros, leída con la calma y el sentido crítico que merece, demuestra ser una de las mejores perspectivas para entender la realidad latinoamericana. Sus testimonios son los de hombres generalmente bien preparados, con una relación excepcional con la sociedad y sus distintos poderes (políticos, culturales, económicos), que asumen el reto de pastorear al resto de sus coetáneos y que, por tanto, los estudian con una precisión notable. Su historiografía, en consecuencia, se convierte en una magnífica caja de resonancia de toda esa sociedad. Ver a la una, entonces, es ver a la otra. Y además verla a través del mejor de sus lentes: el de su conciencia.

La forma en que Bolívar pasó a ser incorporado a la historiografía eclesiástica en plena sintonía con lo que pasaba en el resto de la sociedad venezolana, lo prueba plenamente. Cómo se convirtió en el gran pábulo de legitimación de las aspiraciones más caras (por ejemplo, derogar el patronato eclesiástico), de quienes la escribieron (mayoritariamente sacerdotes) tratando de hacerlo un católico ejemplar; cómo ello generó toda una tradición poco a poco transferida a sus argumentos básicos, a sus discursos pastorales, resulta un ejemplo extraordinario de los numerosos vasos comunicantes entre historia, política e ideología. Y no pocas veces, la manipulación también.

De tal modo que se hará un recorrido por las sucesivas imágenes que adquirió su figura a lo largo de siglo y medio de historiografía eclesiástica; y por, en cada caso, su relación con los grandes problemas del momento y la manera en que adquiría los tintes de las respectivas coyunturas; pero al mismo tiempo cómo eso generó aportes significativos que nos abren planos normalmente desatendidos por los laicos en el Libertador. Así, el estudio también se propone rescatar la figura del padre Pedro Leturia, a quien está dedicado. Se trata no sólo del gran renovador de la historia eclesiástica, a la que le dio un rigor, sobre todo en lo tocante al respaldo documental y a la identificación de problemas nodales, que no tuvo antes de él; sino que además sus innumerables aportes lo hacen uno de los historiadores fundamentales de Latinoamérica. Su desconocimiento es una injusticia, y pesa proporcionalmente en el desconocimiento de la realidad que muchos historiadores que la estudian, pero que no la han leído, consecuentemente han de tener.

PLANTEAMIENTO, O DE CÓMO EL LIBERTADOR CAYÓ EN LOS CONFLICTOS IGLESIA-ESTADO

El 6 de marzo de 1964, Marcos Falcón Briceño, canciller de la República, y monseñor Luigi Dadaglio, nuncio de la Santa Sede en Caracas, firmaron un convenio que puso fin a la última de las instituciones coloniales de Venezuela: el Patronato Eclesiástico.

Contrariamente a lo que había pasado con el resto del funcionamiento institucional de la república, que después de siglo y medio de vida independiente había logrado dotarse de una codificación propia que cuando no rompía radicalmente con la colonial, la mutaba en grados sustanciales, el modelo que por casi cinco siglos reguló las relaciones entre los poderes temporales y eternos en el país, hubo de esperar hasta entonces para ser modificado. El Patronato ya había sido un elemento esencial en los grandes enfrentamientos que el Estado y la Iglesia periódicamente escenificaron desde su definitiva instrumentación en 1578 con la llamada Cédula Magna. Durante el régimen hispánico, sin embargo, estos enfrentamientos nunca se refirieron a lo sustancial del problema: se trataron, casi siempre, de episodios en los que no se puso en entredicho el fondo doctrinal del sistema, sino la lectura que cada uno de los bandos le daba a la amplitud de sus atribuciones. Y aunque el regalismo borbónico terminó de apretar sus tuercas, esta situación no vino a hacerse insostenible hasta la Emancipación. Un vistazo, por lo tanto, a lo que pasó entonces es fundamental para plantear el problema que trataremos en las siguientes páginas.

Una vez independiente de España y ya separado de Colombia, en 1834 el Estado venezolano mantuvo el control estatal (de eso se trataba: de ser *patrono*) sobre la Iglesia, alegando que el derecho de patronato, junto a tantos otros que fueron del Rey en estas provincias, pasaba a su jurisdicción. Así se funda un paradójico estatus de unidad entre un Estado profesamente liberal (y que prontamente se declarará no confesional) y una Iglesia que a lo largo de todo ese período condenaría a ese liberalismo como pecaminoso, sin reconocerle, a esta sazón, legitimidad alguna al patronato republicano: el regio era producto de una donación papal para favorecer la evangelización de las Indias (donación, por cierto, interpretada con extrema laxitud por Felipe II), que en ningún caso, a la luz de los sagrados cánones ni de ningún otro principio eclesial, era extensible a una porción del reino separada de la monarquía. Un matrimonio construido sobre esas bases no podía marchar bien, obviamente. El Presidente, que a veces era un hombre como Antonio Guzmán Blanco, en función de tal patronato ocupaba un lugar determinado en las estructuras eclesiásticas y así lo hacía en los ritos y ceremonias. El Congreso (que normalmente era un apéndice de sus designios presidenciales) nombraba las autoridades religiosas (dejadas sólo a la confirmación papal), regulaba el funcionamiento de la Iglesia, establecía sus circunscripciones y hasta sufragaba sus gastos.

Es mucho, obviamente, lo que se ha escrito del tema. De hecho, en un primer momento, cuando las relaciones con el Estado y sus políticas más o menos secularizadoras eran el principal problema del clero, prácticamente eclipsó a todos los demás temas posibles de la historiografía eclesiástica[2]. Un simple vistazo a la misma demuestra hasta qué punto sacudió la conciencia eclesiástica; cómo una y otra vez

---

2   Fue el padre Pedro Leturia, s.j., del que ya se hablará, el primero en calibrar la importancia del estudio del Patronato para la comprensión de las convulsionadas relaciones entre Iglesia y Estado en las repúblicas hispanoamericanas. Su obra, *Relaciones entre la Santa Sede e Hispanoamérica*, Roma-Caracas, 1959, recoge sus clásicos y enjundiosos estudios sobre el tema. Véase también José Rodríguez Iturbe, *Iglesia y Estado en Venezuela (1824-1964)*, Caracas, UCV, 1968; Hermann González Oropeza, *Iglesia y Estado en Venezuela*, Caracas, UCAB, 1997, y *La liberación de la Iglesia venezolana del Patronato*, Caracas, Ediciones Paulinas, 1988; José Humberto Quintero, *El convenio con la Santa Sede*, Caracas, Editorial Arte, 1976; Ramón Oliva Sala, *El Patronato, el concordato, el convenio con la Santa Sede*, Caracas, Trípode, 1989; Jesús María Pellín, *Disquisitio jurídico-crítica relationarum actualium inter Ecclesium et Statum Venezuelensem*, Romae, Officum Libros Catholici, 1958; y Carlos Sánchez Espejo, *El Patronato en Venezuela*, Caracas, s/e, 1955.

denunciaban sus representantes la ilegitimidad del patronato republicano; cómo para sus efectos el ensayo de Concordato de 1862 que firmó
la Santa Sede con José Antonio Páez pero que no fue ratificado por la
Asamblea Constituyente del año siguiente, en manos de los federales
triunfantes en su revolución, siempre mantuvo vigencia; cómo, por
ello, toda esa tutela estatal a la que estaba sometida la Iglesia era para
su conciencia una situación de hecho, francamente ilegal; cómo sus
resultados prácticos eran interpretados en las sacristías como simples
actos de despotismo.

Y si se quiere calibrar hasta dónde llegaron los desencuentros
con las elites política y liberal, basta leer el correlato a las quejas ecle-
siales hecho por ellas; la misma historia pero en la versión del bando
contrario. Para ellos no había lugar a discusión: la soberanía del Estado no podía estar interferida por el poder de un monarca europeo (el
Papa); en consecuencia la nación debía administrar, hasta el extremo
en que esto fuera posible manteniéndose dentro del catolicismo, su
culto. Repetimos: hasta donde fuera posible, porque ello hizo bordear
no pocas veces el cisma (el más grave en 1876, cuando el decreto estaba
casi listo), aunque la catolicidad de la abrumadora mayoría del pueblo
y, también, de parte de la misma elite liberal (que a pesar de serlo, solía
ir a misa), no permitió que se llegara a mayores, manteniéndose en un
punto intermedio: el Congreso nombra las autoridades y la Santa Sede
las ratifica; el Presidente ejerce de Patrono pero el clero puertas adentro hace más o menos lo que quiere; y los feligreses, sin importarles el
Syllabus ni otros documentos papales que expresamente condenan el
liberalismo y algunas formas de modernidad, son liberales, leen a Darwin
y participan en la eucaristía, sin grandes remordimientos. Los obispos,
a su vez, deben jurar la constitución y las leyes (a las que por liberales
solían oponerse), y cuando no lo hacían, los resultados eran elocuentes:
ahí está, por ejemplo, la expulsión en 1830 de Ramón Ignacio Méndez,
arzobispo de Caracas, Mariano de Talavera, obispo de Trícala y Vicario
de Guayana, y Buenaventura Arias, obispo de Mérida, por no jurar una
constitución que no poniendo al catolicismo como Religión de Estado
ni pidiendo expresamente que el presidente sea católico, sí declaraba
al Estado y su Jefe como Patronos de la Iglesia (podía, entonces, un
protestante llegar a presidente y así ser patrono de la Iglesia). Ahí está,
también, la tragedia del arzobispo Silvestre Guevara y Lira en 1872,

que por oponerse a celebrar un *Te Deum* a Guzmán Blanco (y por otras cosas que no siempre se dicen: había sido un prominente miembro del gabinete conservador), es desterrado y al final debe renunciar a su silla episcopal. Ahí, la expulsión del anciano Juan Hilario Bosset, que muere camino al exilio, viejo y enfermo cuando iba en una silla de manos por los desfiladeros andinos hacia Colombia. O la de monseñor Salvador Montes de Oca por oponerse al divorcio en 1930, que de tal forma le toca el ánimo que lo abandona todo, se va a un convento en Italia y allí vive la gloria del martirio: es fusilado por los nazis en 1944. Los altares, según parece, aguardan por él.

Por eso, cuando se suscribe el Acuerdo entre el Estado y la Santa Sede, los sectores clericales lo proclamarán como la «liberación» de la Iglesia. El acuerdo, si bien le otorga la autonomía, se cuida por definir ciertos lineamientos muy claros para salvaguardar la soberanía (*v.g.*, no permitir obispos extranjeros ni diócesis con sedes fuera del territorio nacional), pero mantiene algunas de las preeminencias (no todo era malo) de que disfrutaba la Iglesia unida con el Estado, como esa de reconocer al catolicismo como la religión de la mayor parte de los venezolanos, con algunos privilegios que de ello emanan, por ejemplo la subvención oficial al culto. Desde 1964 y hasta los enfrentamientos que estallan con el gobierno de Hugo Chávez (1999), la Iglesia vivirá sus mejores relaciones con el Estado desde los días coloniales.

El nuevo orden («*modus vivendi*» se estiló decir entonces) fue, obviamente, quitándole vigencia al debate sobre el patronato. Incluso en términos historiográficos: los problemas que animaron a la escuela de historiadores de la Iglesia establecida por el padre Leturia, ya no existían. Pero quedaron sus libros y la doctrina que elaboraron. Ella nos dice una gran cantidad de cosas no sólo sobre lo que el patronato representaba en las relaciones Iglesia-Estado, sino también sobre la sociedad que les sirvió de entorno. Por ejemplo nos dice mucho sobre sus mecanismos de aprehensión y utilización del pasado como pábulo de validación. A eso es a lo que vamos.

Acá, como en tantas otras cosas en Venezuela, la figura del Libertador, sacada permanentemente a colación, es un ejemplo contundente de ello. Tanto que, por igual, podemos estudiar a través de esta historiografía lo que ha sido llamado el culto a Bolívar, como rasgo esencial de nuestra memoria nacional y sus aplicaciones políticas;

como el periplo de las angustias (un verdadero Gólgota, por cierto) de nuestros eclesiásticos, que buscaron desesperadamente amparo bajo su sombra. Lo cual encierra muchas cosas más sobre el sentido real del pensamiento venezolano, las imágenes y pulsaciones que lo animan: por ejemplo si aceptamos, siguiendo a Luis Castro Leiva, que la base de nuestro *ethos* republicano es una combinación original, ingeniosa, del catolicismo y ese conjunto de ideas cívicas que nosotros encerramos, descubrimos y no pocas veces atribuimos al Bolivarianismo[3], el particular Bolivarianismo de los eclesiásticos (muy pronto convertido literalmente en una especie de teología) tiene una importancia mucho mayor a la imaginada en la conformación de las ideas, los imaginarios y las sociabilidades venezolanas.

La forma en que un debate jurídico y doctrinal, que en apariencia poco tiene que ver con la vida y obra del Libertador, se proyectó en la historiografía, sobre todo en la eclesiástica y, luego, de retorno, trajo sus conclusiones para ser incorporadas a una doctrina siempre tan, digamos, *doctrinaria* como la de la Iglesia católica, a objeto de favorecer los argumentos de los dos bandos, es un fenómeno que requiere atención. Veamos: cuando se firma el acuerdo, el episcopado publica una Carta Pastoral Colectiva el 19 de marzo de 1964, en la que leemos:

«El Pensamiento de Bolívar

Una especie a veces aducida contra cualquiera modificación a la ley de patronato, es la de que ella proviene del Libertador y que, por tanto, ha de conservarse intocada, como homenaje a su gloriosa memoria. Para deshacer tal especie, bastaría sencillamente ver el simple texto de esa ley, a cuyo calce aparece íntegro el nombre del Magistrado que la promulgó: no es Simón Bolívar el que firma el *Ejecútese*. Para ese tiempo, éste se hallaba a mil leguas de distancia de Bogotá, en la campaña del Perú. Pero hay un argumento de mayor fuerza aun, pues demuestra que esa ley no respondía al pensamiento del Libertador. El 13 de julio de 1824, desde Su Cuartel General de Huánuco, él dirigió una carta, por órgano de su Ministro General, al Vicario Apostólico enviado por la Santa Sede a Chile, en la que, después de los saludos

---

3   Véase Luis Castro Leiva, «Las suertes de la virtud en la República», en *Sed buenos ciudadanos*, Caracas, Alfadil/IUSI, 1999, pp. 34-64.

protocolarios y de significar el anhelo de entrar en relaciones con el Romano Pontífice, expresa que 'considerando los derechos del Santuario, al paso que está comprometido en cimentar la independencia de la Nación y asegurar su libertad bajo las formas que ella misma se ha decretado, desea vivamente que su régimen se determine conforme a los cánones, y que se arregle un concordato sobre todos aquellos puntos que podrían causar alteración entre ambas potestades, por no reconocerse otra base, respecto de ellos, que la de un convenio explícito'[4]. Apenas quince días después de la fecha de esta carta, o sea el 28 del mismo mes y año, el Encargado del Poder Ejecutivo de Colombia promulgaba en Bogotá la ley de patronato, la cual estaba en abierta oposición con el pensamiento y el deseo acabado de expresar por el Libertador, pues unilateralmente pretendía regular en la República aquellos puntos que –según lo afirma la carta citada– requerían un convenio explícito con la Silla Apostólica.

'No ha de suscitar extrañeza que el Libertador pensara así en 1824, si se atiende al siguiente precedente: en 1820 se le propuso un proyecto de decreto, por el que se atribuía a la República el derecho de patronato, proyecto que él se apresuró a enviar al Deán y Capítulo de Bogotá, con el propósito de que, *examinado con la madurez, imparcialidad y rectitud que el bien de la Iglesia y del Estado exigen* le informaran si podía o no dictarlo, pues *sentía inquietudes y temores al tocar los privilegios de la Iglesia*. El 4 de julio de ese año, el Capítulo bogotano expresó al Libertador la necesidad que había de recurrir a la Silla Apostólica para que la Nación pudiera legítimamente disfrutar del patronato. Y aquel decreto se quedó por siempre en mero proyecto'[5].

'Ni tiene cabida la sospecha de que al menos en privado Bolívar hubiera inspirado o insinuado a los legisladores la ley en referencia. Aparte de lo gratuito de tal suposición, no respaldada en documento alguno, y sin hacer hincapié en la enorme distancia que por entonces lo separaba de Bogotá y en las innumerables ocupaciones de la campaña en que se hallaba comprometido, es suficiente advertir que no le era adicta la mayoría del Congreso de 1824, como lo prueba el

---

4   Vicente Lecuna, Cartas del Libertador, vol. IV, p. 114, ed. de 1929. Cita en el documento original.

5   Raimundo Rivas, *Escritos de D. Pedro Fernández Madrid*, tomo 1, Bogotá, Editorial Bogotá, 1932. Cita en el documento original.

hecho de haber sido esa misma Asamblea la que, movida por naciente hostilidad contra él, dictó –el día mismo en que el Vicepresidente
granadino ponía el *Ejecútese* a la del patronato– la ley que dejaba al
Libertador las facultades extraordinarias y lo privaba del mando directo del Ejército colombiano, en los momentos menos oportunos,
o sea, cuando estaban ya para decidirse definitivamente la libertad y
la independencia de nuestra América'[6]»[7].

Dos problemas historiográficos, fundamentales para la comprensión del pensamiento venezolano –y de su culto a Bolívar sobre
todo– traslucen estos párrafos: a) la figura de Bolívar como mecanismo
de legitimidad; ello, claro, en expresión propia, ajustada a la realidad
venezolana, de un problema más amplio que es el de la historia en sí,
usada como medio de legitimación política e ideológica: los defensores
del patronato alegaban que si algo lo hacía justo era, nada menos, su
origen bolivariano; los del concordato, por el contrario, se empeñan en
desmentirlos no en la esencia de su argumento (si Bolívar es quién o no,
para ser traído a colación en un conflicto, en apariencia, muy posterior
a él) sino en las ideas que supuestamente pudo tener al respecto. Se le
mantiene, pues, como baremo para determinar lo correcto o lo inco-
rrecto; y en lo que es una de las formas tradicionales de manipulación de
su memoria, cada bando, le cita documentos distintos, donde se pescan
frases que, descontextualizadas, pueden serles útiles. Nótese como casi
imperceptiblemente, en la Pastoral anterior el Episcopado deja escurrir
una sugerencia muy filosa para el imaginario venezolano: no sólo que el
patronato, da a entender, no fue cosa de Bolívar, sino que además, y para
colmo, ¡lo fue de Santander! Y el que haya sido de Santander es lo peor
que pueda decirse de algo en una cierta visión venezolana de la historia.

Es ante ese tipo de cosas que debemos afinar la lectura. Ella ha
de llevarnos al punto b: las formas agresivas o sutiles con las que se
manipulan (incluso en la acepción prístina del término, de pasar por

---

6   V. Lecuna, *Crónica razonada de las guerras de Bolívar*, tomo III, Nueva York, The Colonial
Press, 1950, p. 436. Cita en el documento original.

7   «Carta Pastoral Colectiva del Episcopado con motivo de la firma del convenio entre la Santa
Sede y el Estado venezolano», Caracas, 19 de marzo de 1964. En: Baltazar Porras (compilador),
Compañeros de camino. Cartas, instrucciones y mensajes. Conferencia Episcopal Venezolana, vol. I,
Caracas, Trípode, 2000, pp. 116-117.

las manos) los documentos bolivarianos en una historiografía cuyos objetivos suelen estar más allá de lo historiográfico, como ostensiblemente es en este caso. Determinar, por lo tanto, la forma en que esta versión de la historia se construyó, pasarla por el tamiz crítico con una relectura de sus fuentes primarias (fundamentalmente cartas y proclamas del Libertador) y su cotejo con las interpretaciones presentadas, así como con la contextualización de sus autores, no sólo nos permitirá otras posibilidades de análisis potencialmente menos sesgadas; sino que nos permitirá tomar una muestra muy representativa de lo que es el culto bolivariano, sus multidimensionales imbricaciones en la sociedad venezolana y su proyección como un problema historiográfico y cultural de gran escala: tan grande que no excluye ni a las cosas de Dios. Un aporte a este esfuerzo esperan ser las siguientes páginas.

DE CÓMO EL LIBERTADOR TERMINÓ EN ROMANISTA

El gran renovador de la historia eclesiástica en América Latina fue, sin lugar a dudas, el padre Pedro Leturia, s.j. (1891-1955). Prácticamente todo cuanto se ha escrito en historia eclesiástica latinoamericana (en particular sobre esto de Bolívar y el Patronato) después de él, o bien sigue francamente los caminos que trazó, o bien si no lo hace, al menos usa los documentos que sacó a luz. No en vano estas páginas aspiran a ser, también, un homenaje a su memoria. Un homenaje, eso sí, que se ciñe a lo que consideramos lo mejor de ella: su sentido crítico de la historia.

Nacido en Guipúzcoa e incorporado desde muy joven a la Compañía de Jesús, en 1914 fue enviado como maestrillo al colegio de San Bartolomé de Bogotá. Aquel viaje fue un verdadero encuentro con el destino. Y no sólo con el de sacerdote jesuita. Sino con lo que será su primer pero muy vivencial encuentro con la realidad americana. Heredero de los grandes misioneros y teólogos jesuitas que en la Colonia ensayaron la utopía en el Nuevo Mundo, el suyo sería, a partir de entonces, uno de los más prolongados, acuciosos y serios procesos de reflexión sobre Nuestra América que se hicieron desde la Iglesia en su tiempo.

Terminada su formación sacerdotal, los superiores escogen a Leturia para que prosiga estudios de historia –dictaba la cátedra de

Historia Eclesiástica en el Colegio Máximo de Oña– hasta obtener el doctorado en la Universidad de Munich. A la hora de escoger un tema de tesis, su experiencia colombiana fue fundamental: el gran problema de la crisis en que entró la Iglesia en las nuevas repúblicas una vez demolido el régimen colonial, se convirtió, como es natural, en el motivo de su indagación. Entendió que sólo estudiando las raíces del problema desde el final del patronazgo colonial y el inicio de las nuevas relaciones entre la Iglesia y los Estados salidos del colapso español, se comprendería la situación de permanente conflicto entre ambos. De eso modo en 1926 defiende *summa cum laude* una tesis que abría un camino novedoso para la historiografía americanista: *Der Heilege Sthul und das sapanische Patronat in Amerika.*

En cuanto reflexión teórica, este aporte encerraba una intuición que no será hasta mucho más tarde que otros compartirían: en aquellos tiempos, cuando muchos proclamaban el *hiato* con la Colonia, él decía que el problema del Estado con la Iglesia no era un signo de modernidad, o no sólo eso, sino tan sólo un episodio de un fenómeno esencialmente colonial. Ahora bien, en cuanto al tema hay que admitir que no era, no *podía ser*, ni mucho menos, neutral: hay que leerlo como el esfuerzo de un sacerdote altamente formado (un jesuita, pues) por dar respuestas al problema fundamental de la Iglesia en Latinoamérica. Sus superiores toman nota de los resultados: se dedica a la investigación histórica de la Compañía de Jesús. Dirigió la *Monumenta historica S.I.,* luego se le puso al frente de la revista *Archivum historicum Societatis Iesu* y al final se dedicó a fundar y organizar nada menos que la Facultad de Historia Eclesiástica de la Universidad Gregoriana de Roma, de la que llegó a ser decano[8]. Y es ahí, en Roma, donde parecía tan separado de la historia americana, que se encontró más cerca de ella que nunca. En los distintos archivos eclesiásticos, en particular los del Vaticano, casi inexplorados hasta entonces, halló un montón de testimonios vírgenes sobre nuestra historia. A partir de entonces fueron más de treinta años de constante trabajo. Redactó monografías, dictó conferencias, cursos, seminarios, tutoreó tesis,

8   Para esta semblanza hemos seguido a Pedro Pablo Barnola, *Supieron ser S.J. (Aportes biográficos),* Caracas, s/e, 1983, pp. 42 y ss.; así como la «Introducción» que el padre Joseph Grisar, s.j., hizo a sus *Relaciones entre la Santa Sede e Hispanoamérica. 1493-1935,* tomo I, Caracas-Roma, APUD/ Sociedad Bolivariana, 1959, pp. XXXVII-LIII.

sacó a la luz infinidad de documentos. Buena parte de sus múltiples estudios quedaron dispersos o inéditos al momento de su repentina muerte, pero ya eran lo suficientemente conocidos como para haberlo convertido en toda una autoridad en la disciplina. Tanto que casi inmediatamente fueron compilados en tres volúmenes bajo el título de *Relaciones entre la Santa Sede e Hispanoamérica. 1493-1835*, editados al alimón en Roma y Caracas por la Universidad Gregoriana y por la Sociedad Bolivariana de Venezuela en 1959.

Es acá donde algo debe llamarnos la atención: a primera vista tal vez sorprenda el hecho de que esta edición fuera sufragada en parte por la Sociedad Bolivariana: ¿a cuenta de qué? ¿Qué tanto pudo encontrar Leturia en los archivos del Vaticano sobre Bolívar como para merecer semejante erogación? Evidentemente, hubo de encontrar bastante. Tanto, que gracias a él, el Libertador pasó a ser (también) un gran protagonista de la historia eclesiástica de América Latina. Leturia demostró lo que en Venezuela, aunque sin su soporte documental, ya había sido atisbado por muchos (recuérdese que dos de los más importantes historiadores eclesiásticos de Venezuela, monseñores Mariano de Talavera y Garcés [1777-1861] y Nicolás Eugenio Navarro [1867-1960], prelados *in partibus infidelium* de Trícala y Carpathos respectivamente, fueron a su vez grandes bolivarianos, el segundo incluso con aportes historiográficos muy importantes al respecto[9]): Leturia, como se decía, demostró que el *Alfarero de repúblicas* no podía sino serlo también de la fe de sus ciudadanos, sobre todo cuando esas repúblicas se erigían sobre un orden anterior definido por su catolicidad. Rankeano como por estilo y espíritu historiográfico, podemos decir que era, su enfoque se distanció en algo sustancial de las preocupaciones de, por ejemplo, Navarro: el problema de si Bolívar fue o no un devoto piadoso, que tanto preocupó a cierta historiografía eclesiástica venezolana, lo pasa por alto, para detenerse en sus actuaciones como hombre de Estado. En este sentido, la correspondencia del Libertador con los papas Pío VII y León XII, su esfuerzo por el reconocimiento, directo o solapado, de Colombia por el Vaticano, así como su trabajo por la dotación de los obispados vacantes en la nueva

---

9   Fue monseñor Nicolás Eugenio Navarro quien editó el famoso *Diario de Bucaramanga* y quien descubrió el destinatario de la «Carta de Jamaica». Véase su introducción al *Diario...*, que aparece en casi todas sus ediciones (la primera, Caracas, Tipografía Americana, 1935), y *El destinatario de la Carta de Jamaica: en torno a un luminoso hallazgo documental*, Caracas, 1956, 2ª ed.

república, no sólo abrieron una dimensión novedosa para los estudios bolivarianos, sino que en particular lo hicieron para los de la Iglesia.

Con ello Leturia marcaba todo un hito. Dándole apoyo documental y solvencia teórica y metodológica a eso que pudiéramos llamar el «Bolivarianismo católico tradicional», lo puso en otro nivel. El Bolivarianismo eclesiástico anterior respondía a la tradición oratoria venezolana del siglo XIX, con la que una sociedad singularmente capaz de pronunciar y oír discursos, además de mayoritariamente analfabeta (es decir, que necesitaba más una *historia para oír*, que para *leer*), fue configurando y difundiendo su conciencia histórica. En los actos de fin de curso de los colegios, en las ceremonias patrias de toda índole, los eventos académicos, las manifestaciones políticas y, obviamente, las religiosas, sermones, conferencias, arengas y discursos inflamaron la imaginación histórica de todo un país. Además, en el caso de lo que decía la Iglesia había un antecedente glorioso: también respondían desde su especificidad eclesiástica a otra tradición larga y más general: la de la predicación sagrada. No en vano Fenelón, pero sobre todo Bossuet, serán confesos maestros de los oradores venezolanos decimonónicos. Lo fueron de los laicos, ¡qué decir de los sagrados!

Desde las famosas oraciones pronunciadas por Mariano de Talavera en la catedral de Bogotá a raíz del primer lustro de la batalla de Boyacá y del triunfo de la guerra en el Perú, el 7 de agosto de 1824 y el 24 de junio de 1825 respectivamente[10], surge toda una homilética que a lo largo de los siglos XIX y XX se manifestará como el correlato teológico de la Historia Patria o, mejor: como una suerte de *historia sagrada* de la patria. Para estos discursos, como para toda Historia Patria, el objetivo –aun muy importante entonces para hombres como Talavera– de justificar la emancipación, de insuflar de patriotismo a la nueva nación, de extraer ejemplos edificantes para su educación moral, cívica y, en este caso, también cristiana, era central. Su diferencia específica con el resto de la Historia Patria es que lo hacían demostrando (o al menos intentándolo) el sentido trascendente de todo el proceso; estableciendo que todo el movimiento respondió a un plan divino, que

---

10 Mariano de Talavera, «Oración por el quinto aniversario de la batalla de Boyacá» y «Oración por los triunfos del Perú», en Blanco y Azpurúa, *Documentos para la historia de la vida pública del Libertador,* Caracas, Ediciones de la Presidencia de la República, 1977, tomo X, pp. 748-760 y 18-29, respectivamente.

la mano de la Providencia aparece una y otra vez para definir la suerte de la guerra. Que Simón Bolívar es nuestro Simón Macabeo (la imagen es usada constantemente), el ungido, el elegido para la gran obra de la redención de un continente, para llevar a su pueblo más allá del Sinaí del régimen colonial, para establecer con sus ideas las tablas de nuestra Ley, para abrirse paso ante el Mar Rojo de las adversidades.

Entender la magnitud de este esfuerzo requiere un mínimo de contextualización. Es necesario entender, por ejemplo, que la Iglesia como institución se mantuvo mayoritariamente a favor del Rey durante la guerra de Independencia, que desde encíclicas papales hasta pastorales y sermones repitió una y otra vez que la república era la «Diablocracia», que Bolívar era ateo, que la matanza de los misioneros en Caruachi demostraba la participación directa de Satanás en la revolución[11]. Ello hizo urgente un desmentido por parte del clero patriota. Primero, aun dentro el debate ideológico que acompañó a la guerra de independencia, para demostrar que ésta no era anticristiana. Luego, cuando ya la república estaba constituida y el enfrentamiento pasó a ser con los políticos liberales, para demostrar que la Iglesia, como ellos constantemente señalaban o daban a entender, no era enemiga natural de la patria. Talavera, Carlos Borges y José Humberto Quintero fueron los grandes maestros de este género de «oratoria sagrada y patriota». Un compendio importante de sus textos, así como de los de muchos de sus numerosos compañeros de camino, fue compilado por Baltazar Porras en *La Iglesia ante la gloria del Libertador. Homenaje del Clero de Venezuela en el Bicentenario del nacimiento del Padre de la Patria*[12]; Agustín Moreno, por su parte, hizo un interesante análisis teológico e historiográfico sobre esta homilética, que arroja datos esclarecedores[13].

---

11 Hemos estudiado con detenimiento el punto en nuestro trabajo: Tomás Straka, *La voz de los vencidos. Ideas del partido realista de Caracas, 1810-1821*, Caracas, UCV, 2000. Véase, además, Manuel Pérez Vila, «El clero en la independencia de Venezuela», en *Boletín de la Academia Nacional de la Historia*, tomo XL, Nº 157, enero-marzo de 1957, pp. 29-38; Mireya de Francesco Mur: «El bajo clero durante la guerra de Independencia venezolana (1811-1821). Análisis de sus ideas y participación a favor de la causa patriota», en: AAVV, *Fe y cultura en Venezuela. Memorias de las II Jornadas de Historia y Religión*, Caracas, UCAB/IUPMA, 2002, pp. 191-208; y Jaime Suriá, *Iglesia y Estado (1810-1821)*, Caracas, Comisión Nacional Cuatricentenario de la fundación de Caracas, 1967.

12 Caracas, Ediciones de la Presidencia de la República, 1986.

13 Agustín de Jesús Moreno, «El culto a Bolívar en la homilética católica del siglo XIX», en AAVV, *Primeras jornadas de historia y religión. Homenaje al padre Hermánn González Oropeza, s.j.*, Caracas, UCAB/IUPMA, 2001, pp. 119-146.

Uno de sus componentes básicos, obviamente, fue la demostración del catolicismo de Bolívar. No resulta un dato desdeñable que en
la medida en que fue cambiando la idea de lo que debe ser un católico
piadoso, periplo que en el siglo XX va del *integrismo* a la Teología de la
Liberación, también fue cambiando el signo de esa piedad aducida en
el Libertador. Ello en un primer momento tenía un sentido teológico
elemental: el elegido lo menos que debe tener es la gracia de la Fe. Pero
cuando la oratoria perdió vigencia hasta caer en franco desprestigio, la
explicación de esta fe se fue ajustando a un discurso pretendidamente
más, digamos, *científico*. Es allí donde entra Leturia en las décadas de
1920 a 1950. Una sociedad con otra sensibilidad y educación, un clero
cada vez mejor formado, junto a las condiciones generales de un país en
trance de modernización, permitió y a la vez obligó la redacción de una
historiografía eclesiástica teórica y metodológica más solvente, donde
el esfuerzo pasó de los sermones a los estudios. Y en los sermones que
quedaron, se asumió la renovación teológica según la cual las cosas naturales no requieren, inicialmente, una explicación sobrenatural. Incluso
para ver en ellas la huella de Dios. Mientras Leturia inicia su revolución
en Roma, en Venezuela la bisagra entre la vieja homilética y la nueva
historia fue, sin lugar a dudas, José Humberto Quintero (1902-1984).

Último de los grandes oradores sagrados tuvo el mérito de ser,
también, el primer cardenal de Venezuela. Artífice del Convenio con
la Santa Sede y líder indiscutido de la Iglesia desde mediados del siglo
XX hasta su muerte, letrado y pintor, miembro de las academias de la
Lengua y de la Historia, «su palabra no es sonido cualquiera para las
ovejas»[14]. A raíz del centenario de la muerte del Libertador pronuncia
una celebérrima oración fúnebre en la catedral de Mérida: «Bolívar,
magistrado católico». Es el inicio de una de las prédicas bolivarianas
más sistemáticas y encendidas de su época. En esta oración el aún joven
sacerdote no renuncia, ni remotamente, a las explicaciones providen-
ciales de los prodigios del Libertador. Es todavía capaz de esas cosas
que hicieron inconfundible su pluma:

Y mientras Doña María Concepción explica [las oraciones], Simon-
cito –de pie ante las rodillas maternas– clava sus miradas sobre una
joya que orna el pecho de ella: una cruz formada por piedras precio-

---

14 Elías Pino Iturrieta, *El divino Bolívar...*, *op. cit.*, p. 155.

sas (...) Una como arcana atracción ejerce sobre el alma del peque-
ñuelo aquella cruz en que preciosamente se combinan tres colores: el
amarillo claro del topacio, el *azul* celeste del zafiro y el *rojo* purpúreo
del rubí, entre los cuales esplenden con primor siete chispas de dia-
mante como una diminuta constelación de minúsculas estrellas... Es
que Simón Bolívar niño ve por primera vez, sobre el pecho palpitante de la madre, la futura bandera de la Patria estrechamente unida a
la ignominia gloriosa de la cruz...[15].

Cincuenta años después, cuando son ciento cincuenta los que cumple de muerto el Libertador, en la catedral de Caracas pronuncia otra oración: «Bolívar, el hombre de un destino providencial». Este texto es más
notable. Primero, la fecha en la que fue pronunciado, logró granjearle una
sorpresa mayor: para 1980 el ya anciano prelado hablaba como un hombre
de otro tiempo. Segundo, acaso esa misma libertad que da la senectud le
permitió confesar algunas convicciones más polémicas, incluso especta-
culares. Impreca, por ejemplo, que «puesta la mano en el pecho, hemos
de confesar que Venezuela, al declarar en 1830 al Congreso de la Nueva
Granada que no entraría en trato alguno con ella mientras permaneciera
en el territorio de Colombia Bolívar, lo que equivalía a exigir su destierro, lamentablemente desconoció en él su carácter de elegido divino»[16].
«El pecado de Venezuela», llama a esto. «Escribí –continúa Su Eminen-
cia– en una de mis Cartas Pastorales que, entre los atributos divinos, está
la justicia, la cual premia lo bueno y castiga lo malo. Si para las personas
individualmente esos castigos o premios tendrán perfecto cumplimiento
al trasponer las puertas del sepulcro, como lo enseñó el Divino Maestro
en la parábola del rico Eupolón y del pobre Lázaro, en cambio para las
Naciones esos premios y castigos han de realizarse en este mundo (...)
Uno de los medios habituales de la Providencia divina para penar los delitos colectivos ha sido privar a los pueblos ora de libertad, ora de paz»[17].
Y bueno, «desde 1830, en que se perpetró la iniquidad, nuestra historia
nacional durante todo el siglo pasado, se puede sintetizar y resumir en
guerras civiles y en largas tiranías». Gracias al cielo, ya parecía bastante

---

15 José Humberto Quintero, *Bolívar (homenaje en el sesquicentenario de su muerte)*, Caracas, Editorial
Arte, 1976, p. 31.
16 *Ibidem*, p. 21.
17 *Ibid.*

la expiación, pues terminadas las guerras civiles en 1903 y llegada definitivamente la democracia en 1958, las circunstancias de 1980 (¡eran los días de la *Gran Venezuela* y el petróleo estaba a 36 US$ el barril!) «nos permiten pensar que la bondad divina ha dispuesto poner ya término a la larga y merecida sanción por aquél pecado público de la Patria»[18]. Amén.

Elías Pino Iturrieta ha analizado este texto[19]. Más allá de su amago teológico, de su pátina sepia de fotografía vieja y de lo que nos dice de la inmensa carga religiosa que siempre hay en el Culto a Bolívar, se diferencia, al igual que el de 1930, en algo sustancial, inusitadamente moderno pese al sabor arcaico, de lo que se decía en los púlpitos durante el siglo XIX, a lo que decían un Carlos Borges o un Obispo de Trícala: para sostener sus argumentos, en ambos casos se respalda en documentos o en hechos documentados. Los episodios (ya hablaremos de ellos) que señala a esta sazón son todos producto del esfuerzo por hacer una historia documental del Libertador que en Venezuela llevan adelante un Vicente Lecuna y un mismo monseñor Navarro, y en Europa historiadores como el padre Leturia. Por eso es que Quintero resulta a la vez el último representante del viejo catolicismo bolivariano, teológico y homilético, completamente inoculado de Bossuet, y del nuevo, historiográfico.

Un año después de su oración emeritense, en 1931, el padre Leturia publica un libro en Caracas que correrá con relativa suerte, pero que no es incorporado a sus *Relaciones...*: *Bolívar y León XII*[20]. En cuanto a sus aportes documentales, es una obra emblemática del nuevo tratamiento que se le da al Libertador en la historia eclesiástica. En cuanto a sus objetivos, también. Pero su dedicatoria es un manifiesto colosal: «Al Romanismo del Libertador»[21]. *Romanismo* tiene dos acepciones. Una, peyorativa, fue acuñada por algunas iglesias protestantes para referirse a las doctrinas de la Iglesia católica (y sobre todo a sus excesos). La segunda, dentro del catolicismo, se refiere al proceso de centralización que se desarrolla a partir del Concilio Vaticano I (1869-1870), el reforzamiento del *Syllabus* (1864) en una doctrina tan severa que hoy la teología católica la conoce como *integrismo*, la infalibilidad papal y, finalmente, la promulgación del Código de Derecho Canónico (1917), que lo que tiene de modernizador

18 *Ibid.*, p. 22.
19 E. Pino Iturrieta, *El divino Bolívar...*, *op. cit.*, pp. 155-161.
20 Caracas, Parra León Hermanos Editores, 1931.
21 *Ibidem*, p. I.

(se trata de un código a la napoleónica) está más en su celo centralizador que en sus tesis (es hijo directo de la reacción integrista).

Ante los inmensos reveses que tiene la Iglesia frente a la modernidad y las medidas desacralizadoras en todo el mundo, llegando a su culmen con la absorción de los territorios pontificios por el Reino de Italia, el papado responde reconcentrándose en torno a sí, para tener todo, como en la famosa frase, *atado y bien atado*. Obviamente, no todos aceptaron de buena gana este afianzamiento del control de Roma sobre las iglesias locales, en muchos casos dominadas, como en el de Venezuela con el patronato, por gobiernos eclesiásticos y civiles del lugar. «Romanistas», entonces, también pasaron a ser quienes se hicieron más intensamente papistas, si se nos permite otro refrán: casi que más papistas que el Papa. Y «romanista», asegura el padre Leturia, era el Libertador... Así a la lista de un «Bolívar agrarista», un «Bolívar positivista», un «Bolívar ecologista», hay que sumar el «Bolívar romanista»...

Claro, Leturia era un hombre demasiado sólido como para no delimitar el *romanismo* del Libertador dentro de los contornos que la evidencia documental permitía: «... no trato [en éste libro] del catolicismo y las creencias personales de éste, sino de su acción diplomática como Libertador y organizador de Naciones americanas (...) El problema interesantísimo y trascendente de cómo fraguó y se desenvolvió la personalidad religiosa del vasco caraqueño es de los que encadenan al literato, al psicólogo, al filósofo y, consiguientemente, al historiador; pero se presenta a mis ojos tan complejo y profundo, que creería comprometer la firmeza de hechos obvios e incontrovertibles, si hiciera depender de su solución previa la exposición de la acción diplomática». Por eso no hablará de «las creencias personales de Bolívar ni de sus teorías abstractas sobre Religión y Estatismo, tal como se reflejan en la Constitución de Bolivia y en algunas otras declaraciones y cartas suyas»[22]. Es el imperativo rankeano: *wie es eigentlich gewesen*. Las cosas tal como son. Apegado como estaba a los documentos, por ejemplo, Leturia no pudo negar la adscripción del Libertador al patronato; no obstante, por las mismas razones documentales, el deseo constante de acercamiento con la Santa Sede que manifestó (y ejecutó) en su vida, le permitió terminar el libro nada menos que con un discurso del cardenal Eugenio Pacelli, el futuro y muy controvertido Pío XII: «Como de Roma recibió [Bolívar] las primeras inspiraciones de

---

22 Padre Pedro Leturia, *op. cit.*, 1931, pp. 9, 10 y 13.

la misión civil que le cupo cumplir, así, al querer dar fundamento estable a su obra, volvió nuevamente a Roma –a 'aquella Roma donde Cristo es romano'– mostrándose solícito de conservar a sus conciudadanos el patrimonio de la heredada fe...»[23]. ¿Romanista Bolívar? Habría que ver, al fin y al cabo el *romanismo* no existía mientras vivía. Pero Pacelli sí lo era, y mucho: se trata de uno de los redactores del Código Canónico, y ya entonces uno de los grandes *papables* en San Pedro...

Ahora bien, en Roma era naturalmente mucho más importante que en Caracas demostrar que el Libertador fue cuando menos un protorromanista. Acá un sacerdote no hubiera sabido bien si eso era una credencial tan buena como en el Vaticano. Del *vasco caraqueño* el jesuita vasco (que vaya que no perdía tiempo para deslizar sus precisiones y afecciones nacionales) escribía en Roma. Más cerca de la línea de fuego, monseñor Navarro, aunque igual de celoso en cuanto el culto al documento, precisaba de mayores contundencias. De algo que le quitara, en vez de dárselos, alegatos a los liberales y anticlericales, y eso del supuesto romanismo del Libertador podría surtir un efecto más que contraproducente. Él, sin rodeos, decidió demostrar que el Libertador era piadoso. Mientras en uno de sus trabajos[24], asume el reto ideológico de dejar al descubierto que la influencia masónica no fue, ni mucho menos, tan grande como normalmente se le atribuía en la gestación y difusión de las ideas independentistas (él, en rigor, no le atribuye ninguna[25], lo que también es exagerado),

---

23 *Ibidem*, p. 125.

24 Nicolás E. Navarro, *La masonería y la independencia. A propósito de unos «reparillos»*, Caracas, Editorial Sur-América, 1928.

25 El tema de la importancia de la masonería en la independencia de América Latina, es uno de esos casos en los que de forma más clara lo político y lo historiográfico se entrelazan. Más allá de la impronta de la Logia Lautaro y de la acción propagandística que desde ella hizo Francisco de Miranda, o del hecho de que *después* de la Independencia buena parte de sus líderes se hayan manifestado francmasones, quienes primero lanzaron la especie de que a ella se debió la revolución, fueron precisamente los mismos sacerdotes que la adversaron, con su tesis de la «conspiración masónica». Una suerte de *efecto boomerang* tuvo esto: cuando la revolución es triunfante y el liberalismo inicia sus escaramuzas con la Iglesia, los masones asumirán con orgullo este rol protagónico. Tanto, que hombres como Navarro se sintieron en la obligación de desmentirlos. La crítica reciente ha ido poniendo las cosas en su lugar y, en alguna medida, reivindicando a Navarro. Eloy Reverón ha publicado dos extraordinarios textos al respecto: «Mito y realidad en la historiografía masónica (1808-1830)», en *Anuario de Estudios Bolivarianos*, Instituto de Investigaciones Históricas-Bolivarium, Universidad Simón Bolívar, Nº 4, 1995; y *El fantasma de Bolívar en la masonería venezolana*, Caracas, Instituto Venezolano de Estudios Masónicos, 2001.

en su célebre *La cristiana muerte del Libertador*[26], con una profusa colección documental dibujó, primero, el deseo de Bolívar de morir en la paz de Dios según el testimonio de quienes presenciaron sus últimos días (su testamento también entra acá a colación[27]) y, segundo, su fe a través de los documentos en los que habla de ella. Navarro era un historiador serio, con –insistimos– un gran apego documental. Sus conclusiones se muestran solventes. Tal vez esa «guirnalda tejida con sus propios testimonios para perpetuar nuestro homenaje a la mentalidad católica y a la íntima religiosidad del Libertador»[28] que aseguró encontrar en sus documentos, escapa de nuestra capacidad de interpretación[29], pero lleva, sin duda, el sentido de lo que, con lenguaje más adusto e igual rigor documental, aunque limitándose a aspectos más observables, hizo Leturia: Bolívar como adalid de la catolicidad. Navarro quiso hacerlo desde la fe. Leturia, doctor en Munich, le deja la ponderación de su fe a Dios; lo de él: *wie es eigentlich gewesen.*

DE CÓMO RECONOCER A UN MAGISTRADO CATÓLICO

La lección metodológica de Leturia sentó las bases de casi todos los análisis posteriores: como en el aserto evangélico, con esto del Libertador «Magistrado Católico», ahora sólo *por sus actos lo conoceréis*. Por sus actos públicos, claro está.

---

26 Caracas, Imprenta Nacional, 1955.

27 «En el nombre de Dios Todopoderoso, Amén. Yo Simón Bolívar, Libertador de la República de Colombia, natural de la ciudad de Caracas en el departamento de Venezuela (...) creyendo y confesando como firmemente creo y confieso el alto y soberano misterio de la Beatísima y Santísima Trinidad, Hijo y Espíritu Santo, tres personas distintas y un solo Dios verdadero; y en todos los demás misterios que cree, predica y enseña nuestra Santa Madre Iglesia, Católica, Apostólica, Romana, bajo cuya fe y creencia he vivido y protesto vivir hasta la muerte como católico fiel cristiano (...) Primeramente encomiendo mi alma a Dios Nuestro Señor que de la nada la crió, y el cuerpo a la tierra de que fue formado...» en Simón Bolívar, *Escritos fundamentales*, Caracas, Monte Ávila Editores, 1988, p. 210. Este texto aparece en las estampas que la religiosidad popular le ha creado, con fines devocionales. Recuérdese que en las prácticas espiritistas, sobre todo las del culto a María Lionza, su ánima, así como las de otros libertadores, está entre las más poderosas. Sobre el tema, véase Yolanda Salas y otros: *Bolívar y la historia en la conciencia popular*, Caracas, Instituto de Altos Estudios de América Latina/Instituto de Investigaciones Históricas-Bolivarium, Universidad Simón Bolívar, 1987.

28 N.E. Navarro, *op. cit.*, p. 97.

29 Pero no de la de monseñor Pío Bello, quien retomó este empeño en una monografía documentadísima: «Bolívar y la Iglesia», *Anuario de Estudios Bolivarianos*, N° 1, 1990, Caracas, Instituto de Investigaciones Históricas-Bolivarium, Universidad Simón Bolívar, pp. 19-44.

Es, digamos en clave positivista, la superación de la especulación más o menos teológica anterior. Y corresponde así, para el capítulo eclesiástico, a la renovación global que vive la historiografía venezolana de entonces, replanteando (aunque aún no rompiendo) la *historia patria*, épica, literaria, tradicional, con una aguda crítica documental: son los años, por ejemplo, de un Caracciolo Parra-Pérez. Pocos hombres en el concierto de quienes escribían sobre Venezuela en esos años se le equiparan tanto como Leturia. Pero eso nos obliga, al mismo tiempo y llevando agua a su propio molino leturiano, a otra cosa: a cotejarlo con base en los documentos que empleó, incluso aquellos que él mismo rescató.

Para la tesis del magistrado romanista («católico» en términos del cardenal Quintero), Leturia se basa en algunos testimonios documentales sin cuya lectura este análisis historiográfico sería, cuando menos, muy parcial. Como en toda heurística, Leturia dejó por fuera tantas cosas como las que metió. Arranquemos, entonces, por una que deliberadamente reconoció. Leturia señala al proyecto de Constitución de Bolivia como uno de los documentos fundamentales para entender las ideas *abstractas* del Libertador en materia religiosa, esa religiosidad íntima que aborda Navarro; y precisamente por eso lo pasa de largo: según él, no hace grandes aportes para comprender su acción diplomática frente a la Santa Sede... Es cierto, pero sólo en la medida en que lo veamos nada más que como un proyecto, como algo que al final no pasó de las intenciones. Nosotros opinamos lo contrario. Si lo releemos en la clave en que Bolívar le dio a sus textos, como «mis pensamientos escritos, mi alma pintada en el papel»[30], encontramos, obviamente, otra cosa. Sobre todo cuando, según veremos, al cambiar el signo del pensamiento eclesiástico, será precisamente en él donde más se detuvieron los religiosos al verlo como uno de los grandes antecedentes del Vaticano II. Es notable como eso que pareció disgustarle a Leturia por poco apegado a la doctrina, cuarenta años después les gustará tanto a sus alumnos por aparecer, precisamente, como lo más cercano a la doctrina, a su nueva doctrina de entonces: en efecto cada generación escribe su historia.

Vamos al documento. Primero que nada, ¿qué documento refleja mejor la acción de Bolívar como estadista que éste, destinado a

---

30 Carta a Simón Rodríguez, Pativilca, 19 de enero de 1824, en S. Bolívar, *Escritos fundamentales...,* p. 180.

proponerle a un Congreso Constituyente de una república que lleva su nombre un modelo de organización política? Así las cosas, desde la esfera de la historia de las ideas es muy, pero muy importante. Bolívar, dándole como le da a la religión en cuanto práctica, y a la Iglesia en cuanto institución, un espacio importantísimo en la nueva república, lo hace en términos tales que, de haber sido aplicados, las relaciones con el Vaticano se hubieran visto seriamente afectadas. Baste pensar como aquellos que sí se llevaron a la práctica, aunque sea parcialmente, como el Patronato, generaron los líos que generaron, ¡qué sería de lo plantea-do en Bolivia! Mientras el Vaticano defendía entonces (y defenderá por mucho tiempo más) una alta injerencia de la Iglesia en la vida social, teniendo a la *Restauración*[31] de la cristiandad como proyecto, Bolívar restringe la religión a la conciencia; y mientras el *romanismo* posterior propugnaba un fuerte control de la administración romana sobre las iglesias locales, el Libertador lleva a tal punto el patronato que deja francamente a los poderes públicos de la república el nombramiento de las jerarquías y, al pueblo, ¡el de sus pastores![32].

De ese modo, como con tantos republicanos católicos de su época, propone modificaciones, generalmente democratizadoras, muy hondas. No es, así las cosas, aventurado afirmar que eran aquellos hombres unos reformadores, en el sentido prístino de la palabra de que querían cambiar la Iglesia; pero reformadores, eso sí, al estilo tridenti-no y con el espíritu de un Erasmo, sin intenciones reales de separarse del tronco común romano. Reformadores, pues, con el deseo —acaso en muchos impuesto por las circunstancias— de hacer la reforma des-de adentro. En la Constitución de Bolivia no nombra expresamente al patronato, pero lo da por descontado: su proyecto unía tan fuerte-mente la Iglesia al Estado, y la sometía tan estrictamente a sus leyes civiles, que yendo más allá de todo lo que fue el regalismo borbónico, que ya es decir bastante, parecía más bien influenciado por formas más

---

31 Para estudiar ésta y otras categorías, así como para la historia del pensamiento católico, véase Evangelista Vilanova, *Historia de la teología cristiana*, Barcelona, Editorial Harder, 1992, tres tomos.

32 En el artículo 82 del proyecto constitucional de Bolivia se concede al Presidente el derecho de «presentar al gobierno eclesiástico uno de la terna de candidatos propuestos por el cuerpo electoral para curas y vicarios de las provincias». Alberto Gutiérrez, s.j., *La Iglesia que entendió el Libertador Simón Bolívar*, Caracas, UCAB, 1981, p. 205.

novedosas y radicales de *galicanismo*[33], ese punto medio entre la Iglesia nacional y a la vez católica (universal), desarrollado en Francia[34]. Propuso el Libertador:

> (...) Ningún objeto es más importante a un ciudadano que la elección de sus legisladores, magistrados, jueces y pastores. Los Colegios Electorales de cada provincia representan las necesidades y los intereses de ellas y sirven para quejarse de las infracciones de las leyes, y de los abusos de los magistrados. Me atrevería a decir con alguna exactitud que esta representación participa de los derechos de que gozan los gobiernos particulares de los estados federados. De ese modo se ha propuesto un nuevo peso a la balanza contra el Ejecutivo, y el gobierno ha adquirido más garantías, más popularidad, y nuevos títulos, para que sobresalga entre los más democráticos[35].

No se detiene en ello, pero, insistamos, ¿qué clase de Iglesia hubiera resultado de esa práctica democrática de elegir a los pastores en los Colegios electorales ante los cuales poner quejas por su actuación? ¿Dónde quedaban allí los sagrados cánones? Por mucho que la tradición heredada del regalismo tenía a aquella sociedad acostumbrada a grados sorprendentes de intromisión estatal, tales elecciones hubieran sido un verdadero terremoto para las jerarquías, tan importantes en el

---

33 «En el parágrafo 10° se consigna, a nivel constitucional, la funesta costumbre aprendida del Patronato, de los usos y costumbres de la iglesia galicana, de Napoleón y de tantos que habían querido sojuzgar a la Iglesia, de impedir a la Santa Sede la libre comunicación con las Iglesias de los diversos países y con sus fieles», *ibidem*. Por *galicanismo* se conoce en la historia eclesiástica a la tendencia surgida en Francia bajo Luis XIV de someter la Iglesia firmemente a los poderes temporales. Aunque surgido en el siglo XIV como un esfuerzo de la sociedad civil frente a los poderes del clero (*galicanismo real*, si éste se expresa por el Rey, o *parlamentario*), será bajo el regalismo borbónico que adquiere plena forma. El llamado *Galicanismo episcopal* establece que el Papa no tiene más atribuciones que las dadas por el Concilio de Constanza. No puede, entonces, destituir reyes. Bossuet fue de los grandes ideólogos de este movimiento.
34 Sobre el tema, ver Equipo de Reflexión Teológica, *Pensamiento teológico en Venezuela: II. Durante la Emancipación (Bolívar-Roscio)*, Curso Cristianismo Hoy, N° 14, Caracas, Centro Gumilla, 1981; Alberto Gutiérrez, s.j., *La Iglesia que entendió el Libertador Simón Bolívar*, Caracas, UCAB, 1981; Luis Ugalde, s.j. *El pensamiento teológico de Juan Germán Roscio*, Caracas, La Casa de Bello, 1992; y José Virtuoso, s.j., *La crisis de la catolicidad en los inicios republicanos de Venezuela (1810-1813)*, Caracas, UCAB, 2001.
35 «Mensaje del Libertador al Congreso Constituyente de Bolivia, fechado en Lima el 25 de mayo de 1826», en *op. cit.*, p. 109.

catolicismo, y en rigor el funcionamiento de la Iglesia: aquello hubiera representado algún tipo de campaña electoral en cuyas propuestas, cuando menos, se hubiera manifestado no poco de libre examen. Por si esto no bastase, al poder legislativo le atribuye los siguientes deberes:

> Los senadores forman los códigos y reglamentos eclesiásticos, y velan sobre los tribunales y el culto. Toca al senado escoger los prefectos, los jueces del distrito, gobernadores, corregidores, y todos los subalternos del departamento de justicia. Propone a la cámara de censores los miembros del tribunal supremo, los arzobispos, obispos, dignidades y canónigos. Es del resorte del senado, cuanto pertenece a la religión y a las leyes[36].

Obviamente, un control tan severo sobre la Iglesia sólo era explicable en la medida en que reconocía su poder y la importancia de la religión en la sociedad. En este punto, sin embargo, las tesis del Libertador son más bien ilustradas: «La religión, afirma, es la ley de la conciencia»[37]. El Estado no debe tener religión oficial, ésta es fundamental para los ciudadanos, pero en el control de su fuero interno:

> ¡Legisladores! Haré mención de un artículo que, según mi conciencia, he debido omitir. En una constitución política no debe prescribirse una profesión religiosa: porque según las mejores doctrinas sobre las leyes fundamentales, éstas son las garantías de los derechos políticos y civiles, y como la religión no toca ninguno de esos derechos, ella es de naturaleza indefinible en el orden social, y pertenece a la moral intelectual. La religión gobierna al hombre en la casa, en el gabinete, dentro de sí mismo: sólo ella tiene derecho de examinar la conciencia íntima. Las leyes, por el contrario, miran la superficie de las cosas: no gobiernan sino fuera de la casa del ciudadano. Aplicando estas consideraciones, ¿podrá un estado regir la conciencia de los súbditos, velar sobre el cumplimiento de las leyes religiosas, y dar el premio o el castigo, cuando los tribunales están en el cielo, y cuando Dios es el juez? La inquisición solamente será capaz de reemplazarlas en este mundo. ¿Volverá la inquisición a sus teas incendiarias?

---

36 *Ibidem*, p. 110.
37 *Ibid.*, p. 119.

La religión es la ley de la conciencia. Toda ley sobre ella la anula porque imponiendo la necesidad del deber, quita el mérito a la fe, que es la base de la religión. Los preceptos y los dogmas sagrados son útiles, luminosos y de evidencia metafísica; todos debemos profesarlos, mas este deber es moral, no político[38].

Toda una clase de tolerancia liberal. Cuatro años antes, en otro documento que después será muy celebrado por los teólogos de la Liberación, se expresó en igual sentido. Efectivamente, encargado en buena medida del cuidado de sus sobrinos, huérfanos desde la muerte en naufragio de su hermano mayor Juan Vicente en 1810, para 1822 envió al mayor de éstos, Fernando, a estudiar a Estados Unidos. Primero lo hará en el colegio Germantown, en Filadelfia, y luego en la Universidad de Jefferson, en Charlotsville, Virginia. Con ocasión de ello, escribe uno de sus textos más notables sobre educación y, de hecho, el único que escribió en específico sobre pedagogía: «Método que se debe seguir en la educación de mi sobrino Fernando Bolívar»[39].

Se trata de un programa que todavía no deja de sorprendernos a quienes hemos estudiado educación por su inusitada modernidad –recuérdese que son días en los que Pestalozzi apenas está empezando a ser conocido– y por lo acertado de sus preceptos, algunos de los cuales (como por ejemplo el método prospectivo en la enseñanza de la historia) aún son considerados heterodoxos. Pero a nosotros, en este momento, lo que nos interesa es un aspecto concreto: el de la educación moral: «la moral en máximas religiosas –dice el Libertador– y en la práctica conservadora de la salud y de la vida, es una enseñanza que ningún maestro puede descuidar»[40].

No es aventurado, por tanto, afirmar que con éstas, las ideas religiosas del Libertador llegaron a su punto más acabado. Antes, cuando la suerte de la guerra le fue más bien adversa y la Iglesia actuaba, en conjunto, a favor del Rey, sus testimonios son más bien anticlericales, aunque no tanto en contra del catolicismo en sí como del uso que le daban la mayoría de sus sacerdotes: «La influencia eclesiástica tuvo, dice en el *Manifiesto de Cartagena*, después del terremoto, una parte muy

---

38 *Ibid.*, pp. 118-119.
39 S. Bolívar, *op. cit.*, pp. 171-173.
40 *Ibid.*, p. 173.

importante en la sublevación de los lugares y ciudades subalternas; y en la introducción de enemigos al país, abusando sacrílegamente de la santidad de su ministerio en favor de los promotores de la guerra civil»[41]. Es tan cuidadoso de reconocer la santidad del sacerdocio que a su uso para fines *non sanctos* lo llama sacrilegio. En vano: la prensa realista lo acusará de ateo y en 1814 es *excomulgado* –en rigor no se llegó a tanto, pero así quedó en la memoria de muchos[42]– por los gobernadores del Arzobispado de Bogotá. En 1815, tal vez por estar escribiéndole a un inglés, hace algo que aún es audacia en Nuestra América: en la «Carta de Jamaica» define como *fanatismo* la fe de los mexicanos por la Virgen de Guadalupe, ¿o de qué otra forma se puede leer aquello de que «felizmente los directores de la independencia de México se han aprovechado del fanatismo con el mejor acierto, proclamando a la famosa Virgen de Guadalupe, por reina de los patriotas»[43]?

Era muy del espíritu ilustrado considerar fanatismo o estado primitivo a ciertas manifestaciones externas de la fe católica. Y esto era sólo el principio. En 1816, ya dentro de las políticas restauracionistas y legitimistas del Congreso de Viena, Pío VII fulmina a la revolución

---

41 «Memoria dirigida a los ciudadanos de la Nueva Granada por un caraqueño» (conocido como «Manifiesto de Cartagena»), Cartagena de Indias, 15 de diciembre de 1812, en S. Bolívar, *op. cit.*, p. 8.

42 Monseñor Navarro estudió con detenimiento el punto, como es de esperarse. En los apéndices al *Diario de Bucaramanga* de Luis Perú de Lacroix, donde se recogen los mejores testimonios sobre el hecho, presenta el edicto que el 3 de diciembre de 1814 promulgan los gobernadores del Arzobispado de Bogotá, Juan Bautista Pey de Andrade y José Domingo Duquesne, según el cual, en vista del avance patriota sobre la ciudad, declaran que «entiendan la obligación que tienen de creer a sus pastores, a quienes ha colocado Dios en su Iglesia para que aprendan de ellos la doctrina de la verdad, y no se dejen engañar de algunos otros que, por sus particulares intereses y fines y por la corrupción de corazón, están envueltos en las mismas causas y se hacen cómplices de los mismos delitos y de la excomunión, dándoles favor, auxilio, ayuda o cualquiera cooperación para el logro de sus intentos» (en Luis Perú de Lacroix, *Diario de Bucaramanga,* Caracas, Corporación Marca, s/f, p. 203). A renglón seguido presenta Navarro la carta que, ya en posesión de Bogotá, le envía el Libertador a los prelados el 5 de diciembre, más bien respetuosa: «Tal es la pastoral que UU.SS. como Gobernadores del Arzobispado dirigieron a estos diocesanos en tres del corriente. Denigróse en ella mi carácter, y se me pintó impío e irreligioso: se me excomulgó, y se incluyó en la excomunión a toda mi tropa (...) El honor del Gobierno a que pertenezco, y el sentimiento de lo que debo a mí mismo y a mis valientes soldados, exigen una reparación» (pp. 205-206). La obtuvo, largamente: en edicto del 16 del mismo mes, recogen sus palabras, proclaman haber descubierto a un buen hombre en Bolívar, derogan entonces el anterior y ordenan un *Te Deum* en acción de gracias por sus victorias.

43 «Carta de Jamaica. Kingston, 6 de septiembre de 1815», en S. Bolívar, *op. cit.*, p. 50.

americana en la encíclica «*Etsi longissimo*»[44]: los católicos, ordena, no se pueden alzar contra su Rey por la Gracia de Dios. Aunque el espaldarazo al realismo es tremendo, nadie le hace caso y por eso en la Carta Pastoral que a la sazón publica el padre Manuel Vicente Maya, gobernador del Arzobispado de Caracas, el 12 de octubre de 1818, la queja es mayúscula: lo que nos vendrá, amenaza, por incrédulos es tal que la Oración de Habacuc se quedará pequeña[45]. Aún, sin embargo, no se llegaba al paroxismo. Éste llega durante la liberación de Guayana. Si bien el Libertador no tiene participación en la masacre de los cuarenta capuchinos en Caruachi, que tan fuerte impacto propagandístico tiene para los realistas, todo indica que aprueba la destrucción de su orden misional. Al mismo tiempo, los sacerdotes patriotas, que no son pocos, se congregan en Angostura y están a punto de hacer su propia Iglesia católica separada del Patronato español: la medida es considerada cismática y no llega a concretarse[46].

La calma llegará después de Boyacá y Carabobo. Ya en el gobierno, el Libertador cambia. Como cambia también lo que quedaba de la Iglesia. El reto de construir la institucionalidad republicana y de darle solidez, los reencuentra a ambos. Los «cismáticos» de Angostura se convierten ahora en la jerarquía, mientras los sacerdotes que no huyen poco a poco se van amoldando al nuevo orden de cosas. Había a un mismo tiempo que reconstruir la Iglesia como parte de la reconstrucción global de la sociedad diezmada. El Libertador lo entiende plenamente. Así, dirige su acción en dos direcciones: rearmar una jerarquía, rota por las disensiones de una gran cantidad de sacerdotes, sobre todo obispos, españoles o americanos realistas, así como por las leyes que eliminaron la mayor parte de los conventos y las misiones (no en vano en 1828, sopesando lo que esto implicó para la sociedad decreta la restitución de ambos, sin éxito[47]), sustituyéndolos por otros prelados, afectos a la causa. Se trataba de una tarea vital: primero, la fe abrumadoramente católica de los ciudadanos, así como la pervivencia en la mentalidad y la sociabilidad de la catolicidad anterior, hacían imposible que las

---

44 *Vid* P. Leturia, *Relaciones...*, t. II, pp. 95-116.

45 «Carta Pastoral del vicario general del Arzobispado de Caracas Manuel Vicente Maya, 12 de octubre de 1818», en Hermánn González, *Iglesia y Estado en Venezuela...*, pp. 109-114.

46 Para el «pecado de la revolución» y la Iglesia realista, véase T. Straka, *La voz de los vencidos...*, pp. 84-100 y 139-162.

47 Véase Hermánn González Oropeza, *op. cit.*, pp. 177-239.

repúblicas marcharan sin Iglesia. Segundo, la prédica de más de una década insistiendo sobre el carácter pecaminoso de la revolución había hecho mella en la conciencia de vastos sectores de la población, realista hasta después de su derrota militar: pastores patriotas, con nuevas ideas en los púlpitos eran, entonces, urgentes. De allí la absoluta necesidad presente en el proyecto de constitución boliviana de dejar en manos del nuevo ejecutivo su nombramiento. Es dentro de este marco que se inscribió el esfuerzo de hombres de Dios (y de la Patria: la unidad de ambas entidades no tardó en llegar) como el del Obispo de Trícala, del que ya hablamos, y todo ese Bolivarianismo católico tradicional.

Pero había otra cosa, no menos importante. Tal es el segundo punto al que vamos. En cuanto la república de Colombia, en 1824, se declara heredera del patronato español, una de las raíces fundamentales de la sociedad, la Iglesia, rompía así con uno de sus últimos vínculos orgánicos con la de la Madre Patria. Era, pues, parte de todo el proceso de liberación, y no la menos significativa. La república ahora nombraría a sus pastores. Tal vez no de una forma tan radical como lo soñó Bolívar, pero sí bastante más cerca a ello que de lo que hubiera deseado Roma: el artículo 4º de la Ley de Patronato, por ejemplo, establece que el Congreso nombraría los obispos y arzobispos, definiría las diócesis, daría (o no) el permiso para establecer monasterios, permitir (o no) la aplicación de las bulas; por el artículo 16 los prelados nombrados por el Congreso debían jurar la constitución; y sólo entonces, por el artículo 17, sería su nombramiento elevado ante Su Santidad para que les diera su *fiat*[48].

Detengámonos en esto: tal *fiat* no era cualquier cosa. Tenía el doble filo de la llamada «trampa de la moneda» que se le hizo a Cristo: ¿se la das a Dios o al César? Pero, ¿César no es Dios? Nos explicamos: implicaba nada menos que el reconocimiento por parte del Papa del hecho palmario de que la república existía y funcionaba. En aquellos días de la Santa Alianza, eso era nada menos que el reconocimiento de uno de los monarcas europeos más importantes a la república neonata. Sin negar todo lo que de piedad pudiera haber en su ofensiva diplomática hacia el Vaticano, eso sólo hubiera bastado para que Bolívar no escatimara esfuerzos para que Su Santidad le preconizara

---

48 «Ley de 28 de julio de 1824, que declara a la República en el ejercicio del derecho de patronato», en H. González, *ibidem*, pp. 130 y ss.

prelados para las sillas vacantes de Colombia. Era un esfuerzo nodal para la legitimación del Estado, para su reconocimiento internacional e, incluso, interno: un Papa nombrando obispos republicanos no sólo le daba su *fiat* a ellos, sino en buena medida a toda la república. No en vano cuando al final lo logra, en 1827, aquello fue celebrado como un éxito diplomático tan colosal, que Leturia lo llama «el Ayacucho de Europa»[49]. Éxito, sin embargo, que hay que contextualizar para entender lo que vendría: estuvo entre los últimos de su vida. Tal vez marcaba el hito para la siguiente etapa, la final. Y ello es lo que termina de cerrar el círculo de sus relaciones con la Iglesia, para sembrarla de algunos de los elementos esenciales que alimentarán su memoria.

Tal vez no imaginó el Libertador en medio de la celebración que con tal bendición pontificia se estaba ganando a quienes serían sus últimos aliados. En efecto, fueron precisamente esos prelados recién preconizados quienes más apoyo le darían cuando el resto de las fuerzas vivas de aquella sociedad viró en su contra. Bolívar, así, el anticlerical de 1812, 1815, ahora habría de gobernar con la curia de Bogotá. Es «El Magistrado Católico» que evoca el cardenal Quintero, como quien evoca la imagen de ese *San Carlomagno*, alguna vez impulsado por nacionalistas franceses. Es ése el Bolívar siempre traído a colación por los sacerdotes en los debates ideológicos contra el patronato y los liberales: en un acto común con su memoria, se le retrataba sólo en un episodio y de él se esperaba desprender todo lo demás. Por algo Leturia, hombre práctico y rankeano, obvia el proyecto de Constitución de Bolivia. Lo de él son los hechos: «En los críticos momentos de la Convención de Ocaña, del atentado del 25 de septiembre y de las rebeliones de Obando y Córdoba, no tuvo Bolívar partidarios más leales de su política y más adictos a su persona que los antiguos y nuevos Obispos»[50]. Por ejemplo Ramón Ignacio Méndez (1773-1839), sacerdote patriota desde la primera hora, firmante del Acta de Independencia y Arzobispo de Caracas recién preconizado, es quien quiebra algunas de las lanzas más tenaces en su defensa. El 6 de noviembre de 1828 publica nada menos que una carta pastoral condenando el atentado septembrista. Dos meses antes, el 16 de septiembre, le envía una carta a Su Santidad con una proposición, si se permite el término, insólita: para defender

---

49 P. Leturia, *Bolívar y León XII...*, p. 113.
50 *Ibidem*, p. 117.

la dictadura y, con ella, el proyecto bolivariano, le pide a Su Santidad que no le conceda el Patronato a la República, *pero sí a la persona del Libertador mientras conserve el mando.* O sea, unir al Libertador y la Iglesia, como antes lo estaba al Rey. Vale la pena citarlo extensamente:

«La República debe ser ahora gobernada con un nuevo Régimen, porque, suspendidas las Cámaras que destruyeron los derechos de la Iglesia, los pueblos han dado el poder supremo por tiempo indefinido a Simón de Bolívar. De aquí mi esperanza que todo mejore. Le estoy unido con íntima amistad, y él me ha prometido con repetidas protestas mirar por el bien de la Religión y de la Moral, y me ha pedido en cartas familiares que le proponga cuanto me parezca ser útil a la Iglesia.

«Aprovechando ocasión tan favorable, he descrito al Jefe Supremo, con vivos colores, las injusticias que afean la Ley del Patronato, y le he asegurado la gloria inmortal que se ganará si llega a derogar ley tan oprobiosa y usurpadora. Si llega a hacerlo confío que las demás Repúblicas de América imitarán el ejemplo de tan grande y famoso varón.

«Si en tales circunstancias se dignase Vuestra Santidad oír mi voz, añadiría que conviene para el bien de la Iglesia investir al mismo Simón Bolívar por todo el tiempo de su gobierno del derecho del Patronato, con tal de que él (como se lo he aconsejado) dirija a la Sede Apostólica sus preces de súplicas y devuelva de buen grado a la Iglesia su inmunidad y libertad. Pero no creo que por todo esto se le haya de conceder el Patronato con aquella amplitud que tenía antes (bajo España) tanto de hecho como de derecho. Por razón de la distancia de estas tierras y por otras causas bien patentes me parece se le han de reconocer, fuera de los honores propios de Patrono, tan sólo los siguientes derechos: que presente los Obispos a la Sede Apostólica; que presente al Obispo para las dignidades canonicales y prebendas eclesiásticas al que prefiera, entre los tres que le proponga el mismo Obispo, excepción hecha de los canonicatos de oficio o de oposición, en los que no puede presentar sino al que el Obispo y el Cabildo hayan puesto en el primer lugar; finalmente, que en cuanto a los beneficios parroquiales, quede su colación en manos del Obispo en la forma prescrita por el Concilio Tridentino, reconociendo, sin embargo, al gobierno civil el derecho de rechazar, cuando haya causa racional para ello, al que le sea enemigo o sospechoso. También ha de quedar en manos del Ordinario el nombrar los administradores de los bienes de la fábrica de la Iglesia y examinar sus cuentas»[51].

A este apoyo el Libertador supo corresponder: «Las leyes que el Libertador dio estos dos últimos años contra la enseñanza impía en la Universidad [prohibición de Bentham], contra el libertinaje de la prensa, contra las Sociedades secretas, a favor de las órdenes religiosas y las Misiones de infieles, de los estudios eclesiásticos y enseñanza del latín, del establecimiento de capellanes en el Ejército...»[52], demuestran los virajes fundamentales de su política religiosa final. Ya antes, con motivo de la preconización de los arzobispos de Bogotá, Fernando Caicedo, y Caracas, Ramón Ignacio Méndez; y de los obispos de Santa Marta, José María Estévez; Antioquia, Mariano Garnica; y Guayana, Mariano de Talavera; el Libertador Presidente les ofrece un banquete –al que no puede asistir Méndez– con la presencia de las más altas autoridades de Colombia y del cuerpo diplomático. De todos los brindis que se dieron en el mismo, el del Libertador ha pasado a la historia. Recogido inicialmente en la *Gaceta de Colombia*, según nos informa Leturia[53], es reproducido después por diferentes autores: Manuel Groot, *Historia eclesiástica y civil de Nueva Granada escrita con documentos auténticos* (Bogotá, 1870) y J.D. Monsalve, *El ideal político del Libertador Simón Bolívar* (Madrid, 1917). Hay, no obstante, algunas discrepancias en torno a su fecha. Nosotros seguimos a Leturia[54], quien a su vez siguió

51 Carta de monseñor Ramón Ignacio Méndez a Su Santidad, Caracas, 16 de septiembre de 1828 en *Boletín de la Academia Nacional de la Historia*, Nº 140, octubre-noviembre 1952, p. 377. La carta se conoce como «*Elogio del Libertador*» por Ramón Ignacio Méndez. El padre Leturia, fue el que la tituló así –acaso –y aunque sea por esta sola vez– un poco arbitrariamente. El título responde, quizás, a una de esas concesiones a las demandas de su tiempo, que hasta un historiador de su calibre hace alguna vez. En 1952, estando de visita en Venezuela, fue a la Academia Nacional de la Historia, donde dictó una breve charla y tuvo la extrema gentileza de donar el documento, hasta entonces inédito en los archivos vaticanos. Cuando se publica en el *Boletín* se le coloca ese título. Con ello se pretendió engalanar con un ribete bolivariano (que, es verdad, tiene, sobradamente) a un documento que es de por sí muy valioso, incluso más allá de su relación con Bolívar. Según Leturia: «Os traigo (...) una carta interesante (que yo sepa, hasta hoy inédita y desconocida), en la que el primer Arzobispo republicano de Caracas y prócer de la Independencia, el Dr. Ramón Ignacio Méndez, hizo al Papa León XII uno de los más expresivos elogios que llegaron a Roma del Libertador Bolívar» (p. 375). También aparece en P. Leturia, *Relaciones...*, *op. cit.*, pp. 471-476.
52 P. Leturia, *Bolívar y León XII...*, p. 118.
53 *Ibidem*, p. 113.
54 *Ibid.*, p. 114.

a Blanco y Azpurúa. Blanco dejó sentado el 28 de octubre como la fecha del brindis.

> La causa más grande nos reúne en este día, el bien de la Iglesia y el bien de Colombia. Una cadena más sólida y más brillante que los astros del firmamento nos liga nuevamente con la Iglesia de Roma, que es la fuente del cielo. Los descendientes de San Pedro han sido siempre nuestros Padres, pero la guerra nos había dejado huérfanos, como el cordero que bala en vano por la madre que ha perdido. La madre tierna lo ha buscado y lo ha vuelto al redil: ella nos ha dado Pastores dignos de la Iglesia y dignos de la República.
>
> Estos ilustres Príncipes y Padres de la grey de Colombia son nuestros vínculos sagrados con el cielo y con la tierra. Serán ellos nuestros maestros y modelos de la Religión y de las virtudes políticas. La unión del incensario con la espada de la Ley es la verdadera arca de la Alianza. ¡Señores! yo brindo por los santos aliados de la patria, los Ilmos. Arzobispos de Bogotá y Caracas, Obispos de Santa Marta, Antioquia y Guayana[55].

Véase «la unión del incensario con la espada de la Ley es la verdadera arca de la Alianza». Se trata de una de las frases más reveladoras del Libertador sobre su idea de lo que debían ser las relaciones entre Iglesia y Estado. Pero igual de significativa es esta otra frase: «Los descendientes de San Pedro han sido siempre nuestros Padres». Tal adscripción al catolicismo, contundente, papista, le ha valido ser colocada en una lápida de mármol en la Esquina de la Torre, de la catedral de Caracas. Poco después, el 7 de noviembre, le envía esta carta a Su Santidad:

> Reciba, pues, Vuestra Santidad, la expresión de nuestra gratitud; y del pueblo de esta república las más sinceras protestas de su adhesión y respeto a la Silla Apostólica y a la cabeza visible de la Iglesia Militante. Quedan aún vacantes en Colombia algunos obispados. Para los de Quito y Guayana hemos ya propuesto a Vuestra Santidad los eclesiásticos que, por sus virtudes, saber y méritos, hemos creído dignos

---

55 José Félix Blanco y Ramón Azpurúa, *Documentos para la historia de la vida pública del Libertador*, tomo XI, p. 618.

de ocuparlos. Uno y otro, pero principalmente el obispado de Guayana, por su larga vacante, por haberse concluido las misiones, por
la absoluta falta de ministros del santuario, y porque no hay a quien
encargar del gobierno de la diócesis, exigen una pronta provisión.
Rogamos a Vuestra Santidad se digne hacerla, para la salud de aquellos fieles y satisfacción de esta república. Muy pronto dirigiremos a
Vuestra Santidad nuestras preces y las propuestas correspondientes
para los demás obispados.

Conforme a la disciplina que ha regido a estas iglesias desde que se
fundaron, y con el fin de protegerlas más eficazmente, el gobierno de
Colombia se declaró en ejercicio del derecho de patronato que habían usado los reyes de España. Este acto lo sugirieron la necesidad
de las mismas iglesias en que había peligro de que faltase la jurisdicción eclesiástica por falta de prebendados, el mejor cumplimiento de
los cánones, que no permiten largos internatos en los beneficios, y
el bien de la República que, defendida por el gobierno con todo su
poder, no sería atacada. Tenemos la mayor confianza de que Vuestra
Santidad le prestará su ratificación, atendidas tan justas razones.

A virtud del patronato se han llenado las numerosas vacantes que
había en las catedrales, se han provisto en propietarios, y con arreglo
a las disposiciones canónicas, los beneficios que tienen cura de al-
mas, y la Religión se conserva pura y como la recibimos de nuestros
padres, por el cuidado, por la vigilancia y protección del gobierno.
Vuestra Santidad debe siempre contar con ella y con nuestra decidi-
da voluntad de sostener el Catolicismo en esta república[56].

La preconización, entendida como el doble reconocimiento de
la república y el patronato, fue el resultado de más de un quinquenio
de negociaciones diplomáticas ante la Santa Sede[57]. Fernando VII estaba negado a cualquier tipo de transigencia en este punto, pero León
XII debía enfrentarse al hecho consumado de la Independencia y al
peligro de que en el seno de la Iglesia se diera un cisma. Eso le hizo
recapacitar las posturas legitimistas de su antecesor. Muy hábiles, del

---

56   *Cartas del Libertador*, tomo VI, Caracas, Banco de Venezuela-Fundación Vicente Lecuna. 1968.
57   Un complemento importante a los estudios de Leturia: Alberto Filippi, *Bolívar y la Santa Sede*,
Caracas, Editorial Arte, 1996.

mismo modo, fueron al respecto el Libertador y sus diplomáticos[58]. Su primer paso fue tratar de ganarse a los obispos realistas, para impedir que se marcharan. El caso más célebre fue el de Rafael Lasso de La Vega (1764-1831), obispo de Mérida, de Maracaibo y después de Quito, que de ultrarrealista, pasó a negociador de la república ante el Vaticano[59]. A monseñor Salvador Jiménez de Enciso, obispo de Popayán, también realista, le escribió en 1822: «Sepa V.S.I., que una separación tan violenta de este hemisferio [había expresado su deseo de irse a España], no puede sino disminuir la universalidad de la Iglesia Romana, y que la responsabilidad de esta terrible separación, recaerá muy particularmente sobre aquéllos que, pudiendo mantener la unidad de la Iglesia Romana, hayan contribuido con su conducta negativa a acelerar el mayor de los males»[60]. Aquella advertencia no sólo hizo cambiar de parecer a Jiménez de Enciso, sino que además se la hizo saber a León XII, quien tomó buena nota de ella, allanando el camino para el reconocimiento tácito de Colombia que implicaba la preconización de sus obispos. Fernando VII rompió a la sazón relaciones con el Vaticano, pero el temor de un cisma pudo más en el ánimo del Romano Pontífice. Además, éste se aprovechó también de las ambiciones de otras

---

58 Desde 1820, con las misiones de Fernando de Peñalver y José María Vergara, Colombia fue intentando un acercamiento a la Santa Sede. En igual situación estaban otras repúblicas. Chile será la que tendrá más éxito: obtuvo el envío nada menos que de un delegado apostólico, monseñor Juan Muzi. El Libertador entendió rápidamente lo que esto representaba y el 13 de julio de 1824 le envió una comunicación cuyo rescate se lo debemos a una copia que el mismo Bolívar tuvo el tino de enviarle a Lasso de La Vega, entonces su mejor negociador ante el Vaticano: «S.E. el Libertador encargado del alto mando de la República del Perú y de transmitir a Vuestra Señoría Ilustrísima los votos de su más distinguida consideración y respeto, como a representante del Vicario de Jesucristo en uno de los Estados independientes de Sud-América; manifestando al mismo tiempo a V.S. Ilma. los ardientes deseos de entrar en relaciones con la Cabeza de la Iglesia, por demandarlas urgentemente la salud espiritual de estos pueblos (...) desea vivamente que su régimen espiritual se determine conforme a los cánones, y que se arregle un Concordato sobre todos aquellos puntos que podrían causar alteraciones entre ambas potestades...» en Antonio Ramón Silva, *Documentos para la historia de la Diócesis de Mérida,* Mérida (Venezuela), Imprenta Diocesana, 1922, pp. 97-98. El nombramiento del concordato en este solo documento le valió numerosos debates cuando fue sacado a luz en 1922... ¡al fin parecía Bolívar efectivamente romanista! Monseñor Silva llama a todo ese aparte de su obra «Proyecto de Concordato». Es un punto que amerita más estudio.
59 Para un seguimiento de su importante labor diplomática véase la compilación de monseñor A.R. Silva, *ibidem,* en su tomo VI. Véase, también P. Leturia, *Relaciones..., op. cit.,* tomo II, pp. 167 y ss.
60 P. Leturia, *ibidem,* p. 24.

potencias por el mercado iberoamericano, y de momento se alió con Francia y Rusia; a su vez, ya Gran Bretaña había dado de igual forma su reconocimiento tácito a las nuevas repúblicas. El mismísimo Metternich, a su vez, se encargaría de zurcir rápidamente esta pequeña ruptura vaticano-española en su sistema de equilibrios. De tal manera que esta preconización vino a ser, efectivamente, el triunfo definitivo de la diplomacia patriota en Europa; su «Ayacucho» diplomático. Fernando VII no pudo más que aceptar el hecho.

Ahora bien, hecho todo este largo *excursus* documental, ¿qué podemos concluir? En 1982, en el marco de las preparaciones para el Bicentenario del Natalicio del Libertador, el padre Jesús Cirilo Salazar obtuvo el segundo puesto del Premio Trípode (otorgado por la editorial de textos religiosos del mismo nombre) por una obra que gozaría de verdadera suerte: *Bolívar: ¿cristiano fiel o estratega político?* Tuvo cuatro ediciones ese mismo año, según se desprende del pie de página del ejemplar que consultamos (pudo, entonces, haber tenido más)[61]. Ante un tiraje así, pocas pruebas serían más contundentes para demostrar hasta qué punto el tema seguía (y sigue) interesando a los venezolanos[62]. Después de recorrer una vez más las cartas familiares y fundamentalmente los episodios acá citados, las conclusiones a las que llega Salazar no son, ni pueden ser definitivas; él afirma que «creemos que Bolívar ciertamente fue un individuo que poco a poco iría descubriendo su verdadera fe hasta convertirse en un fiel cristiano»[63]. En rigor, los documentos (sobre todo los familiares) no dan para más. Monseñor Pío Bello cuando vuelve sobre el tema ocho años después, concluye igualmente: «Contradice los datos históricos quien proponga al Libertador como incrédulo o irreligioso. No intento, desde luego, proponerlo como un modelo de vivencia y práctica cristiana, pero creo haber demostrado que en el curso de su vida mantuvo la fe cristiana y la adhesión a la Iglesia Católica que heredó de su tradición social y familiar...»[64].

---

61 Caracas, Ediciones Trípode, 1982, 4ª ed.

62 Todavía en 1999 el Consejo Nacional de la Cultura, ente gubernamental, junto a la Fundación Hermano María, editó el texto de Alfonso de Jesús Alfonzo Vaz titulado *Bolívar católico*. Se trata de un conjunto de documentos y citas extractadas de otros tantos, para demostrar la religiosidad del Libertador. Más allá del mérito del texto, no es poco revelador que sus prólogos hayan sido hechos por el principal historiador bolivariano vivo (escribimos en 2004) del país, José Luis Salcedo Bastardo, y por el cardenal Ignacio Antonio Velasco.

63 J. Salazar, *Bolívar: ¿cristiano fiel o estratega político?...*, pp. 185-186.

64 P. Bello, «Bolívar y la Iglesia», *op. cit.*, p. 44.

El padre Alberto Gutiérrez, s.j., por su parte, y siguiendo más de cerca la tradición leturiana, afirma que, viéndolo desde su momento, «Bolívar al ponerse en contacto con la Santa Sede por medios diplomáticos y eclesiásticos, dio una muestra de catolicidad y de romanidad sin parangón en la época»[65]. Ciertamente; ¿pero lo hizo por convicción o por conveniencia? Citemos, otra vez, a Salazar: «'El que se encuentre libre de pecados que lance la primera piedra', decía el Señor»[66].

DE CÓMO LAS CONCLUSIONES NOS LLEVAN AL VATICANO II

En 1981 el Centro Gumilla, un instituto de investigaciones sociales que anima la Compañía de Jesús en Caracas y que ha logrado una notable influencia a través de sus prestigiosas publicaciones (la revista *Sic* y su colección de cuadernos de divulgación masiva «Curso de formación sociopolítica»), editó cuatro cuadernos que plantearon, por primera vez (al menos del modo en que lo hicieron), un tema en el que aún queda mucha tela por cortar: la historia del pensamiento teológico venezolano, capítulo esencial en la historia de nuestras ideas, insólitamente descuidado hasta el momento. Así, un intitulado Equipo de Reflexión Teológica entregó entre los números 11 y 14 del «Curso de cristianismo hoy» (otra colección, ya desaparecida), una panorámica general, esquemática, literalmente básica, pero fundamental por ser prácticamente la única que hay, de los principales personajes y episodios de la teología venezolana.

El número 12 se refiere al pensamiento teológico durante la Independencia centrado en dos de sus ideólogos fundamentales, Juan Germán Roscio y, obviamente, Simón Bolívar. Jesuitas y lectores de Leturia, plantean las cosas justo en el punto que éste evitó:

> Hablar del cristianismo de Bolívar no sería ante todo –como lo viene haciendo pertinazmente cierto pensamiento eclesiástico– reivindicar para el héroe el carácter de protector e hijo fiel de la Iglesia. Si queremos medir su cristianismo no con los criterios de la

65 A. Gutiérrez, *La Iglesia que entendió el Libertador Simón Bolívar...*, p. 274.
66 J. Salazar, *Bolívar: ¿cristiano fiel o estratega político?...*, p. 186.

Restauración eclesiástica sino con los del propio Bolívar –más afines por lo demás, en cierto modo, al espíritu del Vaticano II–, tendríamos que referirnos a la dimensión religiosa de su obra. Porque para él el título de Libertador y la tarea que implica son verdaderamente sagrados. Él es consciente de su rango mesiánico. Y en este sentido se experimenta como instrumento de la Providencia. Aunque eso no impidió para él recaer en la esfera incontrolable de lo mítico. Es la esfera de la acción humana la que en algunas ocasiones históricas se adensa tanto que se torna luminosa. Pero sin perder su índole. Y esa índole es la política[67].

Se mantiene la lección leturiana en cuanto a mantenerse en la órbita de su acción pública, pero se abandona el sentido de lo que se quiere hallar en ella: nada más lejos que un Bolívar romanista. No es ya la Restauración lo que animaba a aquellos jóvenes teólogos: es la promesa de la Nueva Cristiandad del Vaticano II. «Porque Bolívar –insisten– se propone conseguir políticamente lo que pretende la religión. Para eso necesita sacralizar la política, privatizar la religión y reducir la práctica religiosa organizada a una institución ciudadana y por lo tanto bajo el control del Estado, dado su carácter general y público»[68]. En consecuencia van a buscar las claves de su pensamiento precisamente donde Leturia lo desaconsejaba: en el proyecto constitucional de Bolivia.

> El concepto de religión que aparece en los escritos de Bolívar tiene por sujeto al individuo en su más recóndita intimidad: la religión acontece en el ámbito invisible de la conciencia como un proceso trascendente y por lo tanto incontrolable por las leyes humanas (...) En esta concepción Bolívar se muestra tributario de la Ilustración y seguidor casi literal de la confesión roussoniana del presbítero saboyano...[69].

En fin, «la institución eclesiástica perdía [en su concepto] su puesto protagónico en la realización histórica y ese puesto era restituido

---

67 Equipo de Reflexión Teológica, *Pensamiento teológico en Venezuela: II Durante la Emancipación (Bolívar-Roscio)...*, p. 2.

68 *Ibidem.*

69 *Ibid.*, p. 7.

a la voluntad general de los pueblos, a los ciudadanos»; de ese modo
«las personas pasan a ser los protagonistas» y, para probar ello «analiza-
remos como ejemplo la justificación que da Bolívar de la omisión del
artículo sobre la confesionalidad del Estado», en el discurso de Bolivia[70]. Otros dos jesuitas, Alberto Gutiérrez y Pío Bello, en sus obras ya
citadas, van aun más allá. Los dos hacen sendas comparaciones entre
los contenidos del discurso al Congreso Constituyente de Bolivia y los
documentos fundamentales emanados del Concilio Vaticano II: *Dig-
natis Humanae, Gaudium et Spes y Lumen Gentium*[71]. Demuestran la
notable coincidencia entre las tesis del Libertador y las posconciliares:
la religión no se debe proscribir políticamente, gobierna la conciencia,
su profesión es moralmente necesaria, es fundamentalmente una relación con Dios y otros aspectos que ya se han señalado.

Esto es tan significativo, tan revelador de las vicisitudes de los
discursos históricos a través de su propia historia, de las mutaciones
que sufren en la dialéctica que experimentan con las grandes preocupaciones de su momento, que este epílogo del debate en el Vaticano II
nos termina de configurar algunas conclusiones que, si no definitivas,
al menos nos trazan un camino:

1. Es notable como eso que pareció disgustarle a Leturia por poco
   apegado a la doctrina, es lo que cuarenta años después les gusta
   a sus alumnos por aparecer, precisamente, como lo más cercano
   a la doctrina, bien que en su nueva acepción de entonces. Decir
   en 1930 que Bolívar era romanista, tiene en cuanto su significado de buen cristiano-católico, de precursor de los últimos
   adelantos de la teología, el mismo sentido que decir en 1980
   que era, y en realidad siempre fue, en esencia un posconciliar.
2. Aunque la sucesión de los enfoques con los que la Iglesia inter-
   pretó la obra del Libertador, y que van desde ese Bolivarianismo teológico del siglo XIX, correlato de la Historia Patria en
   el intento de justificar la Independencia en clave épica y confesional, hasta la reinterpretación crítica del Equipo de Reflexión
   Teológica, pasando por la renovación del padre Leturia y de

---

70 *Ibíd.*
71 A. Gutiérrez, *La Iglesia que entendió el Libertador Simón Bolívar...*, pp. 209-216; y P. Bello,
«Bolívar y la Iglesia», *op. cit.*, pp. 38-41.

monseñor Navarro, acusa una sistemática depuración metodológica en los análisis y sobre todo en el respaldo documental, las angustias que en cada etapa identificamos demuestran cómo la historia tiende a ser pábulo de legitimación; cómo su eje –sobre todo si seguimos a Carr y la entendemos como *interpretación*– es el presente; y cómo, en Venezuela, el gran mecanismo de ello es el llamado Culto a Bolívar.

3. Bolívar en cada momento logra ser calzado en los criterios que el clero maneja como los adecuados para definir al buen hijo de la Iglesia. Eso debe llamar la atención. No ponemos, con esto, en duda las evidencias que, como se espera haber demostrado, son abundantes y contundentes en cuanto a su respeto a la Iglesia e, incluso, su «romanidad» (Gutiérrez *dixit*). No podemos adentrarnos en los intríngulis de su conciencia, pero sí podemos cotejarlo con la *mentalidad* de la época y principalmente, de sus compañeros de lucha: un Bolívar con un catolicismo heterodoxo, deseoso de reformas importantes, defensor del Patronato y del reconocimiento vaticano por razones de efecto político claramente identificables (pero no obligantes: la historia subsiguiente de América Latina demostró que ese no era el único camino a seguir), consciente en términos ilustrados de la importancia de la religión para la moral, pero de la necesidad de la tolerancia en la vida civil, al tiempo que razonablemente católico en las prácticas personales, aparece en los documentos.

4. Lo anterior, sin embargo, no aminora la importancia del hecho de que esta historia haya sido apropiada por un debate jurídico y político (las relaciones Iglesia-Estado), para irla convirtiendo en sustrato doctrinal de cada una de las partes. Que Bolívar fue un Elegido, que fue un Romanista, que quiso un Concordato, etc., como verificación de la justeza de las aspiraciones eclesiásticas, nos dice mucho de la impronta que su culto tiene en las ideas, valoraciones y sociabilidades de los venezolanos.

5. La Pastoral del 19 de marzo de 1964 encierra, por lo tanto, un valor extremo: demuestra cómo una tradición historiográfica, aprehendida (y aprendida) por quienes fueron sus receptores pasa a formar parte de su manera de entender el mundo y, así, en la base desde la cual elaboran sus argumentos y doctrinas.

Que un discurso histórico pase a ser uno pastoral (es decir, de guía de la grey) es la prueba contundente de que la historia es tanto un arma del futuro, como una reflexión del pasado. Y a veces más lo primero.

6. Por último, valgan estas páginas de homenaje al padre Pedro Leturia, s.j., (1891-1955). Si bien hemos sido críticos con algunas de sus tesis, como nos corresponde, si hemos de respetar sus lecciones de honestidad y análisis, no podemos soslayar su rol de gran reformador de la historia eclesiástica, de aquél que la llevó a ella a la rigurosidad científica tal como se la entendía entonces; del que descubrió un montón de documentos e identificó un conjunto de problemas sin los cuales nuestra comprensión actual, no sólo de la Iglesia, sino de todas las sociedades de Nuestra América no sería la misma. Porque ese es, al mismo tiempo, el otro gran aporte de Leturia: la demostración palmaria de que la historia eclesiástica no es un capítulo aislado y sin interés para el resto del colectivo, sino que es el reflejo de ese colectivo en las reflexiones de sus pastores (o de quienes intentaron serlo). El padre Leturia es, en este sentido y sin lugar a dudas, uno de los grandes historiadores de América Latina.

FUENTES

A. DOCUMENTOS

Memorias de Guerra y Marina. Caracas, 1918-1935.

B. FUENTES TESTIMONIALES Y BIBLIOGRAFÍA DE LA ÉPOCA

ACOSTA, Cecilio: *Doctrina*. Biblioteca Popular Venezolana/Ministerio de Educación Nacional, 1950.

BETANCOURT, Rómulo: «Bolívar auténtico y Bolívar falsificado», *Antología política*, Vol. I, Caracas, Fundación Rómulo Betancourt, 1990, p. 288

_____: «El pensamiento bolivariano en su fuente original», *La revolución democrática en Venezuela*, Caracas, s/e, 1968, tomo II, p. 227.

_____: *Hombres y villanos*, Caracas, Grijalbo, 1987.

_____: «Vallenilla Lanz, máximo exponente de la prostitución intelectual, ha muerto», *Selección de escritos políticos 1929-1981*, Caracas, Fundación Betancourt, 2006, pp. 87-88.

BLANCO, Eduardo: «Coronación del autor de *Venezuela heroica*. Palabras de Eduardo Blanco», *El Universal*, Caracas, 29 de julio de 1911, p. 4.

_____: *Venezuela heroica* [1881], Caracas, Colección Palma Viajera, Eduven, 2000.

BOLÍVAR, Simón: *Obras completas*, Caracas, Librería Piñango, tres tomos, s/f.

Coronación de Don Eduardo Blanco, Caracas, Litografía y Tipografía del Comercio, 1911.

CORREA, Luis: «El último Centauro», *El Universal*, Caracas, 31 de enero de 1912, p. 1.

GONZÁLEZ, Eloy G.: «Palabras pronunciadas por el señor Eloy G. González, en el Cementerio General del Sur, en el acto de enterramiento
del señor D. Eduardo Blanco», *El Cojo Ilustrado*, año XXI, Nº 482.
Caracas, 15 de enero de 1912, p. 74.

GONZÁLEZ, Juan Vicente: *Selección histórica*. Caracas, Monte Ávila Editores, 1979.

IRAZÁBAL, Carlos: *Hacia la democracia*. Caracas, Pensamiento Vivo Editores s/f (*circa* 1958).

KEY AYALA, Santiago: «Eduardo Blanco y la génesis de *Venezuela heroica*»
[1916], en: Germán Carrera Damas (compilador): *Historia de la historiografía venezolana (textos para su estudio)*. Caracas, Universidad
Central de Venezuela, 1997, tomo II, pp. 269-285.

LÓPEZ CONTRERAS, Eleazar: *Bolívar, conductor de tropas*. Caracas, Editorial Elite, 1930.

_____: *Páginas de historia militar de Venezuela*. Caracas, Tipografía
Americana, 1944.

_____: *Temas de historia bolivariana*, Caracas, Ediciones J.B., 1954.

MARTÍ, José: «*Venezuela Heroica*, por Eduardo Blanco, Imprenta Sanz»,
Revista Venezolana, [Nº 1, Caracas, julio de 1881], edición crítica.
Caracas, UCV, 1993, p. 56.

MARX, Karl, y Frederich Engels: *La revolución en España*, 3ª edición. Barcelona, Editorial Ariel, 1970.

MCGILL, Samuel: *Poliantea. Memorias del coronel McGill*. Caracas, Ediciones de la Presidencia de la República, 1978.

MIJARES, Augusto: *El último venezolano y otros ensayos*. Caracas, Monte
Ávila Editores, 1991.

_____: *La interpretación pesimista de la sociología hispanoamericana*,
2ª edición. Madrid, Afrodisio Aguado S.A., 1952.

PÁEZ PUMAR, Julia: «La coronación de Eduardo Blanco. Discurso de la
señorita Julia Páez Pumar», *El Universal*. Caracas, 1º de agosto de
1911, p. 4.

PONTE, Manuel María: «Eduardo Blanco», *El Universal*. Caracas, 29 de
julio de 1911, p. 4.

TEJERA, Felipe: *Perfiles venezolanos* [1881]. Caracas, Fuentes para la Historia
de la Literatura Venezolana, Nº 5, Caracas, Ediciones de la Presidencia de la República, 1975.

VALLENILLA LANZ, Laureano: «El Gendarme Necesario», *El Cojo Ilustrado*. Año XX, Nº 475, 1º de octubre de 1911, pp. 542-546.

VILLEGAS, Guillermo Tell: «Carta a Eduardo Blanco», *Revista Venezolana* [Nº 2, Caracas, 15 de julio de 1881], edición crítica. Caracas, UCV, 1993, p. 86.

C. BIBLIOGRAFÍA SOBRE EL TEMA

ACOSTA SAIGNES, Miguel: *Bolívar, acción y utopía del hombre de las dificultades*, 3ª edición. Caracas, Universidad Central de Venezuela, 1997.

ALBORNOZ, José Hernán: *El Instituto Pedagógico: una visión retrospectiva*. Caracas, Ediciones del Congreso de la República, 1986.

ALCIBÍADES, Mirla: «Colegios privados para niños y niñas en la Caracas republicana (1830-1840): conductas, normas y procederes», *Revista de Pedagogía*. Caracas, UCV, Nº 58, pp. 145-169.

_____: *Manuel Antonio Carreño*. Biblioteca Biográfica Venezolana, vol. 12, Caracas, Editora El Nacional, 2005.

ARRÁIZ, Antonio: *Los días de la ira. Las guerras civiles en Venezuela, 1830-1903*. Valencia (Venezuela), Vadell Hermanos Editores, 1991.

AAVV, *60 aniversario del Departamento de Geografía e Historia del Instituto Pedagógico de Caracas*. Caracas: UPEL, 2007.

AAVV, *Venezuela a Martí*. La Habana: Publicaciones de la Embajada de Venezuela en Cuba, 1953.

BARNOLA, Pedro Pablo: *Eduardo Blanco, creador de la novela venezolana: estudio crítico de su novela* Zárate. Caracas, Ministerio de Eduación, 1963.

BOSCH, Juan: *Bolívar y la guerra social*. Buenos Aires: Editorial Jorge Álvarez, 1966.

BOULTON, Alfredo: *El rostro de Bolívar*. Caracas: Ediciones Macanao. 1982.

_____: *Historia de la pintura en Venezuela*. Caracas: Editorial Arte, 1968, tres tomos.

_____: *Iconografía del Libertador*. Caracas: Ediciones Macanao, 1982.

_____: *Los retratos de Bolívar*. Caracas: Editorial Arte, 1964.

BRACHO, Jorge: *El discurso de la inconformidad. Expectativas y experiencias en la modernidad hispanoamericana*. Caracas, Fundación CELARG, 1997.

BRITO FIGUEROA, Federico: *Historia económica y social de Venezuela*, tomo IV. Caracas, Universidad Central de Venezuela, 1987.

_____: *30 ensayos de comprensión histórica*, Caracas, Ediciones Centauro, 1991.

CABALLERO, Manuel: «Del comunismo a la socialdemocracia a través del leninismo», en AAVV, *Rómulo Betancourt: historia y contemporaneidad*. Caracas, Fundación Rómulo Betancourt, 1989, pp. 161-176.

―――――――: *El poder brujo. Ensayos políticos y otras tientas*. Caracas: Monte Ávila Editores. 1991.

―――――――: *Gómez, el tirano liberal*. Caracas: Monte Ávila Editores Latinoamericana, 1995.

―――――――: *Ni Dios ni Federación. Crítica de la historia política*. Caracas: Editorial Planeta, 1995.

―――――――: «Para un análisis histórico del Plan de Barranquilla», en *El Plan de Barranquilla, 1931*, Serie cuadernos de Ideas Políticas Nº 2, Caracas, Fundación Rómulo Betancourt, 207, pp. 5-63.

―――――――: *Por qué no soy bolivariano. Una reflexión antipatriótica*, 2ª edición. Caracas: Alfadil, 2006.

CHÁVEZ FRÍAS, Hugo: «Presencia del pensamiento de Zamora en el movimiento bolivariano», Suplemento Cultural, encartado en *Últimas Noticias*, Caracas, 16 de mayo de 1993, pp. 8-9.

CALZADILLA, Juan: *Pintura venezolana de los siglos XIX y XX*. Caracas: Inversiones Barquín, 1975.

CARBALLO PERICHI, Ciro: «Bolívar en envoltorio neocolonial», *Boletín del centro de investigaciones históricas y estéticas*. Nº 28, Caracas, UCV/ FAU. 1994, pp. 12-17.

CARRERA DAMAS, Germán: *Boves, Aspectos socioeconómicos de la Guerra de Independencia*. 2ª edición. Caracas: Monte Ávila Editores, 1991.

―――――――: *Búsqueda: nuevas rutas para la historia de Venezuela (ponencias y conferencias)*. Caracas: Contraloría General de la República. 2000.

―――――――: *El culto a Bolívar, esbozo para un estudio de la historia de las ideas en Venezuela*, 5ª edición, Caracas, Alfadil, 2003.

―――――――: «Estudio preliminar. La crisis de la sociedad colonial», *Anuario*, tomos IV-V-VI, vol. I, Instituto de Antropología e Historia, UCV, 1969, pp. XIII-LXXXIX.

―――――――: *El Bolivarianismo-militarismo. Una ideología de reemplazo*, Caracas: Ala de Cuervo, 2005.

―――――――: *Formulación definitiva del proyecto nacional: 1870-1900*, Caracas, Cuadernos Lagoven, 1988.

―――――――: *Historia de la historiografía venezolana (textos para su estudio)*. Caracas: Universidad Central de Venezuela, 1997, tres tomos.

_____: *Historiografía marxista venezolana y otros temas*. Caracas: Dirección de Cultura de la UCV, 1967.

_____: *La crisis de la sociedad colonial venezolana*. 3ª edición. Caracas: Monte Ávila Editores, 1983.

_____: *Metodología y estudio de la Historia*. 2ª edición. Caracas: Monte Ávila Editores, 1981.

_____: «Sobe el significado socioeconómico de la acción de Boves», estudio preliminar a los *Materiales para el estudio de la cuestión agraria en Venezuela (1800-1830)*, tomo II, Caracas, Universidad Central de Venezuela, 1964, pp. vii-clxiv.

_____: *Una nación llamada Venezuela*, 4ª edición. Caracas: Monte Ávila Editores, 1991.

_____: *Venezuela, proyecto nacional y poder social*, 2ª edición. Mérida (Venezuela): Universidad de Los Andes, 2006.

CARRERA, Jerónimo (compilador): *Bolívar visto por los marxistas*. Caracas: Fondo Editorial Carlos Aponte, 1987.

CASTELLANOS, Rafael Ramón: *Caracas 1883 (Centenario del natalicio del Libertador)*, Caracas, Academia Nacional de la Historia, 1983, dos tomos.

CASTRO LEIVA, Luis: *De la patria boba a la teología bolivariana*. Caracas: Monte Ávila Editores, 1984.

_____: *Sed buenos ciudadanos*. Caracas: Alfadil Ediciones/IUSI. 1999.

CONTRERAS, Juan Carlos: «Germán Carrera Damas: su labor historiográfica», en AAVV, *Ensayos de crítica historiográfica*, Mérida (Venezuela), Grupo de Investigaciones sobre Historiografía de Venezuela/ULA, 2007, pp. 78-86.

_____: «La caracterización de la historiografía venezolana según Carrera Damas», *Dialógica*, vol. 3, Nº 3, Maracay, UPEL, 2006, pp. 113-164.

COVA, J.A.: «El Libertador y el odio soviético», *Boletín de la Academia Nacional de la Historia*, Caracas, vol. XXXV, Nº 139, julio-septiembre 1952, pp. 334-335.

DUARTE, Carlos Federico: *Historia de la Casa Natal de Simón Bolívar y aportes documentales sobre la Cuadra Bolívar*. Caracas: Fundación Cisneros, 2003.

FERNÁNDEZ HERES, Rafael: *La Instrucción Pública en el proyecto político de Guzmán Blanco: ideas y hechos*, Caracas, Academia Nacional de la Historia, 1987.

_____: *Polémica sobre la enseñanza de la historia de Venezuela en la época del gomecismo*, Cuadernos «Historia para todos» Nº 31, Caracas, 1998.

FRANCESCHI, Napoleón: *El culto a los héroes y la formación de la nación venezolana.* Caracas: s/e, 1999.

—————————: «El culto a los héroes: una visión del problema a partir de una muestra de la producción intelectual venezolana del siglo XIX», *Tiempo y Espacio*, N° 14. Caracas, Centro de Investigaciones Históricas Mario Briceño Iragorry/UPEL-IPC, 1990, pp. 9-34.

—————————: «El tiempo histórico, los manuales escolares y la enseñanza de la historia», *Tiempo y Espacio*, N° 36. Caracas, Centro de Investigaciones Históricas Mario Briceño Iragorry-Instituto Pedagógico de Caracas, 2001.

—————————: *Feliciano Montenegro*, Biblioteca Biográfica Venezolana, vol. 70, Caracas, El Nacional/Bancaribe, 2007.

—————————: *Vida y obra del Ilustre caraqueño Don Feliciano Montenegro y Colón (su aporte historiográfico y contribución al desarrollo de la educación venezolana)*, Caracas, Alcaldía de Caracas, 1994.

GONZÁLEZ DELUCA, María Elena: *Historia e historiadores de Venezuela en la segunda mitad del siglo XX.* Caracas: Academia Nacional de la Historia/Libro Breve, N° 239, 2007.

GONZÁLEZ SALAS, Ana María, y Mónica Jiménez: «Tito Salas». Tesis para optar al título de Licenciadas en Comunicación Social. Caracas: Universidad Católica Andrés Bello, 1983 (mimeo).

GILMORE, Robert: *Caudillism and Militarism in Venezuela, 1810-1910.* Athens, Ohio: Ohio University Press, 1964.

HARWICH VALLENILLA, Nikita: «La génesis de un imaginario colectivo: la enseñanza de la historia de Venezuela en el siglo XIX», *Boletín de la Academia Nacional de la Historia*, N° 282, abril-junio 1988, pp. 349-387.

IRWIN, Domingo: «Ejército y caudillismo en el siglo XIX: el caso venezolano», *Montalbán*, N° 23. Caracas, Universidad Católica Andrés Bello, 1991, pp. 309-334.

—————————: *El control civil y democracia (conceptos teóricos básicos y algo sobre el caso venezolano).* Caracas: Universidad Católica Andrés Bello/ Instituto de Investigaciones Histórcas R.P. Hermánn González Oropeza, s.j., 2002 (mimeo).

—————————: «Notas sobre los empresarios políticos de la violencia en la Venezuela de la segunda mitad del siglo XIX», *Tierra Firme*, N° 29. Caracas, enero-marzo 1990.

—————————: *Relaciones civiles-militares en el siglo XX.* Caracas: El Centauro Ediciones, 2000.

_____: *Relaciones civiles-militares en Venezuela. 1830-1910 (una visión general)*. Caracas: s/e, 1996.

_____: «Usos y abusos del militarismo y el pretorianismo en la historia y la política: unos comentarios generales sobre su uso en la literatura política venezolana de la segunda mitad del siglo XX», en: Hernán Castillo y otros: *Militares y civiles. Balance y perspectivas de las relaciones civiles-militares venezolanas en la segunda mitad del siglo XX*. Caracas, Universidad Simón Bolívar/UCAB/UPEL, 2001, pp. 247-263.

KOSSOK, Manfred: «Der Iberische Revolutionzyclus 1789-1830, Bermerkunge zu ienem Thema de vergleichenden Revolutionsgeschichte». En *Anuario*. Instituto de Antropología e Historia de la UCV, tomos VII-VIII, 1971, pp. 235-258.

_____: «El contenido de las guerras latinoamericanas de emancipación en los años 1810-1826». En *Teoría y Praxis, Revista Venezolana de Ciencias Sociales*, Nº 2. Caracas, 1968, pp. 27-40.

_____: *La revolución en la historia de América Latina*, La Habana, Editorial de Ciencias Sociales, 1989.

LAVRETSKI, I.: *Simón Bolívar*. Moscú: Editorial Progreso, 1982.

LECUNA, Vicente: *Crónica razonada de las guerras de Bolívar*. Nueva York: The Colonial Press, 1950, tres volúmenes.

_____: *La Casa Natal de Bolívar*. Caracas: Ediciones Centauro. 1980.

LEMMO, Angelina: *De cómo se desmorona la historia*, Caracas: UCV. 1973.

LOVEMAN, Brian: *For la Patria. Politics and the Armed Forces in Latin America*. Wilmington, Delaware: SR Books, 1999.

LOVERA DE-SOLA, R.J.: «Eduardo Blanco en su contexto (a propósito de los cien años de *Venezuela heroica*)», *Boletín de la Academia Nacional de la Historia*, tomo LXV, Nº 258, Caracas, abril-junio de 1982, pp. 445-459.

LYNCH, John: *Caudillos in Spanish America, 1800-1850*. New York: Oxford University Press. 1992.

MARÍN, Orlando: «La casa de la familia Blanco en la plazuela de San Jacinto de Caracas: la consolidación de una morada mantuana (1610-1713)», *Anuario de estudios bolivarianos*, Nº 9, Caracas, Universidad Simón Bolívar/ Instituto de Investigaciones Históricas Bolivarium, 2000, pp. 169-203.

MENESES, Guillermo: *Libro de Caracas*. Caracas: Concejo Municipal del Distrito Federal, 1967.

MEZA, Robinson, y Yuleida Artigas: *Los estudios históricos en la Universidad de Los Andes (1832-1955)*, Grupo de Investigación sobre Historiografía de Venezuela/Cuadernos de Historiografía Nº 1, Mérida (Venezuela), 1998.

MIERES, Antonio: *Una discusión historiográfica en torno de* Hacia la Democracia. Caracas: Academia Nacional de la Historia, 1986.

MIJARES DE LAURÍA, Silvia: *Sociedad civil. Alcance del concepto de sociedad civil en nuestra historia. Su necesidad y vigencia*, Caracas, Tierra de Gracia, 1996.

MORÓN, Guillermo: *Memorial de agravios*. Caracas: Alfadil Editores, 2005.

MUÑOZ, Lionel: *La patria adulta. La historiografía y la historia en el pensamiento de Augusto Mijares*, Caracas: UCAB, 2001.

NÚÑEZ TENORIO, J.R.: *Bolívar y la guerra revolucionaria*, 2ª edición, Caracas: UCV, 1977.

PÁEZ, Rafael: *Tito Salas*. Pintores venezolanos, Nº 1. Madrid: Edime, 1979.

_____: *Tito Salas: pinturas bolivarianas*. Pintores venezolanos, Nº 19. Madrid: Edime, 1979.

PEÑA ROJAS, Vanesa: *Manuel Caballero, militante de la disidencia*, Caracas, Los Libros de El Nacional, 2007.

PICÓN SALAS, Mariano: *Formación y proceso de la literatura venezolana*, Caracas, Monte Ávila Editores, 1984.

PINEDA, Rafael: *La pintura de Tito Salas*. Caracas: Ernesto Armitano Editor, 1974.

PINO ITURRIETA, Elías: *El divino Bolívar. Ensayo sobre una religión republicana*. Madrid: Catarata, 2003.

_____: *Las ideas de los primeros venezolanos*, Caracas, Monte Ávila Editores, 1993.

_____: *Positivismo y gomecismo*, 2ª edición. Caracas: Academia Nacional de la Historia, 2005.

PLANCHART, Enrique: *La pintura en Venezuela*. Caracas: Equinoccio, 1979.

PLAZA, Elena: *La tragedia de una amarga convicción. Historia y política en el pensamiento de Laureano Vallenilla Lanz (1870-1936)*, Caracas, UCV, 1996.

QUINTERO, Inés: «Bolívar de izquierda, Bolívar de derecha», http://www.simon-bolivar.org/bolivar/bolizbolder.html (consultado el 31 de marzo de 2008).

_____: *El ocaso de una estirpe. (La centralización restauradora y el fin de los caudillos históricos)*. Caracas: Fondo Editorial Acta Científica/ Alfadil Ediciones, 1989.

_____: «La historiografía», en E. Pino Iturrieta, *La cultura en Venezuela. Historia mínima*, Caracas, Fundación de los Trabajadores de Lagoven, 1996.

_____: «La reforma militar restauradora». *Boletín de la Academia Nacional de la Historia*, Nº 288. Caracas, octubre-diciembre 1989, pp. 141-152.

QUINTERO, Inés y Vladimir Acosta: *El Bolívar de Marx*, 2ª edición, Caracas, Editorial Alfa, 2007.

RAYNERO, Lucía: *Clío frente al espejo. La concepción de la historia en la historiografía venezolana (1830-1865)*, Caracas, Academia Nacional de la Historia, 2007.

RODRÍGUEZ, Luis Cipriano: «Bolivarismo y anticomunismo en Venezuela (1936)». *Tiempo y Espacio*, Nº 5 Caracas, Centro de Investigaciones Históricas Mario Briceño Iragorry/Instituto Universitario Pedagógico de Caracas, 1986.

RODRÍGUEZ LORENZO, Miguel Ángel: «Aproximación a un inventario comentado de la bibliografía de Germán Carrera Damas», *Historiográfica, revista de estudios venezolanos y latinoamericanos*, Nº 1, Mérida (Venezuela), ULA, 1999, pp. 105-163.

ROJAS, Reinaldo: *Federico Brito Figueroa. Maestro historiador*. Barquisimeto (Venezuela): Fundación Buría/Centro de Investigaciones Históricas y Sociales «Federico Brito Figueroa» UPEL-IPB, 2007.

SANDOVAL, Carlos: *El cuento fantástico venezolano en el siglo XIX*, Caracas, UCV, 2000.

SAMBRANO URDANETA, Oscar, y Domingo Miliani: *Literatura hispanoamericana*, Caracas, s/e, 1972, dos tomos.

SALAS, Yolanda: *Bolívar y la historia en la conciencia popular*. Caracas: Universidad Simón Bolívar, 1987.

SEGNINI, Yolanda: *La consolidación del régimen de Juan Vicente Gómez*. Caracas: Academia Nacional de la Historia, 1982.

STRAKA, Tomás: «Federico Brito Figueroa: política y pensamiento historiográfico en Venezuela (1936-2000)», *Tiempo y Espacio*, Caracas, Instituto Pedagógico de Caracas, vol. XVIII, Nº 36, 2001, pp. 21-50.

_____: *Las alas de Ícaro. Indagación sobre ética y ciudadanía en Venezuela (1800-1830)*, Caracas, Konrad Adenauer Stiftung/Universidad Católica Andrés Bello, 2005.

_____: «Setenta años del Pedagógico de Caracas: notas para una historia de la cultura venezolana», *Tierra Firme*, Nº 95, julio-septiembre 2006, pp. 335-351.

_____: «Geohistoria y microhistoria en Venezuela. Reflexiones en homenaje de Luis González y González», *Tiempo y Espacio*, Caracas, Instituto Pedagógico de Caracas, vol. XXIII, Nº 46, 2006, pp. 205-234.

_____: *Un reino para este mundo. Catolicismo y republicanismo en Venezuela*, Caracas, Universidad Católica Andrés Bello, 2006.

SUÁREZ, Naudy: «Rómulo Betancourt y el análisis de la Venezuela gomecista (1928-1935)», en AAVV: *Rómulo Betancourt: historia y contemporaneidad*, Caracas, Fundación Rómulo Betancourt, 1989, pp. 187-241.

TOSTA, Virgilio: *El caudillismo según once autores venezolanos. Contribución al pensamiento sociológico nacional.* Caracas: Instituto Pedagógico de Caracas, 1999.

URBANEJA, Diego Bautista: «Introducción histórica al sistema político venezolano», *Politeia*, Nº 7. Caracas, Instituto de Estudios Políticos/ UCV, 1978, pp. 11-59.

URIBE WHITE, Enrique: *Iconografía del Libertador.* Caracas: Editorial Lerner, 1967.

VELÁSQUEZ, Ramón J.: *La caída del Liberalismo Amarillo. Tiempo y drama de Antonio Paredes.* Caracas: s/e, 1977.

ZIEMS, Ángel: *El gomecismo y la formación del ejército nacional.* Caracas: Editorial del Ateneo de Caracas, 1979.

_____: «Un ejército de alcance nacional», en: Elías Pino Iturrieta: *Juan Vicente Gómez y su época.* Caracas: Monte Ávila Editores, 1998, pp. 139-168.

ZEUSKE, Max: «Bolívar y Marx», *Tierra Firme.* Año I, Nº 3, Caracas, 1983, pp. 175-184.

D. OBRAS GENERALES

ARDAO, Arturo: «El supuesto positivismo de Bolívar», *Estudios latinoamericanos de historia de las ideas*, Caracas, Monte Ávila Editores, 1978, pp. 41-69.

ARRIAGA, Genaro: «El ejército chileno, la 'prusianización' y la primera oleada antisocialista (1900-1931)». En: Genaro Devés *et al.*: *El pensamiento chileno en el siglo XIX.* México: Ministerio de la Secretaria de Gobierno/Instituto Panamericano de Geografía e Historia/Fondo de Cultura Económica, 1999, pp. 17-63.

BURKE, Peter: *Visto y no visto. El uso de la imagen como documento histórico.* Barcelona: Editorial Crítica, pp. 2001.

CAPPELLETTI, ÁNGEL J.: *Positivismo y evolucionismo en Venezuela*, Caracas: Monte Ávila Editores, 1994.

DOMÍNGUEZ, Freddy: *Venezuela en 20 momentos*. Caracas: Ediciones Co-Bo, 2000.

HOBSBAWM, Eric, y Terence Ranger: *La invención de la tradición*. Barcelona: Crítica, 2002.

GONZÁLEZ STEPHAN, Beatriz, y otros: *Esplendores y miserias del siglo XIX. Cultura y sociedad en América Latina*. Caracas: Monte Ávila Editores Latinoamericana/Equinoccio-Universidad Simón Bolívar, 1995.

LOZOYA, Jorge Alberto: *El ejército mexicano (1911-1965)*. México: El Colegio de México, 1970.

MORALES PÉREZ, Salvador: *Encuentros en la historia: Cuba y Venezuela*, Barquisimeto (Venezuela), Instituto de Cultura de Cojedes/UMSNH, 2005.

MORÓN, Guillermo: *Historia de Venezuela*. Caracas: Italgráfica, 1971, cinco volúmenes.

NÚÑEZ, Rocío y Pérez, Francisco Javier. *Diccionario del habla actual de Venezuela*. Caracas, UCAB. Centro de Investigaciones Lingüísticas y Literarias, 2005.

PÁEZ, Gladys. «Institutos y centros de investigación histórica en Venezuela», *Tiempo y Espacio*, Caracas, Instituto Pedagógico de Caracas, vol. XII, Nos 23/24, pp. 101-114.

SALAZAR, Gabriel, y Julio Pinto: *Historia contemporánea de Chile I. Estado, legitimidad, ciudadanía*. Santiago de Chile: Lom, 1999.

E. FUENTES AUDIOVISUALES

SALAS, Tito: Entrevista otorgada a Edgardo de Castro. Material audiovisual sin editar. Televisora Nacional de Venezuela, Canal 5, 1970.

USLAR PIETRI, Arturo, «Tito Salas». *Valores humanos*. Material audiovisual. Programa transmitido por Venezolana de Televisión, 1983.

LAUS DEO

Made in the USA
Columbia, SC
28 October 2018